インフラ投資

PPP／PFI／コンセッションの制度と契約・実務

INFRASTRUCTURE INVESTMENTS BY THE PRIVATE SECTOR

編著

[森・濱田松本法律事務所]
佐藤 正謙
岡谷 茂樹
村上 祐亮

[三井住友トラスト基礎研究所]
福島 隆則

日経BP

はじめに

　わが国におけるインフラビジネスが花開きつつある。空港コンセッションを中心とするPPP/PFIの分野での新しい取組みが、関係者の長年にわたる努力を経てようやく実を結びつつある。再生可能エネルギー分野を中心とする国内プロジェクト投融資市場が大きな発展を遂げたことも、周知のとおりである。

　しかし、課題は少なくない。世上言われる幾つかの例を挙げると、コンセッションに関しては一部インフラ資産を除き期待されたほどには案件が出てこない、官民連携にかけるモーメンタムが公共サイドでどの程度働いているのか見えにくい、制度面での環境整備は相当進んだが改善の余地もまだ残されている、案件組成・契約実務に不透明な部分が残っており海外を含む幅広い投資家・金融機関の参加を確保するための水準に未だ達していない、セカンダリー投資市場が未整備なため資金循環のメカニズムが形成されていない等々。

　とはいえ、ポジティブな材料も数多く見出される。空港以外のインフラ資産のコンセッションは、産みの苦しみの時期にあるともいえるが、幾つかの案件が既に組成途上にあり、関連する法制・ガイドライン等の整備も進められている。契約実務上の論点も、案件数を漸次積み重ねる中で、関係者の創意と工夫を通じて自ずと適切な市場標準が形成されることが期待される。何よりも、根

本的な事情として、老朽化した社会資本の維持・整備のために民間の資本および経営力を活用するニーズは間違いなく存する。民間の力の活用は地域住民の利益と背馳するものではなく、むしろこれを増進する可能性に満ちている。問題は、この途をどのようにして突き詰めていくかである。

本書は、わが国最大手の法律事務所である森・濱田松本法律事務所に所属する弁護士と、インフラ投資に関わる最先端の情報を発信し続ける株式会社三井住友トラスト基礎研究所の主席研究員が、変化・発展が著しいインフラ市場の実務に携わる過程で培った現在の実務や今後のあるべき方向性に関する旺盛な問題意識をぶつけることにより出来上がったものである。

本書の特徴は以下のとおりである。

第一に、コンセッションに関する実務の説明・検討に重点を置いた。コンセッションは、従来型のPFIとは取引内容や契約実務が全く異なる。運営権者はインフラ施設の維持・運営に係る事業に従事することになるが、その実態は、民間から見た場合、官民連携という土俵上での（期限付きの）M&A案件ないしプロジェクト投資である。このような取引の特色から派生する様々な問題に光を

3

当て、あるべき実務上の対応を考える際のヒントを可能な限り示すように努めた。

　その際、空港のように既に実績がある程度積み上がった分野はもちろん、上下水道、スタジアムその他文教施設のように、今後の案件形成が期待される分野にも相当程度紙幅を割き、今後の新たなビジネスの展開に備えるための材料を提示した。

　第二に、プロジェクトファイナンスや運営権者SPCへのエクイティ出資等を通じた、PPP/PFI事業のための資金調達に関わる問題の解説に力を注いだ。その延長線上にある、SPC株式・持分の流動化やインフラファンドの組成に伴う論点にも踏み込んだ。金融・資本市場との結び付き、資金循環のメカニズムへの理解なくして、今日のPPP/PFIを語ることはできないからである。

　第三に、民間事業者や投資家・金融機関の目線からの記述が中心となっている。海外を含む幅広い投資家・金融機関の参加を確保するために、何に留意する必要があるか、どこに改善の余地があるかという問題意識が基礎にある。他方で、公共の担当者から見た場合でも、事業スキームや契約内容の策定に際し

て有用な視点の提供になり得ているのではないか、と考えている。

　インフラ投資の実務は変化が激しい。特に個別事例やガイドライン等に関する情報は、それほど間を置かずして、本書で述べた内容が最新のものでなくなる可能性もある。その点はご容赦頂きたい。しかし、本書に通底するインフラ投資に関する基本的な発想は、時代を越えて妥当するものと信じている。

　最後に、本書の趣旨に賛同して下さり、執筆・出版作業にお付き合い頂いた日経BPの日経 xTECH副編集長の瀬川滋氏と、執筆作業に関わった株式会社三井住友トラスト基礎研究所の方々、森・濱田松本法律事務所の同僚弁護士、秘書・スタッフに、この場を借りて厚く御礼申し上げたい。

2019年9月

編著者を代表して

森・濱田松本法律事務所

弁護士　佐藤 正謙

推薦の辞

PFI 3.0：次の20年への羅針盤
—PFI法20周年におけるインフラ投資の詳細解説と展望—

　PFI法（民間資金等の活用による公共施設等の整備等の促進に関する法律）は1999年7月に制定された。本書はそれからちょうど20周年の節目に刊行される。PPP/PFI/コンセッションに関する現状における制度と契約および実務に関する分かりやすい解説とともに、これまでの20年を振り返り、そして、これからの20年を展望する時宜を得た意欲あふれる著作である。執筆陣はインフラ市場の最前線で活躍中の精鋭ぞろいである。本書は全編を通してその豊かな経験とそこから得られた知見に裏付けされている。

　わが国は高齢化の世界トップランナーであるとともに、都市自体もインフラ老朽化などのハードだけでなく、時代変化に取り残された諸制度などのソフトのエイジングも進行している。このように人も都市もエイジングしていく中で、短期的判断でのアンチエイジングではなく、長期的視野に立ち都市が賢く成熟化するスマートエイジングを目指すべきだと私は提唱してきている。本書では都市のスマートエイジングに欠かせないインフラ制度改革が語られている。

　本書の題目である「インフラ投資」は、民間鉄道事業などを除き少し前までは公共投資がほとんどであった。インフラがもたらすサービスは公共財としての特性や利用者以外にもたらす外部経済効果が大きいことから、基本的には国や地方公共団体自らが社会的厚生を高めるために公債や税財源に基づき投資をする構図であった。本書の「インフラ投資」もその事業の必要性に関してはインフラ整備がもたらす社会的便益が目的であることに変わりはない。しかし、従来は公共が独占的に担ってきたその調達市場に民間が参入することにより、広い意味でのバリューフォーマネーが高まるとの判断にもとづいて、様々な事業方式が世界的に展開し、わが国においても多くの努力のもとに導入されてきた。

しかし、本来公共事業を対象としていたことから、いまだに従来型の名残と新しい市場への対応の遅れなどの制度上の課題がある。

　本書においてはまずはコンセッションを中心に現状の制度における実務上の対応について分かりやすく解説している。インフラの基本的考え方から事業方式はもちろん契約制度さらには金融・資本市場に関わる内容も、専門でない読者にも理解が容易なように丁寧に説明がなされている。その内容は基本的には民間事業者や投資家・金融機関の視点からの解説ではあるが、公共側にとっても事業形成に際して重要な情報を与えるものである。それだけでも十分に価値が高いが、本書はそれにとどまらず、先に記した現状制度における課題を論旨明快に明らかにし、さらにその解決の方向性に関しても極めて合理的な提案をしているところに類書にない特色がある。

　また、本書ではPFI法制定後初期のハコモノPFIが中心の状況をPFI 1.0、コンセッション方式導入後をPFI 2.0、そして、これからの方向性を国際的な標準を視野にPFI 3.0と定義している。PFI 3.0では、インフラ投資のセカンダリー市場の確立と、事業運営における民間ノウハウのより積極的な活用方式の導入が掲げられ、本書ではその課題と展望を明示している。

　本書が広くPPP/PFI関係者に読まれることにより、直近の事業形成への貢献はもとより、次の20年につながるPFI 3.0への羅針盤となることを期待するものである。

2019年9月

東北大学名誉教授、東京都市大学名誉教授
パシフィックコンサルタンツ株式会社技術顧問
宮本 和明

目次

はじめに ……………………………………………………………………………………… 2

推薦の辞 ……………………………………………………………………………………… 6

略語の凡例 …………………………………………………………………………………… 18

第1章　いざインフラ投資の世界へ　21

| 1 | インフラ投資とは何か ……………………………………………… 22
- **1** インフラの種類とリスクプロファイル ……………………………… 22
- **2** 「PPP」「PFI」「コンセッション」の包含関係 ……………………… 25

| 2 | インフラ投資は年金基金や保険会社に最適 …………………… 27
- **1** 公共を悩ませるインフラの老朽化 …………………………………… 27
- **2** 運用難に苦しむ投資家 ………………………………………………… 30
- **3** 年金基金や保険会社こそ資金の出し手に …………………………… 30
- **4** インフラはリアルアセットの1つ …………………………………… 33

| 3 | インフラ投資市場の規模感 ……………………………………… 35
- **1** 世界のインフラ投資市場規模は60兆円強 ………………………… 35
- **2** 利用料収入を伴う国内インフラストックは185兆円 …………… 36
- **3** 現在の市場規模は1.2兆〜1.7兆円か ……………………………… 38

| 4 | インフラ投資のリスク・リターン特性 ………………………… 39
- **1** 直接投資や間接投資など3つの形態 ………………………………… 39
- **2** 分散効果が期待できる非上場インフラ ……………………………… 40
- **3** インフラは個別性が強いアセット …………………………………… 43
- **COLUMN** ファンドが主導する世界のインフラ投資市場 ……………… 46

8

第2章　PFIの変遷とコンセッションの潮流 53

| 1 | ガラパゴス化していた日本のPFI 54
1 民間の力を生かしきれない従来型ハコモノPFI 54
2 変化が求められる地方公共団体の役割 56
3 SPC株式の流動化も課題に 57
4 SPCの所有と運営の分離 58
5 コンセッションで高まる流動化の期待 61
6 所有と運営の分離への理解を 63

| 2 | 「PFI 1.0」から「PFI 2.0」へ 65
1 ハコモノの建設が主導した第1世代 66
2 コンセッション方式が登場した第2世代 66
3 空港事業の民営化が議論をリード 67
4 アクションプランで数値目標を掲げる 69

第3章　PFIとコンセッションの法制度 73

| 1 | PFIとコンセッションに関する日本の法制度 74
1 PFI法 74
　行政財産の貸付けに関する例外措置 75
　公共施設等運営権 75
　PFI推進機構の役割 78
2 PFI基本方針 78
3 各種ガイドライン 79
　PFI事業実施プロセスに関するガイドライン 80
　PFI事業におけるリスク分担等に関するガイドライン 81
　VFM（Value For Money）に関するガイドライン 81
　契約に関するガイドライン 82
　モニタリングに関するガイドライン 83
　公共施設等運営権及び公共施設等運営事業に関するガイドライン 83

9

2 欧州における制度の変遷 92

1 英国：世論の批判を取り入れた制度改正など 92

PFIの導入 92

PF2への改革 93

PFI/PF2の廃止 94

英国のPPP/PFIの特色 96

PFI/PF2廃止宣言が日本に与える示唆 97

2 フランス：2つの類型に整理・統合 98

コンセッション契約 99

パートナーシップ契約 99

フランスのPPP/PFIの特色 100

第4章 セクター別コンセッション事業の動向と論点 103

1 | 空港 104

1 日本の空港事業を巡る動き 104

空港事業の現状 104

空港事業の課題 104

民活空港運営法の制定 105

2 空港コンセッションの基本的な仕組み 106

民活空港運営法の内容 106

運営法と基本方針に基づくコンセッション 107

3 優先交渉権者の選定手順と方法 110

基本的な考え方 110

第1次審査 110

競争的対話 111

第2次審査 111

4 空港コンセッションの実務上の論点 111

設備投資の取り扱いなど 111

ターミナルビルの取得方法 112

リスク分担 112

議決権株式譲渡に関する事前承認 ································ 116

その他の論点 ··· 116

5 小括 ··· 117

｜ 2 ｜ 道路 ·· 118

1 日本の道路事業を巡る動き ···································· 118

道路事業の現状 ·· 118

道路事業の課題 ·· 118

2 道路事業における官民連携 ···································· 119

道路事業の法的な位置づけ ·· 119

特区方式によるコンセッション ·································· 120

コンセッション方式以外の官民連携手法 ····················· 121

3 愛知道路コンセッション ······································· 124

概要 ·· 124

事業範囲 ·· 126

運営権対価 ·· 131

愛知道路コンセッションの実務上の論点 ····················· 131

リスク分担 ·· 134

4 海外の道路事業民営化 ··· 137

収入源やリスクに応じて3つの種類 ··························· 137

5 小括 ··· 139

｜ 3 ｜ 水道 ·· 140

1 日本の水道事業を巡る動き ···································· 140

水道事業の現状 ·· 140

水道事業の課題 ·· 140

2 課題解決に向けた方策 ··· 141

民間事業者の裁量拡大と効率化 ·································· 141

第三者委託、包括委託、官民共同出資事業化 ··············· 142

コンセッション方式 ·· 143

3 水道法と水道事業のコンセッション ······················· 144

水道法における水道事業認可制度 ······························ 144

水道法の2018年改正 ··· 145

11

4 水道コンセッションの実務上の論点 ⸺⸺⸺⸺⸺ 146

　事業範囲 ⸺⸺⸺⸺⸺⸺⸺⸺⸺⸺⸺⸺⸺⸺⸺ 146

　利用料金の改定 ⸺⸺⸺⸺⸺⸺⸺⸺⸺⸺⸺⸺⸺ 147

　利用料金の徴収方法 ⸺⸺⸺⸺⸺⸺⸺⸺⸺⸺⸺ 148

　災害などの不可抗力 ⸺⸺⸺⸺⸺⸺⸺⸺⸺⸺⸺ 149

　モニタリング ⸺⸺⸺⸺⸺⸺⸺⸺⸺⸺⸺⸺⸺⸺ 149

5 小括 ⸺⸺⸺⸺⸺⸺⸺⸺⸺⸺⸺⸺⸺⸺⸺⸺⸺ 150

｜ 4 ｜ 下水道 ⸺⸺⸺⸺⸺⸺⸺⸺⸺⸺⸺⸺⸺⸺⸺ 151

1 日本の下水道事業を巡る動き ⸺⸺⸺⸺⸺⸺⸺⸺ 151

　下水道事業の現状 ⸺⸺⸺⸺⸺⸺⸺⸺⸺⸺⸺⸺ 151

　下水道事業の課題 ⸺⸺⸺⸺⸺⸺⸺⸺⸺⸺⸺⸺ 153

2 下水道事業における官民連携 ⸺⸺⸺⸺⸺⸺⸺⸺ 155

3 下水道コンセッションの基本的な仕組み ⸺⸺⸺⸺ 158

　下水道法との関係 ⸺⸺⸺⸺⸺⸺⸺⸺⸺⸺⸺⸺ 158

　事業スキーム ⸺⸺⸺⸺⸺⸺⸺⸺⸺⸺⸺⸺⸺⸺ 158

　運営権者の業務範囲 ⸺⸺⸺⸺⸺⸺⸺⸺⸺⸺⸺ 160

　下水道利用料金と下水道使用料の設定 ⸺⸺⸺⸺ 161

　利用料金などの徴収・収受方法 ⸺⸺⸺⸺⸺⸺⸺ 164

　利用料金などの滞納者への対処方策 ⸺⸺⸺⸺⸺ 164

　管理者から運営権者への補助金などの交付 ⸺⸺ 164

　モニタリング ⸺⸺⸺⸺⸺⸺⸺⸺⸺⸺⸺⸺⸺⸺ 165

　リスク分担 ⸺⸺⸺⸺⸺⸺⸺⸺⸺⸺⸺⸺⸺⸺⸺ 166

4 小括 ⸺⸺⸺⸺⸺⸺⸺⸺⸺⸺⸺⸺⸺⸺⸺⸺⸺ 166

｜ 5 ｜ 文教施設 ⸺⸺⸺⸺⸺⸺⸺⸺⸺⸺⸺⸺⸺⸺ 168

1 日本の文教施設を巡る動き ⸺⸺⸺⸺⸺⸺⸺⸺⸺ 168

　文教施設の現状と課題 ⸺⸺⸺⸺⸺⸺⸺⸺⸺⸺ 168

　導入実績が多い指定管理者制度 ⸺⸺⸺⸺⸺⸺⸺ 168

　コンセッション導入の期待と動向 ⸺⸺⸺⸺⸺⸺ 169

2 文教施設コンセッションの実務上の論点 ⸺⸺⸺⸺ 170

　「公の施設」と特定の第三者による利用 ⸺⸺⸺⸺ 173

　文教施設の設置目的との関係 ⸺⸺⸺⸺⸺⸺⸺⸺ 174

施設の特徴とコンセッション導入目的との関係 ……………………… 175

多様なステークホルダーとの関係 …………………………………… 176

専門的人材の確保 ……………………………………………………… 176

3 施設の種類ごとに見た実務上の論点 …………………………………… 177

スタジアム・体育館など ……………………………………………… 178

博物館・美術館など …………………………………………………… 179

劇場・音楽堂など ……………………………………………………… 181

4 小括 ……………………………………………………………………… 183

COLUMN　インフラ運営を通じて地域活性化に一役 …………………… 185

第5章　インフラ投資の契約と実務　　　　193

1 **事業実施プロセスと事業者選定手続き** …………………………… 194

1 官民による事業の構想と検討 ………………………………………… 194

構想・検討段階における官民対話 …………………………………… 195

PFI法における民間提案制度 ………………………………………… 197

2 事業化に向けた検討 …………………………………………………… 197

実施方針の策定・公表 ………………………………………………… 198

特定事業の選定 ………………………………………………………… 199

債務負担行為の設定 …………………………………………………… 199

公募条件検討段階における官民対話 ………………………………… 200

3 民間事業者の募集と評価・選定 ……………………………………… 200

事業者選定の方法 ……………………………………………………… 201

入札説明書や募集要項の公表 ………………………………………… 204

資格審査 ………………………………………………………………… 205

競争的対話 ……………………………………………………………… 206

提案書類の作成・提出に向けた検討 ………………………………… 208

審査 ……………………………………………………………………… 211

4 事業者選定後の手続き ………………………………………………… 211

選定結果の公表 ………………………………………………………… 211

契約の締結 ……………………………………………………………… 212

13

運営権の設定 213

2 | PPP/PFIの事業スキーム 214

1 サービス購入型 214

2 独立採算型 215

3 混合型 216

4 最低収入保証とレベニュー・シェアリング 218

5 所有権の移転に着目した分類 218

BTO 219

BOT 219

BOO 219

6 建設・運営を統合したコンセッションの可能性 220

7 バンドリングで事業規模を拡大 221

8 民間資金を伴わない官民連携 222

民間委託 222

指定管理者制度 222

DBO 224

3 | 官民のリスク分担 225

1 不可抗力リスク 227

義務の免責 228

経済的損失の填補 229

保険で対応できない場合のリスク分担 230

事業の終了 231

2 法令変更リスク 232

法令の内容に応じたリスク分担 233

3 提供情報リスクと既存施設の瑕疵リスク 234

情報の正確性と完全性 234

既存施設の瑕疵リスク 235

4 リスク分担の具体的な方法としての補償措置 236

補償の内容と支払い方法 236

事業期間の延長による補償 237

損害軽減義務 237

4 | 事業期間満了前の終了手続き … 239

1 終了事由 … 239

公共側の事由による終了 … 240

事業者側の事由による終了 … 240

不可抗力による終了 … 242

2 終了に伴う補償 … 242

公共側の事由による終了に伴う補償 … 242

コンセッション方式におけるPFI法上の補償 … 243

事業者側の事由による終了に伴う補償 … 244

不可抗力による終了に伴う補償 … 245

3 事業の終了時における対象施設の取り扱い … 247

5 | コンセッション方式の実務上の論点 … 249

1 既存施設の瑕疵リスクへの対応 … 249

情報開示・デューデリジェンス … 249

瑕疵担保責任 … 251

2 更新投資による増加価値の取り扱い … 252

3 運営権対価の支払い方法 … 254

4 エクイティ保有を通じた公共側の継続関与 … 256

5 インフラ投資市場の拡大に向けた取り組み … 257

セカンダリー・マーケット醸成の意義 … 257

制度・運用上の課題とルールの整備 … 258

ファンドを通じたSPC株式への投資と取得ルール … 260

6 コンセッション促進のための環境整備 … 261

第6章　「PFI 3.0」の官民連携モデル … 263

1 | 海外の先端プロジェクトに学ぶ … 264

1 「三方よし」のアベイラビリティ・ペイメント … 264

米国の道路事業で採用が増える … 265

インターステート595号線改良事業 … 268

マイアミ港トンネル事業 ························ 270

2 アセット・リサイクリング・イニシアティブ ················ 273

3 シュタットベルケ型まちづくりモデル ················· 274

浜松市のシュタットベルケ構想 ·················· 275

総合ユーティリティ企業構想を掲げる大津市 ············· 277

浦添市はエネルギー事業で連携 ·················· 277

4 公的不動産の活用に適したLABV ·················· 278

2 ｜ JV型官民連携モデル ························ 281

1 JV型の水道事業官民連携 ····················· 281

2 JV型の地域新電力会社 ······················ 282

3 ｜ コンセッション方式以外の手法の追求 ············ 285

1 代表企業スイッチモデル ····················· 285

2 運営事業者選定先行型入札 ···················· 287

第7章　PPP/PFIとインフラファイナンス ············ 291

1 ｜ プロジェクトファイナンス ·················· 292

1 プロジェクトファイナンスの意義 ················· 292

プロジェクトファイナンスが用いられる理由 ············· 293

融資者が果たす審査機能などに期待 ················· 294

2 デットストラクチャー ······················ 294

調達資金の分担 ·························· 294

優先貸付契約 ··························· 296

3 担保パッケージ ·························· 300

株式担保の意義 ·························· 300

劣後貸付債権や匿名組合出資持分に対する担保設定 ·········· 301

地位譲渡予約 ··························· 302

4 ステップイン ··························· 302

ステップインの方法 ························ 303

16

5 スポンサーサポート ································· 304

スポンサーサポート契約の主な内容 ················· 305

6 直接協定 ······························· 306

直接協定の主な内容 ··························· 306

│ 2 │ **インフラファンド** ································· 308

1 上場インフラファンドの法令規則 ············· 310

投信法関連法令 ····························· 310

特定有価証券の内容等の開示に関する内閣府令 ········ 312

租税特別措置法関連法令 ······················ 313

投信協会規則 ····························· 315

2 インフラファンドの上場制度 ················· 315

インフラファンド市場の上場商品 ················ 316

インフラ資産とインフラ関連有価証券 ············· 316

オペレーター ····························· 317

内国インフラファンドの新規上場 ················ 318

適時開示 ······························· 320

上場廃止 ······························· 321

特例インフラファンド ······················· 321

3 投資対象 ······························ 321

再生可能エネルギー発電設備 ··················· 321

公共施設等運営権（コンセッション） ·············· 322

その他のインフラ資産 ······················· 323

4 ストラクチャー構築上の論点 ················· 324

インフラファンドの法形態 ···················· 325

間接投資形態の可能性 ······················· 326

議決権過半保有禁止要件の制約 ················· 326

導管性要件の制約 ·························· 327

5 私募インフラファンド ···················· 329

おわりに ································· 332

キーワード索引 ······························· 334

17

略語の凡例

本書では特に断りのない限り、以下の略語を用いる。

略語	正式名称
PFI法	民間資金等の活用による公共施設等の整備等の促進に関する法律（平成11年法律第117号）
PFI基本方針	民間資金等の活用による公共施設等の整備等に関する事業の実施に関する基本方針
民活空港運営法	民間の能力を活用した国管理空港等の運営等に関する法律（平成25年法律第67号）
空港運営基本方針	民間の能力を活用した国管理空港等の運営等に関する基本方針
プロセス・ガイドライン	PFI事業実施プロセスに関するガイドライン（内閣府）（https://www8.cao.go.jp/pfi/hourei/guideline/guideline.html）
リスク分担ガイドライン	PFI事業におけるリスク分担等に関するガイドライン（内閣府）（https://www8.cao.go.jp/pfi/hourei/guideline/guideline.html）
VFMガイドライン	VFM（Value For Money）に関するガイドライン（内閣府）（https://www8.cao.go.jp/pfi/hourei/guideline/guideline.html）
契約ガイドライン	契約に関するガイドライン―PFI事業契約における留意事項について―（内閣府）（https://www8.cao.go.jp/pfi/hourei/guideline/guideline.html）

モニタリング・ガイドライン	モニタリングに関するガイドライン（内閣府） (https://www8.cao.go.jp/pfi/hourei/guideline/guideline.html)
運営権ガイドライン	公共施設等運営権及び公共施設等運営事業に関するガイドライン（内閣府） (https://www8.cao.go.jp/pfi/hourei/guideline/guideline.html)
PFI標準契約	PFI標準契約1（公用施設整備型・サービス購入型版） (https://www8.cao.go.jp/pfi/hourei/keiyaku1/keiyaku1.html)
管理者等	PFI法2条3項に定義される「公共施設等の管理者等」
コンセッションまたはコンセッション方式	PFI法2条6項に定義される「公共施設等運営事業」またはそれが実施される仕組み。文脈により、同種の方式による海外の事業を指す場合もある
運営権	PFI法2条7項に定義される「公共施設等運営権」
運営権者	PFI法9条4号に定義される「公共施設等運営権者」
PFI事業契約	PFI法5条2項5号に定義される「事業契約」
運営権実施契約	PFI法22条1項に定義される「公共施設等運営権実施契約」
PPP/PFI推進室	内閣府民間資金等活用事業推進室 (https://www8.cao.go.jp/pfi/)
PFI推進機構	株式会社民間資金等活用事業推進機構 (http://www.pfipcj.co.jp)

19

第1章

いざインフラ投資の
世界へ

｜1｜ インフラ投資とは何か

　インフラすなわちインフラストラクチャー（Infrastructure）は、日本語で社会資本、経済基盤などと訳される。社会や産業を日々動かすために必要な物理的構造物（ハードインフラ）のほか、社会や経済を機能させるのに必要なサービス、システムなど（ソフトインフラ）も意味する。ただし、一般的にインフラという場合は、ハードインフラを指すことが多い。投資の観点からも、その対象となり得るハードインフラだけを考えておけば十分だろう。

　インフラストラクチャーの語源をたどると、ラテン語の「下部」を意味する接頭語「インフラ（Infra）」と、構造を意味する「ストゥルクトゥーラ（Structura）」に行き着く。このラテン語を公用語としていたのが古代ローマ人で、彼らこそがインフラを最初に体系的に作り出した民族といわれる。

　古代ローマのインフラとしては、街道、橋、港、神殿、公会堂、広場、劇場、円形闘技場、競技場、公共浴場、水道などが挙げられる。塩野七生著「ローマ人の物語27　すべての道はローマに通ず（上）」には、より重要なポイントとして「ローマ人は、後世への記念碑を遺すつもりであの大事業を行ったのではなく、人間らしい生活をおくるために必要だからやったのだ」という記述がある。ともすると、必要以上の規模や機能のインフラを造ってしまいがちな現代人にとって、古代ローマ人のインフラに対する実直な考え方は、耳の痛い話かもしれない。すなわちインフラは、造ることだけを目的にするのではなく、長期間にわたり多くの人々に役立つことを目的に造られるべきものなのである。

　こうした考え方は今後、インフラ投資市場が拡大したとしても引き継がなければならない本質といえる。

■1■ インフラの種類とリスクプロファイル

　ハードインフラとソフトインフラという分け方以外にも、インフラには様々な分類方法がある。

まずは「経済インフラ」と「社会インフラ」である。経済インフラは、産業や投資活動などを支える施設や設備を意味し、道路、鉄道、港湾、空港、発電施設（太陽光発電などの再生可能エネルギー施設を含む）、送配電網、パイプライン、通信インフラ、廃棄物処理施設などが該当する。

一方の社会インフラは、日常生活に密着した施設や設備を意味し、上下水道、医療施設、学校、刑務所などが該当する。ただし、上下水道が経済インフラに分類される場合もあるなど、それぞれに厳密な定義があるわけではない。

図表 1-1　インフラの分類

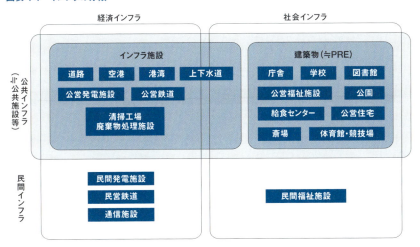

投資の観点では、「グリーンフィールド」と「ブラウンフィールド」という分類がより重要となる。

グリーンフィールドは、草木が生い茂っている土地の様子から、手付かずの土地や更地の状態を意味する。インフラでいえば何もない状態から始める、すなわち施設の建設から始めるプロジェクトを指す。こうしたグリーンフィールドのインフラ投資では、建設段階に資金を投入し、完工後に資金回収することが基本戦略となる。実質的に期中の収入はなく、主にキャピタルリターン狙い

のハイリスク・ハイリターン型の投資である。従って、期日通りに施設が完成しない完工リスクなど、グリーンフィールド特有のリスクに留意しなければならない。

　一方のブラウンフィールドは、既に手が付いている土地という意味で、インフラでいえば既存の施設や稼働中のプロジェクトを指す。こうしたブラウンフィールドのインフラ投資では、投入した資金を期中の運営収入で回収することが基本戦略となる。期中の収入に依拠した、主にインカムリターン狙いのミドルリスク・ミドルリターン型の投資である。従って、長期保有が基本となるため、その間の運営リスクや景気変動リスクなどに留意する必要がある。

図表 1-2　グリーンフィールドとブラウンフィールドのキャッシュフロー

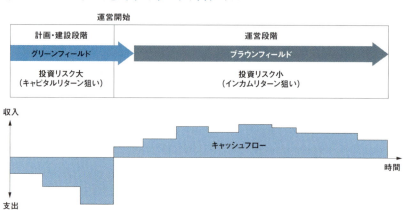

　さらに、所有や運営主体が公共であるか民間であるかによって、「公共インフラ」と「民間インフラ」に分類することも可能である。ただし、この分類はケース・バイ・ケースで、一般的なものではない。

　日本の場合、公共インフラには上下水道、空港、道路、港湾など多くが当てはまる。公共インフラに対する民間資金とノウハウの投入は「官民連携」、すなわち「PPP（Public Private Partnership）」である。つまり、インフラ投資の中

の公共インフラを対象とする部分がPPP投資といえる。[1]

一方、民間インフラとしては、再生可能エネルギー施設、火力や原子力など従来型の発電施設、携帯基地局・タワーなどの通信施設、送電線やガスパイプラインなどが該当する。日本でも、主に再生可能エネルギーの分野においては、ファンドの組成実績がある。民間インフラに対する民間投資は純粋な民・民の契約関係であり、官・民の関係よりも乗り越えるべき制度上のハードルが低い。今後、民間インフラの分野でもさらに多くの投資案件が生まれることが期待されている。[2]

2 「PPP」「PFI」「コンセッション」の包含関係

日本語で官民連携と訳されるPPPは、海外で「P3」と呼ばれることも多い。世界的に統一された厳密な定義はなく、官と民が連携する事業などを幅広く指す包括的な概念となっている。

日本では最近、「PPP/PFI」と併記されることが多くなった。ただし、PFI（Private Finance Initiative、民間資金を活用した社会資本整備）はPPPの一手段という解釈が一般的である。そもそもPFIという言葉自体、日本と英国以外ではあまり使われておらず、官民連携としてはPPPの方がより一般的な表現である。日本においては実務上、PFI法に則して行われる事業を「PFI」、それ以外の官民連携は「PPP」と区別していることが多い。

PFIはさらに、3つの類型に分かれる。民間事業者が自ら調達した資金で事業を行い、公共側がその対価としてサービス購入料を民間に支払う「サービス購入型」のほか、民間事業者が利用者から徴収した利用料金を収入として事業を運営する「独立採算型」、これら2つの類型を組み合わせた「混合型」である。

一方、コンセッション方式は、公共施設やインフラの所有権を公共側が保持したままで、事業運営に関する権利（運営権、コンセッション）のみを民間事業

1　公共インフラのうち社会インフラを対象とするものを狭義のPPP投資とする場合もある
2　例えば海外では近年、携帯基地局・タワーやデータセンターなど「デジタルインフラ」と呼ばれる分野が人気の高い投資対象となっており、同分野に特化したインフラファンドも登場してきている

者に長期間にわたって付与する方式のことで、PFIの一手法といえる。公共側には事業リスクを民間に移転できるほか、運営権を設定することの対価（運営権対価）を民間から受け取れるというメリットがある。また、民間側には自らのノウハウを生かした新しい事業機会の獲得に加え、施設を所有しないことによる固定資産税の極小化といったメリットがある。運営権の設定期間は通常、20〜50年程度で、長いものでは99年に及ぶ例もある。

日本でコンセッション方式の対象となる事業は、稼働中で利用料収入のあるものでなければならない。このため前述したPFIの3類型のうち利用料収入のないサービス購入型の事業にコンセッション方式は適用できず、独立採算型と混合型の事業のみが対象となる。

以上をまとめると、PPP、PFI、コンセッションは次のような包含関係となる。民間インフラも含めたインフラ（投資）が、全てを包含する形となっている。

図表 1-3　インフラ、PPP、PFI、コンセッションの包含関係

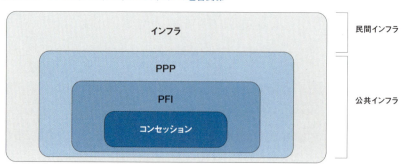

参考文献
- 塩野七生「ローマ人の物語27　すべての道はローマに通ず（上）」新潮社、2006年
- Barbara Weberほか「Infrastructure as an Asset Class: Investment Strategy, Sustainability, Project Finance and PPP」The Wiley Finance Series、2016年

2 | インフラ投資は年金基金や保険会社に最適

　インフラに限らず「市場」が成立するためには、需要と供給の一致が必要となる。日本で今、PPPやPFI、コンセッションといったインフラ投資市場が本格的に誕生しようとしているのは、インフラ投資に対する需給が一致しつつあることを意味する。新たな市場の誕生は、新しいお金の流れやビジネスを生み出し、ひいては雇用の促進や経済活性化などの効果をもたらす。様々な立場の人がインフラ投資市場の誕生に期待し、そのことが需給の一致をさらに後押ししている。

　こうした市場誕生の背景について、需要者と供給者のそれぞれの視点に立って考察していく。ここで、日本のインフラは所有や運営の主体が公共である公共インフラが多くを占めるため、供給者は公共、需要者は民間を意味するものとする。さらに、需要者である民間も、インフラプロジェクトに直接関与する事業者（戦略投資家、ストラテジック・インベスター）ではなく、主に経済的利益を追求する金融投資家（ファイナンシャル・インベスター）を中心に想定する。

■1 公共を悩ませるインフラの老朽化

　まず、インフラ投資市場の供給者、すなわち公共側の視点から考察する。

　空港、上下水道、道路、港湾など、日本においてこれまで主にインフラを所有・運営してきたのは公共である。これらのインフラは高度経済成長期以降、右肩上がりで新設されてきており、今後は一般的な寿命と言われる"50歳"を順次迎える。それと同時に、維持管理・更新費の負担も右肩上がりで増えていくことが懸念されている。少子高齢化と並ぶいわゆる「もう1つの高齢化問題」である。

　国土交通省が2012年7月に公表した国土交通白書での推計は、大きな衝撃を持って受け止められた。この推計は国土交通省が所管する公共インフラについ

図表 1-4　建設から50年以上経過するインフラの割合

時期	2018年3月	2023年3月	2033年3月
道路橋 （橋長2m以上の約70万橋）	約25%	約39%	約63%
トンネル	約20%	約27%	約42%
河川管理施設 （水門など）	約32%	約42%	約62%
下水道管きょ	約4%	約8%	約21%
港湾岸壁 （水深−4.5m以深）	約17%	約32%	約58%

（資料：国土交通省「インフラメンテナンス情報」）

図表 1-5　インフラの老朽化と膨らむ維持管理・更新費

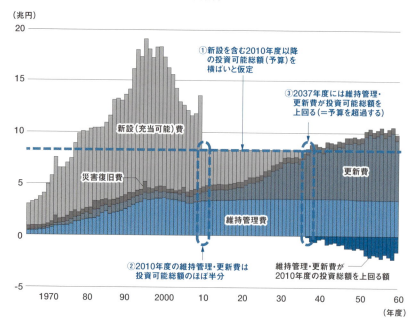

国土交通省「平成23年度 国土交通白書」を基に三井住友トラスト基礎研究所が作成

て、将来どれくらいの維持管理・更新費が必要になるかを試算したものである。インフラにかけられる予算（投資可能総額）を2010年度の水準のまま固定した場合、2037年度には維持管理・更新費だけで予算を超過し、新しいインフラを建設する余裕がなくなってしまうというものであった。

国土交通省は「インフラメンテナンス情報」というサイトを立ち上げ、インフラの維持管理に関する情報を広く発信するようになった。また、総務省は2014年、全ての地方公共団体に対して「公共施設等総合管理計画」の策定を要請した。これらはインフラの老朽化を"見える化"し、広く国民と情報共有するのが狙いといえる。

国土交通省の別の推計によると、インフラの維持管理・更新に必要な費用は、2018年度に約5兆2000億円だったものが、2023年度には約5兆5000億〜6兆円、2028年度には約5兆8000億〜6兆4000億円、2038年度には約6兆〜6兆6000億円、2048年度には約5兆9000億〜6兆5000億円に拡大する見込みとなっている。

一方で、少子高齢化や企業の海外移転などにより、今後の税収の増加は見込みづらく、公共の財政はおおむね厳しい状況にある。その結果、老朽化したインフラに必要な維持管理・更新費すら確保できないという、非常に危険な状況に陥りつつある。

インフラは生活に密着する社会基盤であり、老朽化を放置すれば重大な事故につながり得る。例えば、山梨県にある中央自動車道笹子トンネルでは2012年、トンネル内に吊り下げていた天井板が長さ100m以上にわたって崩落し、9人の犠牲者を出す惨事となった。最近、ニュースなどでよく目にするようになった道路の陥没事故も、多くは老朽化して破損した下水管が原因となっている。適切な維持管理・更新費を捻出できず、通行止めになっている橋も日本各地に数多く存在する。2011年の東日本大震災や2018年の西日本豪雨など自然災害が相次ぐなか、インフラの強靱化も求められている。

こうした背景から、公共は民間資金に注目しており、より効率的な資金調達の場としてインフラ投資市場への期待も高まっている。公共がインフラ投資市場の供給者として所有・運営するインフラ資産や事業（運営権）を市場に供給（売却）し、それを民間が取得（購入）することで資金調達を行うプロセスが典型

例となる。また、資金とともに優れた運営ノウハウを民間から導入し、公共サービスの質や事業の効率性を高めることも、インフラ投資市場に期待される役割の1つとなっている。

こうしたインフラの老朽化と財政逼迫が民間資金を求めるという構図は、他の先進国でもほぼ共通している。一方、新興国も財政逼迫という状況は同じであるものの、経済成長などを背景にインフラはむしろ新規に、そして急ピッチで造る必要に迫られている。そのため、やはり民間資金に期待する構図となっている。

2 運用難に苦しむ投資家

次に、インフラ投資市場の需要者、すなわち投資家側の視点から考察する。

投資家を取り巻く現在の環境を一言で表せば、「運用難」ということになるだろう。金融緩和策などにより、投資資金は市場に潤沢にある一方、低位にある長期金利が国債など債券を中心とした運用を難しくしている。簡単に言えば、「お金はあるが適当な投資先がない」。これこそが、現在の多くの投資家の悩みとなっている。

そうしたなか、多少のリスクは許容したうえで債券の代替となる新しい投資対象が求められており、インフラ投資はまさにこうしたニーズに合致した投資対象と考えられている。日本も例外ではない。少し前までほとんど注目されなかったインフラ投資に今、多くの投資家が関心を示し始めている。

3 年金基金や保険会社こそ資金の出し手に

インフラ投資には次のような特徴がある。(1)長期安定的なキャッシュフロー、(2)株式や債券などの伝統的資産との相関の低さ、(3)多くの場合で消費者物価指数（CPI）などのインフレ指標に連動した収益構造、(4)社会的ニーズへの貢献——などである。

こうした特徴を踏まえ、インフラ投資は特に年金基金や保険会社などの投資家に最適といわれている。(1)長期負債とALM（アセット・ライアビリティ・マ

ネジメント、市場金利に対して資産や負債の価値が変動するリスクの管理)の整合性、(2)分散投資効果、(3)インフレヘッジ効果、(4)環境・社会・企業統治に配慮したESG投資——などを求めるニーズが、インフラ投資の特徴とそれぞれ合致しているためである。

このことは同時に、出資者が頻繁に入れ替わるリスクが懸念されることの多いインフラにとっても好都合であり、巨大な資金力と長期スタンスの投資で流動性リスクを負担できる年金基金や保険会社は、まさに求められる資金の出し手といえる。実際、世界のインフラ投資家のほぼ半分は、年金基金と保険会社で占められている。

例えば、カナダのオンタリオ州公務員年金基金 (OMERS:Ontario Municipal Employees Retirement System)は、インフラ投資に最も熱心な公的年金の1つである。約8兆5000億円の運用資産のうち23%をインフラ投資のターゲットとし、実際に2017年末時点で16%に当たる約1兆4000億円まで投資を積み上げている。アジア地域でも、韓国国民年金公団 (NPS:National Pension Service)が、2017年末時点で60兆円強の運用資産のうち3%強の約2兆2000億円をインフラ投資に振り向けている。

日本の公的年金でも、関心は高まりつつある。企業年金連合会 (PFA:Pension Fund Association)は2012年、前述のOMERSが主導して主に北米や欧州の大型インフラに共同投資する「グローバル戦略投資アライアンス (GSIA:Global Strategic Investment Alliance)」に参画。PFAによるインフラや安定的インカム資産 (インフラデットなど)への投資残高は2017年度末で合計678億円あり、総資産の4±2%をめどに不動産投資やインフラ投資、安定的インカム投資を行う方針を示している。[3]

資産規模世界一の公的年金である年金積立金管理運用独立行政法人 (GPIF:Government Pension Investment Fund)も2014年、OMERSや日本政策投資銀行とともに先進国の送電網、ガスパイプライン、鉄道などに投資する共同投資協定を締結した。OMERSが発掘するインフラ案件に投資信託を通じて投資

---

[3] 企業年金連合会「企業年金連合会 年金資産運用の基本方針」2017年7月20日改定

する仕組みである。

　GPIFによるインフラ投資の2018年3月末時点の時価総額は1968億円。約156兆円という運用資産額全体から見ればわずかな比率だが、2017年に比べてほぼ倍増しており、上場株式や債券といった伝統的資産以外のオルタナティブ資産の中では圧倒的な比率を占めている[4]。なお、GPIFは2016年、オルタナティブ投資への目標資産配分を最大で5％にすることを公表している。

　保険会社によるインフラ投資も盛んになっている。カナダに本拠を置くマニュライフ・ファイナンシャルは、約38兆円の運用資産のうち2.1％の7800億円強をインフラ投資に充てている。韓国のハンファ生命保険も、約8兆5000億円の運用資産のうち6％の約5000億円をインフラ投資に振り向けている。

　日本の保険会社も例外ではない。第一生命保険は2013 〜 2015年度の中期経営計画の中で、環境・インフラ関連分野に2013年度は約150億円、2014年度〜 2015年度は400億〜 500億円を投融資する目標を掲げ、実際に先進国のインフラファンドや国内のバイオマス発電事業、メガソーラー発電事業などに投資している。2016年度以降は、インフラの事業主体に返済義務のある資金を貸し出すインフラデット投資にも取り組んでおり、2016年7月にみずほ銀行の子会社が組成する国内初の円建て海外インフラデットファンドに100億円を出資した。さらに、2018年6月には英国の運用会社M&G Investmentと海外インフラデットファンドを共同組成し、リード投資家として約100億円の出資を発表している。

　日本生命保険も2014年7月、ドイツの同業アリアンツ傘下の資産運用会社が組成する英国の学校、病院、一般道路、送電線などを対象とするシニアデットファンドに100億円を上限に投資することを発表。2016年4月には、北米や欧州の子会社とともにインフラエクイティ・ファンド・オブ・ファンズに400億円の投資枠を設定したほか、2017年6月にはGeneral Electric Company傘下の合同会社が組成する国内再生エネルギーファンドに100億円の投資を行うことを発表している。

---

[4]　オルタナティブ資産のうちインフラ投資は1968億円、プライベートエクイティは82億円、不動産は81億円

4 インフラはリアルアセットの1つ

　投資対象としての認知度が急速に高まってきているインフラであるが、もう少し広い視点で考えると、「投資のリアル化」というべき大きなトレンドの中に位置づけることができる。投資のリアル化とは、投資対象がインフラや不動産、森林などの実物資産、すなわち「リアルアセット」にシフトする傾向を指す。リアルアセットの対極にあるのが、株式や債券といった紙の証書であるいわば“バーチャルアセット”である。リアルアセットという言葉は日本ではまだそれほどなじみがないものの、世界の投資家の間では既に一般的な言葉となっている。

　不動産やインフラなどがリアルアセットとしてひとくくりにされているのは、長期安定的なキャッシュフローや伝統的資産との相関の低さ、インフレヘッジ効果のある収益構造など、特徴がほぼ共通しており、評価手法などのノウハウも共有化できるからであろう。海外の投資銀行やファンドなどでは、もともと不動産を担当していた人材がインフラを担当するケースも多い。世界最大の政府系ファンドであるアブダビ投資庁（ADIA：Abu Dhabi Investment Authority）も、かつてノウハウの共有などを目的に不動産投資とインフラ投資の部門を合併した。投資家の関心という意味では、投資対象はリアルアセット全体であり、インフラはその一部だということもできる。

　しかし、日本では世界でも屈指の規模を誇る不動産投資市場がある一方で、本格的なインフラ投資市場はほぼないに等しい。リアルアセットという観点から見れば、いかにもアンバランスであり、投資家の需要を取りこぼしている可能性がある。日本のインフラは切実な老朽化問題を抱えており、そのための効率的な民間資金の調達にはインフラ投資市場が不可欠である。日本にインフラ投資市場がないことは、不作為による社会的損失を招くともいえ、一刻も早い市場の確立が切望されている。

参考文献

- 国土交通省「平成23年度国土交通白書」2012年7月
- 国土交通省「インフラメンテナンス情報」(http://www.mlit.go.jp/sogoseisaku/maintenance/）
- 三菱商事プレスリリース「世界最大のインフラ共同投資アライアンスに参画」2012年4月27日
- 年金積立金管理運用独立行政法人プレスリリース「国内外の機関投資家との共同投資協定に基づくインフラ投資の開始について」2014年2月28日
- Infrastructure Investor「ADIA merges RE and Infra divisions」2012年6月25日

3 │ インフラ投資市場の規模感

　前節では、日本でもインフラ投資市場が誕生しようとしている背景について解説した。次はいよいよ実際のビジネスとして、このマーケットへの参入を検討する段階となる。

　どのようなビジネスにおいても、最初に検討するのは収益性の評価であろう。その際に必要となるのが全体の市場規模である。インフラ投資のデータはまだまだ限られるが、大まかにでも市場規模が推計できれば、その中で期待できるシェアと配分可能なリソースなどを基に収益性を評価できるだろう。

1 世界のインフラ投資市場規模は60兆円強

　いくつかの海外メディアの情報から、フローベースとなる2018年の世界の非上場インフラファンドの資金調達額は8兆円超とみられている。非上場インフラファンド市場は、世界でも2010年代に入って確立された若い市場であるが、資金調達額は毎年ほぼ右肩上がりで増加してきており、2018年は過去最高となった。

　一方、ストックベースとなる世界の非上場インフラファンド市場の規模（運用資産額ベース）は、現在およそ50兆円あると推計される。ただし、このなかにはファンドが資金調達（コミットメントを含む）したものの、まだ実際に投資されない「ドライパウダー」と呼ばれる部分も含まれることに留意が必要である。インフラファンドの場合、他の資産のファンドと比べてドライパウダーの比率が高いのも特徴で、50兆円のうち20兆弱ぐらいはそれに当たるとみられている[5]。

　従って、純粋にインフラファンドからインフラ事業を行う特別目的会社

5　投資家によるインフラ投資への最近の需要の多さに比べ、投資できる案件が少ないことや、そうした中での価格の高騰などが要因に挙げられている

(SPC：Special Purpose Company) などに投下されている資金額は30兆円強となる。この投資資金は全て、SPCなどの株式 (エクイティ) に投資され、またその段階で同額のローン (LTV：Loan to Valueは50％) がついていると仮定すると、ファンドの投資対象となっているインフラの資産額ベースの規模は、60兆円強ということになる。

　株式市場や不動産市場の規模と比べるとまだまだ小さな市場であるが、成長期待は大きい。例えば、経済協力開発機構 (OECD) は、世界のインフラ需要 (2016〜2030年の累計投資必要額) を約44兆1000億ドル (年間平均で3兆ドル弱) と推計している。投資額の内訳は、水道32％、発電・送電28％、通信11％、道路9％、鉄道9％、石油・ガス輸送5％、空港4％、港湾2％となっている。

　また、アジア開発銀行 (ADB) は、アジア諸国のインフラ需要 (2016〜2030年の累計投資必要額) を約26兆2000億ドル (年間平均で2兆ドル弱) と推計している。投資額の内訳は、電力56％、交通・運輸32％、通信9％、水道・衛星分野3％となっている。

　なお、日本政府もインフラ輸出の強化に取り組んでおり、日系企業のインフラ受注額 (輸出総額) として、2010年は約10兆円、2015年は約20兆円であったのに対し、2020年は約30兆円の目標を掲げている。

2 利用料収入を伴う国内インフラストックは185兆円

　こうした世界のインフラ市場規模に比べて、日本のインフラ市場規模はどの程度あるのだろうか。より現実的なインフラ市場規模を求めるため、まず、「利用料収入を伴うインフラ」を考える。利用料収入を伴うことは、日本においてコンセッション方式を採用できるインフラの条件でもある。

　利用料収入を伴うインフラの規模は、2013年4月17日付の政府の産業競争力会議に提出された資料が詳しい。資料によると空港、有料道路、上下水道など利用料収入を伴うインフラは合計で約185兆円ある。従って、将来的に投資対象となり得るインフラの母集団も185兆円程度あると考えられる。

　図表1-6中の「EBITDA」とは、利払い・税引き・償却前利益 (Earnings Before Interest, Tax, Depreciation and Amortization) のことで、1年間の運営を通し

て得られるキャッシュフローを表す。海外のインフラの取引事例では、EBITDAの10 〜 20倍が平均的な売買価格となっている。

図表 1-6　利用料収入を伴うインフラの規模

インフラ種別		資産	負債	EBITDA	算定方法など	出典	データ時点
空港	国管理空港	1.61	1.07	不明			
	成田・関空・中部	3.27	2.34	0.08		各空港会社有価証券報告書	2011年度
	地方管理空港	0.2	0.05	不明			
有料道路	NEXCO	40.69	32.14	1.45	経常収益ー経常費用＋減価償却＋固定資産除却＋財務費用	日本高速道路保有・債務返済機構HP	2011年度
	地方公社	5.3	4.2	不明		大和総研赤井客員研究員レポート(2007)など	
下水道		34.8	14.6	0.41	総収益から雨水処理負担金および各種補助金を控除	地方公営企業年鑑(地方公営企業法適用事業)	2010年度
		57.3	24.8	不明		地方公営企業年鑑(地方公営企業法非適用事業)	2010年度
上水道		31.6	10.5	1.39	総収益から各種補助金を控除	地方公営企業年鑑	2010年度
工業用水道		2.4	0.8	0.10	総収益から各種補助金を控除	地方公営企業年鑑	2010年度
港湾	公社埠頭	0.24	0.13	不明		各埠頭会社(東京、横浜、名古屋、大阪、神戸)HPより集計	2011年度
	公営港湾	0.49	0.06	0.01		地方公営企業年鑑(法適用起業のみ)	2010年度
公営交通		6.7	4.9	0.24	総収益から各種補助金を控除	地方公営企業年鑑(交通事業)	2010年度
合計		185	96	3.68			

資産、負債、EBITDAの単位は兆円。日本経済再生本部「第6回産業競争力会議資料」2013年4月17日

3 現在の市場規模は1.2兆～1.7兆円か

　では現在、どれほどのインフラが実際に投資対象となっているのだろうか。これには、三井住友トラスト基礎研究所とインフラビジネスJAPANが、2019年に行った共同調査が詳しい。国内のインフラに投資するファンド運用会社へのヒアリングや公表資料などを調査したところ、ファンドからの出資額ベースで4000億～5000億円。そこに、ローンによる調達を含めると、ファンドの投資対象となっている国内インフラの資産額ベースの規模は、約1兆2000億～1兆7000億円と推計された。なお、国内のインフラ[6]に投資している運用会社は少なくとも25社以上あり、今後始める予定も含めると30社以上はあるとみられている。

　興味深いのはその投資対象であるが、ほとんどは再生可能エネルギー発電施設で、さらにその大半は太陽光発電施設であった。風力発電施設や火力発電所、小規模水力発電施設などへの投資事例もみられたが限定的であった。

　さらに、コンセッションの対象となる公共インフラについては、運営する事業会社による出資にとどまり、それが流動化されてインフラファンドが投資する事例はまだみられない。海外では空港や道路などといったインフラに、インフラファンドが出資することも一般的なため、日本でも近い将来、そうしたステージに移行することが期待される。

参考文献
- 内閣府「2012年度国民経済計算確報（2005年度基準・93SNA）」
- 日本経済再生本部「第6回産業競争力会議資料」2013年4月17日
- 国土交通省 不動産証券化手法等による公的不動産（PRE）の活用のあり方に関する検討会資料「公的不動産の活用に関する取組について」2014年9月16日
- 公的・準公的資金の運用・リスク管理等の高度化等に関する有識者会議「報告書」2013年11月

6　この調査では、海外でインフラ投資に位置づけられるデータセンターへの投資は対象外としている。日本では、まだ不動産投資として位置づけられることが多いためである

4 │ インフラ投資のリスク・リターン特性

投資ビジネスの収益性を評価するには、前節で取り上げた市場規模の推計に加え、もう1つ重要な情報が必要となる。それはリスク・リターン特性である。

一般的にインフラ投資は、ミドルリスク・ミドルリターンといわれているが本当にそうなのか。また、株式や債券などの伝統的資産との相関が低く、分散効果が得られやすいとされているが本当にそうかなど、インフラ投資のリスク・リターン特性について考察する。

インフラ投資にはいくつかの形態があり、リスク・リターン特性も異なる。まずは、そうしたインフラ投資の形態と特徴について見ていく。

■1 直接投資や間接投資など3つの形態

インフラ投資には一般的に3つの形態が考えられる。1つはインフラ事業を行う特別目的会社（SPC）などに直接投資する形態。もう1つはインフラファンドを通してSPCなどに間接投資する形態だ。さらに、インフラファンドについては取引市場に上場されているものと非上場のものとに分けられるため、全部で3つの形態となる。

直接投資は、自ら投資判断を行えるという高い自由度がある半面、相応の人材や情報を確保する負担が大きくなる。そのうえで分散効果を追求しようとすると豊富な資金量も必要となるため、ある程度規模の大きい機関投資家が選択し得る形態といえる。

一方、インフラファンドを通した間接的な投資では、個別の投資判断については基本的にファンドマネジャーに委ねることになるため、直接投資ほど人材や情報を確保する負担は大きくならない。さらに、資金量がそれほど豊富になくても分散効果が得られることは、重要な特徴の1つといえる。ただし、ファンドマネジャーの投資判断が必ずしも思い通りのものとはならないリスクや、ファンドマネジャーに支払う少なからぬ手数料には留意する必要がある。

図表 1-7　インフラ投資の3形態

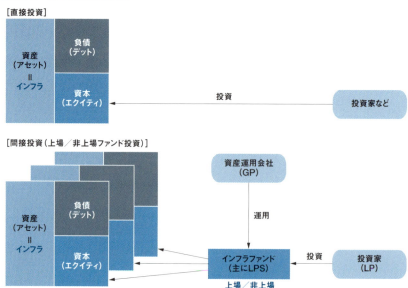

　インフラファンドのうち、上場されているものは取引所を通して売買されることによる信頼性や透明性、一定の流動性があるのに対し、非上場のものは株式市場など他の市場動向に影響されにくく、安定性があると一般的にいわれている。また、東京証券取引所のインフラファンド市場を見てもわかる通り、公開市場を通して投資家の裾野を個人にまで広げることができるのも、上場インフラファンドの特徴である。Preqin社の2018年1月時点の調査によると、機関投資家がインフラ投資を行う場合、78％は非上場インフラファンドの形態を選択すると回答し、直接投資を選択するとしたのが32％、上場インフラファンドはわずか10％となっている。

2　分散効果が期待できる非上場インフラ

　次に、実際のデータでインフラ投資のリスク・リターン特性を見ていく。こうした場合、通常は市場を代表するインデックスのデータが有用となるが、残

念ながらインフラ投資市場のインデックスは世界的にも発展途上段階のため、個別の研究成果に頼らざるを得ない。加えて、日本ではインフラ投資市場自体がまだ確立されていないため、インフラ投資の盛んなオーストラリアのデータを使った分析を参照することにする。

図表 1-8　オーストラリアにおける6資産の運用特性

Study	Period	Frequency	Unlisted Infra.	Equities	Bonds	Listed property	Direct Property	Listed Infra.
Average annual return								
Peng and Newell (2007)	Q3 1995-Q2 2006	quarterly	14.1	12.9	7.2	13.8	10.9	22.4
Newell et al. (forthcoming)	Q3 1995-Q2 2009	quarterly	14.1	9.1	7.0	4.9	10.6	16.7
Newell et al. (forthcoming)	Q2 2007-Q2 2009	quarterly	8.2	-13.2	7.1	-35.8	3.3	-23.9
Finkenzeller et al. (2010)	Q4 1994-Q1 2009	quarterly	8.2	7.9	8.2		9.8	15.6
Annualized volatility								
Peng and Newell (2007)	Q3 1995-Q2 2006	quarterly	5.8	11.0	4.3	7.9	1.5	16.0
Newell et al. (forthcoming)	Q3 1995-Q2 2009	quarterly	6.3	13.9	4.6	17.5	3.0	24.6
Newell et al. (forthcoming)	Q2 2007-Q2 2009	quarterly	6.7	21.5	6.9	31.6	5.8	23.0
Finkenzeller et al. (2010)	Q4 1994-Q1 2009	quarterly	3.8	15.0	5.0		5.1	16.6
Sharp ratio								
Peng and Newell (2007)	Q3 1995-Q2 2006	quarterly	1.47	0.67	0.39	1.04	3.67	1.05
Newell et al. (forthcoming)	Q3 1995-Q2 2009	quarterly	1.34	0.25	0.30	-0.05	1.63	0.45
Newell et al. (forthcoming)	Q2 2007-Q2 2009	quarterly	0.32	-0.90	0.15	-1.32	-0.47	-0.7

（資料:Georg Inderst「Infrastructure as an asset class」EIB Papers、Vol.15 No.1 2010、pp.70-105）

7　AMP Infrastructure Equity Fund（1995）、Colonial First State Infrastructure Income Fund（2003）、Perpetual Diversified Fund（2004）、Hastings Infrastructure Fund（2000）、Hasting Utilities Trust of Australia（1994）の5つの非上場インフラファンドの加重平均から算出

図表1-8に示すのは、EIB Papers（Vol.15 No.1 2010）に掲載されているオーストラリアの非上場インフラ[7]、株式、債券、上場不動産、直接投資の不動産、上場インフラの6資産を対象にした年平均のリターン、年率のボラティリティ、シャープレシオの分析結果である。

いくつかある研究のうち、Newellらの1995年第3四半期〜2009年第2四半期の分析結果を見ると、リターンが最も大きかったのは上場インフラで16.7%、次が非上場インフラで14.1%となっている。リスクの大きさを表すボラティリティは、非上場インフラが6.3%と不動産、債券に次ぐ小ささとなっている一方、上場インフラは24.6%と6資産の中で最大となっている。また、投資の効率性を示すシャープレシオは、非上場インフラが1.34と不動産に次いで高くなっている。さらに、同じNewellらの2007年第2四半期〜2009年第2四半期というサブプライム問題とリーマンショックを含む期間の分析では、非上場インフラのシャープレシオは6資産の中で最高の0.32となっており、荒れた市場環境の中でも安定的にリターンを出している様子が読み取れる。

続いて、同じEIB Papers（Vol.15 No.1 2010）に掲載されているオーストラリアの非上場インフラとその他の5資産との相関を分析した結果を図表1-9に示

図表 1-9　非上場インフラとその他5資産の相関

Study	Period	Frequency	Listed Infra.	Equities	Bonds	Listed property	Direct Property
Peng and Newell (2007)	Q3 1995-Q2 2006	quarterly	0.31	0.06	0.17	0.24	0.26
Newell et al. (forthcoming)	Q3 1995-Q2 2009	quarterly	0.37	0.15	0.06	0.23	0.30
Newell et al. (forthcoming)	Q2 2007-Q2 2009	quarterly	0.31	0.24	-0.10	0.16	0.68
Finkenzeller et al. (2010)	Q1 1995-Q2 2007	quarterly	0.22	0.05	0.09	-0.08	0.04
Finkenzeller et al. (2010)	Q1 1995-Q1 2009	quarterly	0.29	0.27	-0.02	0.17	0.20
CFS (2010)	July 2000-June 2010	monthly	0.24	0.10	0.03	0.10	0.48

（資料:Georg Inderst「Infrastructure as an asset class」EIB Papers、Vol.15 No.1 2010、pp.70-105）

す。表から、非上場インフラと株式や債券などの伝統的資産との相関の低さが読み取れる。相関の低い資産同士の組み合わせは高い分散効果をもたらす。ここからも、伝統的資産を多く抱える年金基金や保険会社などの機関投資家が、ポートフォリオにインフラを加えて分散効果を得ようとするのは、極めて合理的な投資行動だということがわかる。

オーストラリアの6資産を対象にした分析から、インフラ投資、特に非上場インフラファンドへの投資はミドルリスク・ミドル（ハイ）リターンであり、株式や債券など伝統的資産との相関が低く、分散効果が得られやすいということが実証されている。

3 インフラは個別性が強いアセット

最後に、直接投資においてもインフラファンドを通した間接投資においても、最終的な投資先となるインフラ事業の種類によるリスク・リターン特性の違いについて考える。

分かりやすいのが、年金シニアプラン総合研究機構が2013年3月にまとめた「インフラ投資に関する調査研究報告書」に掲載されているイメージ図（図表1-10）である。

インフラの中でもローリスク・ローリターンのアセットとして稼働中の有料道路、病院や学校、刑務所などの社会インフラを、逆にハイリスク・ハイリターンのものとして新たに建設する有料道路、卸売電力市場に売電する商業発電所などを挙げている。空港や港湾、鉄道は両者の中間に位置づけられている。日本でも、MLP（Master Limited Partnership）の投資対象としてよく知られるようになったガスパイプラインや貯蔵施設など[8]も中間のカテゴリーに入る。

ただし、分類はあくまでも目安にすぎない。インフラは個別性が強いため、実際のリスク・リターン特性は個々のプロジェクトの契約内容や条件によって大きく異なる。

---

[8] 石油や天然ガスの産業において、パイプラインや貯蔵施設などのインフラは「ミッドストリーム」と呼ばれている。また、探査・開発分野のインフラは「アップストリーム」、卸売分野は「ダウンストリーム」と呼ばれている

図表 1-10 インフラの種類別に見たリスク・リターン特性

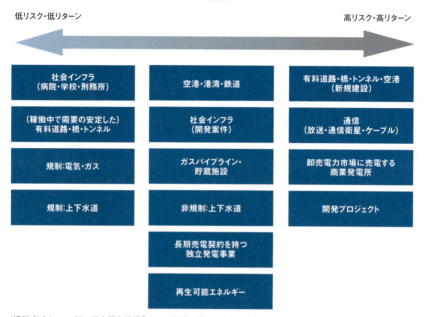

(資料:年金シニアプラン総合研究機構「インフラ投資に関する調査研究報告書」2013年3月)

図表 1-11 株式や債券と比べたインフラ投資のリスク・リターン特性

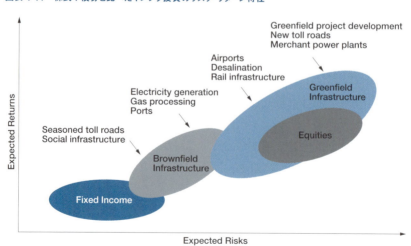

(資料:Georg Inderst「Infrastructure as an asset class」EIB Papers、Vol.15 No.1 2010、pp.70-105)

図表1-10において「新規建設」や「稼働中で需要の安定した」と表現されているものは、それぞれ「グリーンフィールド」、「ブラウンフィールド」と同義である。同じインフラであれば、グリーンフィールドへの投資の方がブラウンフィールドへの投資よりリスクが大きくなる。インフラファンドの投資方針などには通常、「ブラウンフィールドのインフラに投資する」や「グリーンフィールドのインフラにも投資する」などの記述がある。投資家はこうしたファンドの投資方針をしっかりと確認・理解したうえで、自らのリスクアペタイト（投資選好）に応じた選択をすることが重要となる。

　インフラ事業を行うSPCの何に投資するかによってもリスクは異なる。投資対象には、SPCの株式などのエクイティのほか、SPCが発行する社債（債券）やSPCに融資した金融機関の債権（を証券化したもの）などのデットもあり得る。特に近年は後者の「インフラデット」への投資も盛んになっており、より安定的なリターンを求める投資家に広く受け入れられている。

　以上を総合的に表したのが図表1-11である。イメージ図ではあるものの、インフラの種類によってリスク・リターン特性が異なることや、インフラ投資のリスク・リターンはおおむね株式投資と債券投資の中間に位置するミドルリスク・ミドルリターンであることが分かりやすく表現されている。

参考文献
- Preqin「The Q2 2014 Preqin Quarterly Update Infrastructure」2014年7月
- IPD Press Release「MSCI releases industry's first global asset infrastructure index」2014年11月19日
- 年金シニアプラン総合研究機構「インフラ投資に関する調査研究報告書」2013年3月

COLUMN

ファンドが主導する世界のインフラ投資市場

　世界のインフラ投資市場は規模を順調に拡大している。非上場インフラファンドの資金調達額は2012年時点で300億ドルだったのに対し、2018年は850億ドルと2.8倍に成長。史上最高を記録した。

　地域別の調達額は北米が440億ドルと最も多く、欧州の350億ドル、アジアの41億ドルと続く。インフラの種類別に見ると2014年から2018年までの5年間で取引が最も活発だったのは再生可能エネルギー施設。水道などのユーティリティ施設や道路・空港などの運輸施設も全体の取引回数のそれぞれ1割

図表1-12　非上場インフラファンドの資金調達額

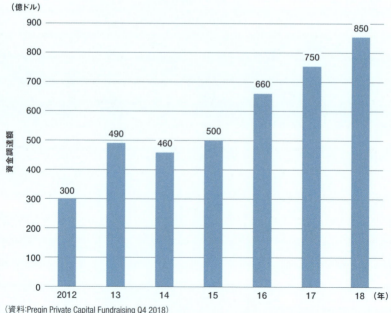

（資料:Preqin Private Capital Fundraising Q4 2018）

図表1-13　非上場インフラファンドの取引分野

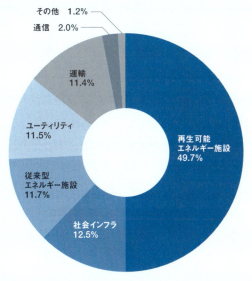

非上場インフラファンドの2014年から2018年までの取引回数について、インフラの種類別の比率を示す
(資料:Preqin Private Capital Fundraising Q4 2018)

強を占める。

　インフラ投資家として世界最大規模を誇るのが、マッコーリー・インフラストラクチャー・アンド・リアル・アセッツ (MIRA：Macquarie Infrastructure and Real Assets) だ。同社は保険会社や銀行、年金基金などを主な顧客とし、2018年9月時点で70以上のインフラファンドを運用している。投資先は道路や港湾、通信、再生可能エネルギー施設など多岐にわたり、運用資産残高は同時点で1290億ドルに上る。

渋滞を解消させ有料道路の資産価値を高める

　MIRAが運用する非上場インフラファンドの1つ、マッコーリー・インフラストラクチャー・パートナーズ (MIP：Macquarie Infrastructure Partners) がかつて投資先としていたのが、米イリノイ州シカゴ市にある有料道路「シカゴスカイウエー」だ。

COLUMN

　シカゴスカイウエーはシカゴ市から隣接するインディアナ州北西部までを結ぶ全長7.8マイル（約13km）の有料道路で、スペインのCintra Concesiones de Infraestructuras de Transporteが55％、オーストラリアのMacquarie Infrastructure Groupが45％を出資するSkyway Concession Company（SCC）が2004年、シカゴ市から99年間にわたる運営権を18億3000万ドルで取得した。Macquarie Infrastructure Groupは運営開始から間もない2006年、出資持分の半分を非上場インフラファンドのMIPに譲渡した。

　シカゴスカイウエーが開通したのは1958年のこと。その後は長らくシカゴ市が運営を手掛けてきた。既存の有料道路を民間に長期リースして独立採算で運営を任せるのは、シカゴスカイウエーが米国で最初の事例となった。民間が入札で競り合った結果、市にとって運営権の売却額は年間通行料収入の約40倍という破格の値段となり、全米から注目を集めた。

　「有料道路の運営は市の主要な業務ではない。売却で得た資金は市が抱える債務の返済などに充てる」。契約時の会見で当時のシカゴ市長だったリチャード・デーリー氏はこう語った。シカゴ市は民間が運営開始直後に一括で支払った18億3000万ドルのうち、8億5500万ドルをスカイウエーなど市の未払債務の返済に、5億ドルを長期積立金勘定の設立に、3億7500万ドルを中期年金勘定の設立に、1億ドルを障害者の住宅改修支援や雇用創出プロジェクトなどに充てた。

　シカゴスカイウエーの2019年時点の通行料は一般的な乗用車で5.3ドルとなっている。SCCは通行料の全てを自らの収入として受け取る権利を持つ。市が運営していた2004年までは2ドルだったものの、SCCの運営に移った2005年から2.5ドル、2008年から3ドル、2011年から3.5ドル、2013年から4ドル、2015年から4.5ドル、2017年から5ドルをそれぞれ上限として値上げできることが売却時に規定された。2017年以降の通行料は、「年2％」「消費者物価指数の上昇率」「1人当たり国内総生産（GDP）の上昇率」のうち最大のものを値上げ率の上限としてSCCが設定できる仕組みとなっている。

　SCCによる運営1年目となる2005年の通行台数は1日平均4万8000台で、年間の通行料収入は5043万ドル、料金所のそばにあるレストランからの賃貸収入などが4万ドルあった。一方、運営費用は1169万ドルで、運営

第1章　いざインフラ投資の世界へ

SCCは老朽化した複数の橋の更新工事を実施。大規模な工事は建設会社に発注した（写真：日経コンストラクション）

シカゴスカイウエーの料金所に立つSCCのマイケル・ローリー維持管理マネジャー。以前はイリノイ州有料道路公社の職員として働いていた。2007年撮影（写真：日経コンストラクション）

49

COLUMN

EBITDA（利払い・税引き・償却前利益）は3878万ドルだった。

SCCは通行料収入などを得ることと引き換えに、シカゴスカイウエーの舗装の補修や植栽の刈り込み、清掃といった維持管理義務を負っている。老朽化した橋の更新工事などにも責任を負う。

SCCが運営開始直後に取り組んだのが、料金所における「I-Pass」や「EZ-Pass」と呼ばれる自動料金収受システムの導入だ。時間帯に応じて上り線と下り線の通行レーンの数を変えられるようにする工事も実施した。以前の料金所は現金払いだけとなっていたため、通勤時間帯などに長い渋滞が発生。料金所を通過するのに30分以上かかることも珍しくなかった。「改修によって渋滞を解消するなど、通行料を値上げするだけのサービスを提供している」とSCCの担当者は話す。

国内金融機関もインフラファンド設立の動き

SCCはこうした新システムの導入や改修などを通して、シカゴスカイウエーの資産価値を高めた。そこに目を付けたのが年金基金だ。

CintraとMacquarieは2015年、カナダの年金制度投資委員会（CPPIB：Canada Pension Plan Investment Board）とオンタリオ州公務員年金基金（OMERS：Ontario Municipal Employees Retirement System）、オンタリオ州教職員年金基金（Ontario Teachers' Pension Plan）の3者に対し、SCCの全株式を計28億4400万ドルで売却した。「長期的に安定したキャッシュフローを確保できるインフラに投資することは、我々の投資戦略に合致している」。取得に当たりCPPIBはこのようにコメントした。

インフラファンドの設立やこれに対する投融資に向けた動きは、日本の金融機関や商社などの間でも活発になりつつある。三菱UFJ銀行は、海外のインフラに投資する1000億円規模のファンドを2019年中に立ち上げる。風力発電施設や鉄道、道路など、国内からのインフラ輸出案件を含むプロジェクトに資金を投じる。政府系の日本貿易保険（NEXI）とも連携し、プロジェクトが滞った場合の損失を補う。

丸紅とみずほ銀行、みずほグループのアセットマネジメントOneの3社は2018年11月、ファンド運営会社のMMキャピタル・パートナーズを設立した。

50

初弾のファンドは、丸紅が既に出資、運営しているオーストラリアの鉄道やガスパイプラインなど、ブラウンフィールドの案件を主な投資対象とする。他の銀行や年金基金などの機関投資家からも資金を募り、最大500億円の運用規模を目指す。将来は、新規開発を含むグリーンフィールドのプロジェクトにも投資するファンドの立ち上げを検討していく。

　日本国内のエネルギーや交通、通信などのインフラを投資対象とするファンドも現れた。三菱商事の子会社である丸の内インフラストラクチャーが2017年11月、出資コミットの上限を最大1000億円として組成。太陽光発電施設などに特化せず、幅広いインフラに投資する日本初の「総合型インフラファンド」を打ち出した。三菱商事のほか、みずほ銀行や東邦銀行、民間資金等活用事業推進機構などが出資。丸の内インフラストラクチャーは2019年3月、「設定目標を超過する出資コミットを受けた」として最終クロージングした。

(日経コンストラクション2007年7月13日号の特集の一部を大幅に加筆、再構成)

第2章

PFIの変遷と
コンセッションの潮流

1 ガラパゴス化していた日本のPFI

　実は、日本のPFIは世界的にみると、やや特殊な発展を遂げてきた。これも1つの"ガラパゴス"といえるかもしれない。日本独特のPFIをここでは「従来型ハコモノPFI」と呼ぶことにする。従来型ハコモノPFIと海外で一般的に行われているPPP/PFIの相違点を明らかにすることで、今後の日本の目指すべき方向性や必要な施策を見いだしていく。

1 民間の力を生かしきれない従来型ハコモノPFI

　海外のPPP/PFIと日本の従来型ハコモノPFIとの大きな相違点を2点取り上げる。1つ目の違いは「サービス購入型」スキームにおける民間の運営ノウハウの活用である。

図表 2-1　PFIの3類型

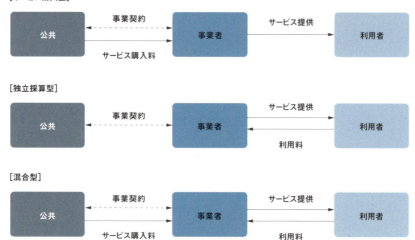

前述の通り、PFIには3つのタイプがある。「サービス購入型」と「独立採算型」、そして両者が混ざった「混合型」である。これらのうち、日本のPFIではサービス購入型が約7割を占めてきた。

サービス購入型の仕組み自体が悪いわけでは決してない。サービス購入型の名の下に行われてきた従来型ハコモノPFIにおいて、民間の運営ノウハウが活用しきれていないということが一番の問題である。

従来型ハコモノPFIの一般的なスキームは、建設会社などの民間事業者が自ら調達した資金で何らかの公共インフラを建設し、公共側がその対価としてサービス購入料を事業者に支払う。しかし、支払われるサービス購入料はほぼ固定で、施設の稼働状況に関わらず一定額が支払われるため、実態として建設代金を延べ払いするだけの仕組みになってしまっている。極端には、誰も利用しない施設を建設したとしても、事業者には少なくとも建設代金部分は定期的に支払われることになる。

このようなスキームは、海外ではPPP/PFIと見なされないこともある。PPP/PFIの重要な要素の1つである民間の運営ノウハウが生かされていないためである。海外では同じサービス購入型のスキームでも、例えばその施設の運営状況などに応じて、建設代金部分も含めてサービス購入料が増減する仕組みが一般的に採用されている。民間は運営リスクを負う代わりにインセンティブも持つことができるため、必要なノウハウを引き出しやすい。

運営状況によってサービス購入料が増減する仕組みは、「アベイラビリティ・ペイメント」や「ユニタリー・ペイメント」と呼ばれる。

これら2つの用語は定義が少し異なる。アベイラビリティ・ペイメントは、民間事業者のイニシャルコストまでは増減させない。一方、ユニタリー・ペイメントでは、稼働状況が悪ければランニングコストのみならず、イニシャルコストも増減させる。つまり、民間にとって利益の振れ幅はユニタリー・ペイメントの方が大きい。

とはいえ、両者は運営に重点を置いているという点でコンセプトは同じである。例えば、道路運営では「陥没が発見された場合に24時間以内に駆け付けているか」といった審査項目を設け、対応できていなければサービス購入料を減額する仕組みなどがある。民間は運営に重きを置いて、成果が出ればインセン

ティブが得られ、そうでなければペナルティーが課せられる。結果的に、より よく運営しようという動機が生まれるわけである。

　日本でも少ないながら、アベイラビリティ・ペイメントやユニタリー・ペイメ ントを活用した事例がある。今後はこうした仕組みを推進する施策も必要にな るだろう。

　PPP/PFIの要は「民間の資金とノウハウを活用する」ことである。今の時代 に求められる民間ならではの「ノウハウ」という意味では、新規建設より運営面 でのそれをより重要視することになるのではないだろうか。従来型ハコモノ PFIではその視点が十分でなかったように思われる。

2 変化が求められる地方公共団体の役割

　アベイラビリティ・ペイメントやユニタリー・ペイメントが、日本でなぜ普及 しないのか。理由の1つとして考えられるのは、公共側が民間事業者にサービ ス購入料を支払ううえで、必要な要求水準を満たした運営をしているかどうか モニタリングするために、時間と労力を取られてしまうことへの懸念である。 海外のアベイラビリティ型PPP事業の要求水準を見ると、非常に多くの項目が 並んでいる。日本の地方公共団体が全ての項目を総合的に評価して、運営する 事業者の能力を審査するには高い壁がある。

　ただ、逆にいうと日本のPFIを目指すべき方向に変えていけば、地方公共団 体の役割も変わってくるかもしれない。地方公共団体内部には有能な建設分野 の技術者が在籍しているため、PPP/PFIの話になると必ずといっていいほど、 こうした人材の処遇が論点となる。もちろん処遇は重要な問題だが、議論の本 筋は公共の役割をどのように変えていくかにあるべきである。アベイラビリ ティ・ペイメントやユニタリー・ペイメントの導入に合わせて、公共が民間事業 者を管理・監視する役割へと変わっていけば、官民連携はよりスムーズに進ん でいくかもしれない。

　施設の運営に重点を置くことは、公共サービスの質の向上を通じて何より利 用者である市民の利便性向上につながる。一般的な公共インフラの建設期間は せいぜい数年。しかし、運営は何十年と続く。どちらが重要かは一目瞭然であ

る。これまでの日本のPFIは造ることに重点を置きすぎていた。インフラは造ることではなく、使われてこそ意味を成すものであるということを、冒頭の古代ローマ人の考え方から、もう一度よく考えてみる必要がある。

3 SPC株式の流動化も課題に

　PFI事業では通常、設計や施工、運営、資金調達といった能力を持つ企業が出資して、その事業を担うための特別目的会社（SPC）を設立する。海外のPPP/PFIと比較すると、日本ではSPCの資金調達先や株主構成がPFI事業の建設段階から運営段階を通じて変わらないことが多い。この一見何気ない違いにより、日本のPPP/PFIは本来もたらされるはずの様々な恩恵や経済効果を受けられずにいる。

　例えば、ある企業グループが公共インフラを建設、運営するPFI事業を受注したとする。その際、工事の中心となる建設会社などが出資してSPCを設立する。出資といっても、実態はそのPFI事業への"参加料"や"責任出資"的な意味合いが強い。そのため、出資金額は事業規模全体の1％ほどで、残りの99％は金融機関などからの借り入れで賄われるケースが多い。つまり100億円のプロジェクトでも、出資金額は1億円ほどということになる。

　海外ではサービス購入型でも、SPCへの出資金額は事業規模全体の10％程度であることが多い。また、出資金額に対する配当利回りも日本では数パーセント程度なのに対し、海外では10％前後になることもあるようである。

　問題の本質は出資金額や配当利回りの多寡ではなく、事業が建設段階から運営段階に移ってもSPCの株式を当初の建設会社などが持ち続けている点にある。PFI事業の対象となるインフラの建設が始まり、やがて竣工して運営段階に入る。長期間にわたる運営段階においても、建設会社が保有するSPC株式はそのままのケースが多い。PFIの事業契約では、そもそも株式譲渡を認めていないことも多い。

　こうした結果、多くのPFI事業を受注してきた建設会社ほど、様々なSPC株式を抱えたままとなっている。個々の出資額は数百万〜数千万円程度と少額でも、合計すれば相応の金額になる。仮に連結対象となれば、建設会社本体の財

務への影響も無視できなくなる。

　事業が運営段階に入り一定期間が過ぎれば、インフラの造り手としての建設会社の役割は終わるはずである。瑕疵担保責任などがあるため、運営段階に入ってすぐに建設会社の役割が終わるとは限らないものの、事業が安定稼働すれば建設会社はSPC株式を売却して代表企業を降りることもできるはずである。それによって建設会社は資金を回収し、別の新しいプロジェクトにその資金を振り向ける方が合理的だろう。しかし多くの場合、建設会社がSPC株式に投下した資金はそのまま眠ってしまっている。これは民間企業として資金効率上、好ましいことではないはずである。

　日本では運営段階に入った際に、SPCの株主構成が変わることは極めて希だが、海外では一般的である。それでは、建設会社などが持っていたSPC株式を誰が代わりに取得することになるのか。例えば、そのインフラの運営に携わる企業が考えられるかもしれない。しかし、運営会社も必ずしもSPC株式を取得する必要はない。SPCとの委託契約などで運営の実施が担保されていれば、年金基金やインフラファンドといった事業には直接携わらない金融投資家が、SPC株式を取得しても構わないはずである。

　こうした様々な投資家が資本市場でSPC株式を取引できるようになれば、インフラに関する資金循環が起こる。これまで日本ではこの資金循環が起こってこなかったので、インフラ投資市場が発達しなかったといっても過言ではない。日本には世界有数規模の株式市場や不動産投資市場があるにもかかわらず、インフラ投資市場がほぼゼロというのは極めてアンバランスだといえる。

4 SPCの所有と運営の分離

　投資家には大きく2つのタイプがある。戦略投資家（ストラテジック・インベスター）と金融投資家（ファイナンシャル・インベスター）である。

　戦略投資家とは、投資利益が本来の目的ではなく、事業によって利益を得ることが中心。SPCの株主ではあるものの、あくまで責任出資という意味合いが強く、具体的には建設会社や施設の運営会社などが該当する。金融投資家とは、年金基金やインフラファンド、金融機関などのことで、通常は事業に直接携わ

図表 2-2　インフラの段階による株主構成の変化

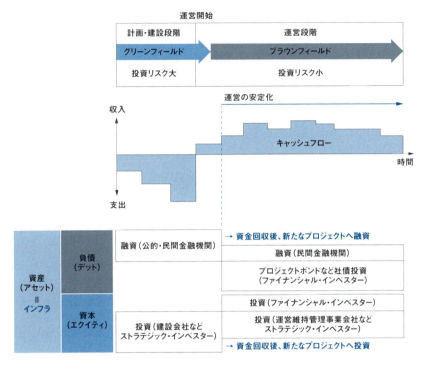

らず、投資リターンを得ることが主な目的である。

　海外の場合、建設会社などの戦略投資家がSPCに最初に出資することは、日本とあまり変わらない。その後、建設段階から運営段階に移行するとSPCの株主の顔ぶれも変わる。つまり、SPC株式が戦略投資家から金融投資家に売却されるのである。

　このことは同時に、「所有と運営の分離」というガバナンス上の恩恵ももたらす。海外ではこの分離が一般的となっており、PFI事業の運営に対する監視が働いているといえる。一方、所有と運営の分離が不完全な日本では、こうしたガバナンスが機能しづらくなっており、利用されないハコモノ施設を生み出す一因になったともいえる。

　直接的に事業には携わらない金融投資家が公共インフラを取得したと聞く

図表 2-3　金融投資家が参画するメリット

- ▶ 所有と運営が分離することで、SPCなど運営主体における市場規律の導入やガバナンスの向上が期待できる

- ▶ 上記による公共サービスの質の向上は、最終的に地域住民など利用者の利便性向上にもつながる

- ▶ 豊富な資金量を持つ金融投資家（ファイナンシャル・インベスター）の参画は、建設会社など戦略投資家（ストラテジック・インベスター）の経済的負担を軽減するとともに、継続的な事業展開を促進する

- ▶ 年金基金や保険会社など長期スタンスの金融投資家の参画は、資金面での事業の安定性をもたらす

- ▶ インフラ投資という新しい市場ができると、それによる新しい資金循環が起こり、（地域）経済の活性化という波及効果をもたらす

と、「大丈夫なのか」と不安に感じられるかもしれない。しかし、SPCとの委託契約などで運営の実施が担保できていれば、建設会社や施設の運営会社が必ずしもSPCの株主である必要はない。

　一例を挙げると、2016年3月に爆弾テロ事件が発生したベルギーのブリュッセル空港の株主は、インフラファンドなどの金融投資家が大半を占める。それでも空港の運営会社はテロに屈することなく、事件から40日ほどで再開にこぎ着けた。2018年には過去最高の旅客数も達成している。世界のインフラ事業において、金融投資家はこれほど一般的な存在なのである。

　なお、内閣府のPFI推進委員会が公表している「契約に関するガイドライン　—PFI事業契約における留意事項について—」（契約ガイドライン）でも、「今後、事業の多様化、大規模化が見込まれる中、公共サービス水準の維持を前提として、株主責任と運営責任を異なる者が担う等の責任の分担は、PFI事業の担い手の拡大、競争性の拡大、インフラ市場の活性化に資するものであり、管理者等及び事業者双方にとって有益であると考えられる」とした上で、選定事業者（SPC）の履行能力等の確保は必ずしも株式譲渡等の制約による必要はな

いと記載されている。

5 コンセッションで高まる流動化の期待

　海外と比べてSPC株式の流動性に乏しかった日本であるが、PFIの一形態であるコンセッション方式を活用する事業では今後、流動化が進む期待が高まっている。内閣府が2018年3月に改正した「公共施設等運営権及び公共施設等運営事業に関するガイドライン（運営権ガイドライン）」で、SPC株式の譲渡について踏み込んだ記述がなされたためである。

図表 2-4　議決権株式の譲渡に関するガイドラインの記述（抜粋）

運営権者の議決権株式の第三者への譲渡については、以下の全ての条件を満たす場合には管理者等は承認するものとする。
①譲渡先が公募時に設定された参加資格を満たす者であること。
②株式譲渡が事業実施の継続を阻害しない（株式譲渡を行う企業から運営権者に出向している職員が株式譲渡と共に引き上げることで要求水準や提案内容の履行に支障をきたすような状況等とならない）こと。

　改正前のガイドラインでは、SPC株式の譲渡について「適切な事業実施を図るための必要最小限の条件を付す」と記載されていたものの、必要最小限の条件がどのようなものか明確な基準は示されていなかったのに対し、改正後は「譲渡先が（民間事業者選定の）公募時に設定された参加資格を満たす者」で、「株式譲渡が事業実施の継続を阻害しない」場合は、譲渡を承認すると明記された。
　この改正は、最近の空港コンセッション案件における取り扱いを明文化したものともいわれるが、いずれにせよ、運営権者がSPCの議決権株式を第三者に譲渡することを、公共側は容易には拒否できなくなる。少なくともコンセッション事業については、ようやく日本にも金融投資家が参加するインフラ投資市場誕生の素地が整えられたといえよう。

ガイドラインの改正では、インフラファンドの形態として一般的な投資事業有限責任組合（LPS：Limited Partnership）が、SPCの議決権株式を所有する代表企業や構成員になり得ることも示された。このことにより、インフラファ

図表 2-5　LPSの議決権株式所有に関するガイドラインの記述（抜粋）

運営権者が公共施設等運営事業を行うために新たに設立される法人であることを想定している場合に、公募への参加資格や、応募者に行わせる提案において、投資事業有限責任組合及びこれに類似すると公共施設等の管理者等が認める仕組み（以下「LPS等」という。）で運営権者の議決権株式を所有する代表企業や構成員とすることを、LPS等を活用することのみを理由に排除しないこと（評価の上でも実質的に排除されることがないよう留意すること）。なお、公共施設等の管理者等がLPS等の活用を認める場合においては、以下の事項を基本協定書等で規定することが望ましい。

a.無限責任組合員の同意なく、有限責任組合員の追加及び交代（持分の譲渡を含む。）ができないこと。

b.無限責任組合員の追加及び交代については、あらかじめ公共施設等の管理者等の承認が必要であること。公共施設等の管理者等の承認が得られない場合（無限責任組合員の追加・交代を行わない場合を除く。）においては、LPS等が所有する運営権者の議決権株式を売却すること。ただし、売却手続のための期間が必要なことについて配慮すること。

公募への参加資格に実績要件を設定する場合で、LPS等によるもので確認することが適さない事項については、当該LPS等の無限責任組合員又は無限責任組合員の実質的な支配者の実績をもって確認することも想定される。なお、LPS等に関する主要な情報については、可能な限り公募段階で管理者等に示すことが望ましい（公募時点で存在しない新設LPS等については、詳細が判明した時点で示すこととする）。

LPS等が議決権株式を所有する場合、公共施設等の管理者等は、無限責任組合員が法令等により組合の業務の業務執行権を有する旨を確認のうえ、組合員の肩書き付き名義で無限責任組合員との間で基本協定書等を締結することが想定され、その際の議決権株式の譲渡については、他の法人格において適用される条件と同等の条件が適用されるものとする。

LPS等が公募前及び公募時点で存在しない新設のもの（以下「新設LPS等」という。）である場合には、以下の条件を満たすこととする。

a.LPS等が代表企業となっていないこと。

b.LPS等からの資金調達が行えなくなった場合には、代表企業及び他の構成員（LPS等である構成員を除く。）が代わりに議決権株式を所有することを確約していること。

c.新設LPS等である場合、実施契約を締結するまでに、必ずLPS等を組成するものとする。ただし、基本協定書の締結段階でLPS等が組成されていない場合においては、無限責任組合員全員を基本協定書の当事者とし、実施契約締結までにLPS等を組成すること、組成後のLPS等が運営権者の株式等を引き受ける義務を負う旨を規定するものとする。

ンドがセカンダリー・マーケット（流通市場）でのSPC株式取得だけでなく、事業者選定の段階からコンソーシアムに入り、資本参加する道も開かれたといえる。これらはいずれも海外では一般的に行われており、戦略投資家と金融投資家の両方の顔を併せ持ったプレーヤーも存在している。

さらに、ガイドラインでは議決権株式を所有するLPSの無限責任組合員（GP：General Partner）が公共側と基本協定書などを締結し、GPが交代しない限りは金融投資家などの有限責任組合員（LP：Limited Partner）の交代を認めることも示された。

6 所有と運営の分離への理解を

SPC株式の流動化を進める際に、PFI事業の発注者である「地方公共団体の承諾」が壁になることが多い。地方公共団体にしてみれば、海外のハゲタカファンドのようなところにSPC株式を保有されてしまうのではないかという懸念があり、売却などをなかなか容認できない事情がある。

PFI事業やコンセッション事業で民間が担うインフラの運営・維持管理業務はもちろん重要である。だからといって、業務に直接携わる事業者がSPC株式を保有し続ける必要はない。いわゆる「所有と運営の分離」である。地方公共団体にはこうした意識改革が求められる。

戦略投資家から金融投資家への移転ではないものの、日本でも代表企業が変わった事例はある。建設会社から、施設の運営会社への移行であった。宮城県女川町の排水処理施設におけるPFI事業は、SPCの代表企業が建設大手の鹿島建設から、竣工後の運営段階に水処理大手のメタウォーターに変わった。こうした事例も日本ではまれで、画期的といえる。詳しくは本書第6章第3節で述べる。

インフラ投資市場が整備され投資家が入ってくれば、地域に資金が循環して地域経済の発展に貢献できる。SPC株式の所有と運営を分離することは、ガバナンスの向上にもつながる。ひいては公共インフラのサービスの質を高め、利用者の利便性も高まる。これらは全て、地方公共団体にとっての利点にもなるはずである。

以上、海外と比較するなかで、日本が目指すべきPPP/PFIの姿を示した。SPC株式の流動化に加え、所有と運営の分離への理解が大きな課題であった。

　とはいえ、長年の慣習を変えることは容易ではない。何らかのインセンティブを付与するなどして、流動化を促す仕組みや施策を検討する必要があるのかもしれない。

参考文献
- 国土交通省「国土交通省所管事業へのPFI活用に関する発注担当者向け参考書」2009年3月26日改訂
- 内閣府「公共施設等運営権及び公共施設等運営事業に関するガイドライン」2018年10月18日改正
- 内閣府「契約に関するガイドライン─PFI事業契約における留意事項について─」2015年12月18日改正

2 「PFI 1.0」から「PFI 2.0」へ

　内閣府の民間資金等活用事業推進室（PPP/PFI推進室）は、PFI事業の実施状況を定期的に発表している。1999年にPFIが始まってからしばらくは、事業費、件数ともにおおむね右肩上がりで伸びている。しかし、2009年度ごろから急速に減少。その後、2011年度あたりを底にして再び増加に転じた。なお、2018年3月末までの累計件数は666件、累計契約金額は5兆8000億円となっている。

図表 2-6　PFIの実施状況

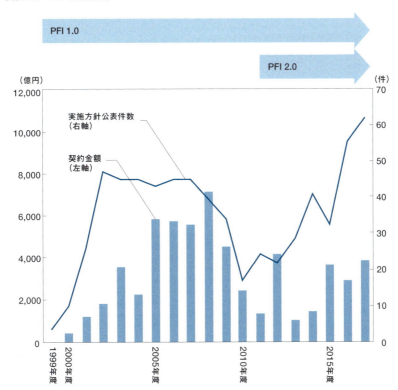

内閣府民間資金等活用事業推進室「PFIの現状について」2018年7月を基に三井住友トラスト基礎研究所が作成

1 ハコモノの建設が主導した第1世代

1999年のPFI法施行当初から日本で主流となったのは、建設重視の従来型ハコモノPFIである。この時代のPFIを第1世代として「PFI 1.0」と定義づける。

2009 ～ 2011年度の落ち込みの直接的な要因は、「コンクリートから人へ」という政策を掲げた当時の民主党が政権を獲得したことや世界的金融危機、東日本大震災の影響などが考えられる。一方、民間企業から見た日本のPFIの制度面での使い勝手の悪さや、ビジネス対象としての魅力不足などもあったようである。

第1世代のPFIでは、インフラの運営よりも建設を重視していた。さらに、SPC株式などへの投資市場が発達してこなかった。こうした海外と比べて大きく異なる点が日本のPFIの魅力を低下させ、2009 ～ 2011年度の落ち込みにつながったとも考えられる。

2 コンセッション方式が登場した第2世代

その後、日本のPFIは施設の運営権を民間事業者に付与するコンセッション方式をはじめ、民間による運営を重視した第2世代の「PFI 2.0」へ移っていく。2011年のPFI法改正でコンセッション方式が制度化されたことから、同年以降をPFI 2.0とするのが妥当だろう。

興味深いことに、PFI 2.0の登場は2009 ～ 2011年度の落ち込みの要因の1つとなった当時の民主党政権の政策が少なからず影響している。「コンクリートから人へ」という同党の政策は、無駄な公共事業をなくして社会保障や育児支援などに予算を回そうというものだったが、インフラ整備に関しては「建設から運営へ」という一面も持っていた。コンセッション方式導入の議論が本格的にスタートしたのもこの頃である。

民主党政権がPFIの新しい政策を打ち出した背景の1つに、インフラの老朽化がある。インフラの維持管理・更新費が増大する一方、少子高齢化や企業の海外移転などで税収の増加は期待できず、国や地方公共団体など公共セクターの財政は今後も厳しい。公債の発行などでこれ以上の借金を膨らませることも

限界を迎えており、このままだと老朽化したインフラに必要な維持管理・更新費すら確保できなくなるおそれが出てくる。

そこで、インフラを造ることよりも運営や維持管理を重視し、同時に民間資金を活用して厳しい財政を補完するという新しいPFIの考え方が求められた。それが、PFI 2.0の始まりのきっかけとなった。

そして、PFI 2.0の象徴といえるのがコンセッション方式の導入である。インフラの所有権を公共側が保有したまま、運営権のみを民間事業者に長期間にわたって付与する手法である。コンセッション方式の登場が、日本のPFIを第1世代から第2世代へ進化させたといえる。

③ 空港事業の民営化が議論をリード

コンセッション方式がどのような経緯で日本に導入されたのか。その歴史を少しひもといてみる。

コンセッション方式導入の議論を要所要所でリードしてきたのは、本来はインフラの1分野にすぎない空港事業の民営化であった。コンセッション方式と空港事業の民営化に関する主な出来事を図表2-7の年表にまとめた。コンセッション方式の導入を含むPFI法の改正が閣議決定された2011年3月11日に、「関西国際空港及び大阪国際空港の一体的かつ効率的な設置及び管理に関する法律（関空・伊丹統合法）」も閣議決定されている点に注目してほしい。ちなみに2011年3月11日は、いうまでもなく東日本大震災が起こった日であり、閣議決定されたのは地震発生前の午前中のことだった。

コンセッション方式を日本にも導入しようという議論は、2009年9月の民主党政権の発足直後から本格化した。翌10月にはコンセッション方式導入の源流となる「国土交通省成長戦略会議」が開かれている。当時の国土交通大臣は前原誠司氏で、会議では国土交通省が所管する産業のうち、特に発展の余地があるとされた「海洋」、「観光」、「航空」、「国際展開・官民連携」、「住宅・都市」の5分野において様々な成長戦略が議論された。

このうち「航空」分野で示された戦略の中に「『民間の知恵と資金』を活用した空港経営の抜本的効率化」という項目があり、具体的に示されたのが「空港経営

図表 2-7　コンセッション方式と空港事業の民営化に関する出来事

2009年9月	民主党が政権獲得
2009年10月〜10年5月	国土交通省成長戦略会議
2010年2月	内閣府の民間資金等活用事業推進委員会（PFI推進委員会）でPFI法改正の議論が始まる
2010年6月	国交省成長戦略会議と内閣府PFI推進委員会がPFI法改正に向けた提言を提出
2010年6月18日	「新成長戦略」閣議決定
2010年12月〜11年7月	空港運営のあり方に関する検討会
2011年3月11日	「改正PFI法」閣議決定（コンセッション方式の導入など） 「関西国際空港及び大阪国際空港の一体的かつ効率的な設置及び管理に関する法律（関空伊丹統合法）」閣議決定
2011年11月30日	「改正PFI法」全面施行
2012年12月	自民党が政権獲得
2013年6月5日	「PFI法一部改定案」可決（民間資金等活用事業推進機構の設立）
2013年6月6日	「PPP/PFIの抜本改革に向けたアクションプラン」決定 → 今後10年間（2013〜22年度）で10兆〜12兆円の官民連携事業を推進
2013年6月26日	「民間の能力を活用した国管理空港等の運営等に関する法律（民活空港運営法）」成立
2014年6月16日	「PPP/PFIの抜本改革に向けたアクションプランに係る集中強化期間の取組方針について」決定 → 前年の「PPP/PFIの抜本改革に向けたアクションプラン」のうち、コンセッション方式を活用するものについて、集中強化期間とした2016年度までの3年間に2兆〜3兆円の事業規模と19件（空港6件、水道6件、下水道6件、道路1件）の事業を前倒し達成

国土交通省、内閣府、民主党、新関西国際空港株式会社の資料などを基に三井住友トラスト基礎研究所が作成

の一体化」と「民間への経営委託（コンセッション）／民営化」という施策である。この時点で「コンセッション」という言葉が早くも登場していることがわかる。「国際展開・官民連携」分野の施策でも、空港事業や鉄道事業へのコンセッション方式の活用がうたわれた。

　空港事業に関する議論はその後、2010年12月から始まった国土交通省の「空港運営のあり方に関する検討会」に引き継がれた。前述の「空港経営の一体化」や「民間への経営委託（コンセッション）／民営化」などは、この検討会でより具体的に議論されていくことになる。

一方、当時の日本にはコンセッション方式に関する法律上の規定がなかった。そこで2010年2月、コンセッション方式を法制化するPFI法改正の議論が、内閣府の「民間資金等活用事業推進委員会（PFI推進委員会）」で始まった。同年6月には先の国土交通省成長戦略会議と内閣府のPFI推進委員会がPFI法改正に向けた提言を出し、民主党政権が閣議決定した「新成長戦略」にもコンセッション方式の導入を含むPFI制度の拡充策が盛り込まれた。そして前述の通り2011年3月11日、コンセッション方式を含む改正PFI法が閣議決定され、同年11月に全面施行となった。

4 アクションプランで数値目標を掲げる

　政権は2012年12月、民主党から自民党と公明党の連立政権に移った。幸い

図表 2-8　コンセッション事業の政府の数値目標

	事業規模目標		重点分野と目標件数	
PPP/PFIの抜本改革に向けたアクションプラン（2013年6月）	2013 ～22年度	2兆 ～3兆円	—	—
PPP/PFIの抜本改革に向けたアクションプランに係る集中強化期間の取組方針について（2014年6月）	2014 ～16年度 2013年度の目標の前倒し	2兆 ～3兆円	2014 ～16年度	空港　6件 水道　6件 下水道　6件 道路　1件
PPP/PFI推進アクションプラン（2016年5月）	2013 ～22年度 2013年度の目標の増額	7兆円	2016 ～18年度	文教施設　3件 公営住宅　6件
PPP/PFI推進アクションプラン平成29年改定版（2017年6月）	2013 ～22年度 前年度の目標の継続	7兆円	2017 ～19年度	クルーズ船向け旅客ターミナル施設　3件 MICE施設　6件
PPP/PFI推進アクションプラン平成30年改定版（2018年6月）	2013 ～22年度 前年度の目標の継続	7兆円	2018 ～20年度	公営水力発電　3件 工業用水道　3件

内閣府民間資金等活用事業推進室の資料などを基に三井住友トラスト基礎研究所が作成

にも、コンセッション方式の活用をはじめとするPPP/PFI推進の流れは引き継がれる格好となった。PPP/PFI推進に関する自公政権後の政策の特徴は、具体的な数値目標を掲げ、実際に事業を進めたことといえるだろう。

内閣府の「民間資金等活用事業推進会議（PFI推進会議）」が2013年6月に決定した「PPP/PFIの抜本改革に向けたアクションプラン」では、今後10年間（2013 〜 2022年度）で10兆〜 12兆円規模のPPP/PFI事業を推進するという目標を掲げた。このうちコンセッション方式を活用する部分の目標は2兆〜 3兆円規模であった。1年後の2014年6月には、2016年度までの3年間を「集中強化期間」と定め、この間に2013年のアクションプランのうち、コンセッション方式を活用するものについて2兆〜 3兆円の事業規模と19件の事業を達成するという目標を設定した。19件の内訳は空港6件、水道6件、下水道6件、道路1件である。

その後、PPP/PFI推進の方針はさらに強化されていく。2013年のアクションプランで10兆〜 12兆円規模という目標は、2016年5月に公表された「PPP/PFI推進アクションプラン」において、期限はそのままで21兆円に増額された。コンセッション方式を活用する部分も7兆円に増額になったほか、重点分野に文教施設3件と公営住宅6件が加わった。

コンセッション方式の重点分野は2017年6月に公表された「PPP/PFI推進アクションプラン（平成29年改定版）」で、クルーズ船向け旅客ターミナル施設3件とMICE施設6件が追加。MICEとは会議を表すMeeting、研修旅行のIncentive tour、国際学会などのConvention、展示会のExhibitionの頭文字である。さらに、2018年6月に公表された「PPP/PFI推進アクションプラン（平成30年改定版）」では、公営水力発電3件と工業用水道3件も加わった。

このようにPPP/PFIを推進する流れは政権交代の荒波も乗り越え、現在まで脈々と受け継がれている。

以上、日本のPFIが、建設重視の第1世代（PFI 1.0）から運営重視の第2世代（PFI 2.0）に進化する様子を見てきた。こうした進化は、現在進行型である。これからの日本のPFIが目指すべき方向は、SPC株式の流動化によって起こるインフラ投資市場への資金循環、すなわちインフラ投資のセカンダリー市場の確

立と考える。こうしたインフラ運営と投資が結びついた官民連携の姿を「PFI 3.0」と定義し、第6章で詳しく解説する。

第3章

PFIとコンセッションの法制度

1 PFIとコンセッションに関する日本の法制度

　日本のPFI制度の根本となる法律は、「民間資金等の活用による公共施設等の整備等の促進に関する法律」（PFI法）であるが、内閣府が定める「民間資金等の活用による公共施設等の整備等に関する事業の実施に関する基本方針」（PFI基本方針）や各種ガイドラインが果たす役割も大きい。日本のPFI制度に関する法制度を概観するため、PFI法、PFI基本方針、各種ガイドラインの概要を説明する。

1 PFI法

　PFI法は1999年に施行され、「民間の資金、経営能力及び技術的能力を活用した公共施設等の整備等の促進を図るための措置を講ずること等により、効率的

図表 3-1　PFI法の条文構成

章立て	条文	内容
総則	第1条〜第3条	目的、定義、基本理念
基本方針等	第4条	PFI基本方針について
特定事業の実施等	第5条〜第15条の3	事業実施に係る手続
公共施設等運営権	第16条〜第30条	コンセッション方式事業実施に係る手続
株式会社民間資金等活用事業推進機構による特定選定事業等の支援等	第31条〜第67条	PFI推進機構の設立・管理・業務・監督等
選定事業に関する特別の措置	第68条〜第82条	行政財産貸付に係る例外措置等
民間資金等活用事業推進会議等	第83条〜第86条	基本方針作成のための会議の設置等
雑則	第87条	政令への委任
罰則	第88条〜第94条	罰則

かつ効果的に社会資本を整備するとともに、国民に対する低廉かつ良好なサービスの提供を確保し、もって国民経済の健全な発展に寄与すること」を目的とする（PFI法1条）。具体的な条文構成は図表3-1の通りである。

　PFI法では、PFI事業の実施に係る手続きの大枠が定められている。また、逐次の改正により、主として（1）PFI事業がサービス業を対象とすることの明確化および行政財産の貸付けなどの例外措置の拡充（2005年改正）、（2）コンセッション方式事業実施に係る手続き規定の整備（2011年改正）、（3）PFI推進機構の設立（2013年改正）——などが追加されている。

行政財産の貸付けに関する例外措置

　国有財産法または地方自治法上の行政財産については、原則として貸付けを禁止されている（国有財産法18条1項、地方自治法238条の4第1項）が、PFI法に基づく選定事業の用に供するために必要であると認められるときは、普通財産と同様に貸付けを行うことができる（PFI法69条1項、6項）。この場合、当該土地上の施設の一部（特定民間施設）については、選定事業以外の用に供することも、土地の用途または目的を妨げない限度において認められている（PFI法69条2項、3項、7項、8項）。

　加えて、2005年のPFI法改正により、選定事業者が特定民間施設を第三者に譲渡しようとする場合、当該第三者に対しても、その用途または目的を妨げない限度において行政財産の貸付けが可能となった（PFI法69条4項、5項、9項、10項）。こうした改正により、行政財産としての土地を選定事業の付帯事業として利用できる可能性が大きく向上したといえる。

公共施設等運営権

　2011年のPFI法改正によって日本版コンセッション、すなわち、PFI法に基づく公共施設等運営権制度（以下「コンセッション」という）が導入された。コンセッションは、民間の公共施設等運営権者（運営権者）が公共施設等の管理者等である公的主体から設定を受けたPFI法上の公共施設等運営権（運営権）に基づき、公共施設等の運営を実施する方式によるPFI事業である。また、PFI法上の運営権とは、運営および維持管理ならびにこれらに関する企画（国民に対

するサービスの提供を含む）を行い、利用料金を自らの収入として収受する事業（PFI法2条6項に規定される「公共施設等運営事業」）を実施する権利をいう（PFI法2条7項）。

1999年にPFI法が制定されて以来、数多くのPFI事業が実施されてきたが、多くは庁舎などいわゆる「ハコモノ」の建設を目的としたサービス購入型の案件であった。

しかし、近年、従前のインフラ整備の成果と少子高齢化、人口減少によりインフラの新規整備需要が減少する一方、高度経済成長期に整備されたインフラの老朽化が進み、厳しい財政状況下でいかに既存のインフラの維持管理・更新を行うかが国家的な課題となっている。そこで、既存のインフラを民間の資金・ノウハウにより運営する制度を整備する必要が生じた。また、これまで空港、道路、上下水道などのインフラの運営は、国、地方公共団体またはこれに準じる団体によって担われてきたところ、これを民間に開放することにより新たなビジネス機会を創出するという成長戦略の観点からも民間によるインフラの運営を促進することが期待されているなか、独立採算型をはじめとする事業を推進することは不可欠であった。

このような状況にありながら、従来のPFI法に基づくPFI事業においては、公的主体の関与が大きいなどの事情により、民間事業者による運営の自由度に制約があり、そのノウハウを発揮することに一定の限界があった。また、民間事業者による円滑な資金調達の実施に必要な制度的な手当ても十分ではないという事情もあった[1]。

そこで、上記の課題を少しでも解決すべく、民間事業者のノウハウが生かされた柔軟な料金設定を可能とし、運営権に対する抵当権設定を可能とすることで資金調達を容易とするコンセッションが導入されたのである。

なお、従前、独立採算型などの事業がほとんど実施されてこなかったもう1つの理由として、民間事業者が施設利用者から収受する施設利用料収入に需要

---

1 倉野泰行・宮沢正知「改正PFI法の概要（3）―公共施設等運営権制度（1）（運営権制度導入の背景等）―」金融法務事情1927号123〜126頁、2011年
2 同124頁

変動リスクが伴い、金融機関は需要の下振れリスクを懸念するため、サービス購入型に比べて資金調達が円滑に行われにくいという点も挙げられる[2]。独立採算型を中心とするコンセッションにおいても同様の指摘が当てはまり得るが、金融機関による融資は実務上、規模の大きい案件を中心に現に行われている。また、後述の通り、いわゆる混合型スキームに近い案件も検討・組成されている。

コンセッション方式によるPFI事業において、運営権者は利用料金を自ら決定し[3]、利用料金を自己の収入として収受することができる。また、運営権は「みなし物権」とされ（PFI法24条）、譲渡や抵当権の設定が可能であり（PFI法25条）[4]、減価償却の対象となる[5]。コンセッション方式の対象としては、事業収入を管理者等から支払われるサービス購入料ではなく、利用者からの利用料金に依拠する独立採算型の事業が主に想定されている[6]。

図表 3-2　コンセッション方式によるPFI事業

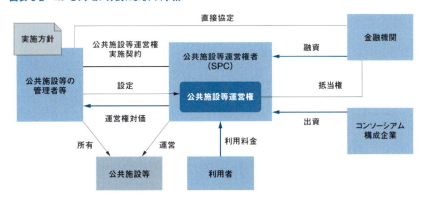

3　公共施設等の管理者等の許可・承諾は必要なく、あらかじめ届け出ることで足りる（PFI法23条2項）
4　なお、移転に当たっては公共施設等の管理者等の許可が必要である（PFI法26条2項）
5　財務会計基準機構企業会計基準委員会「公共施設等運営事業における運営権者の会計処理等に関する実務上の取扱い」実務対応報告第35号2頁、2017年5月2日
6　なお、事業収入の中に利用料金のみならず公的主体からのサービス購入料が一部含まれる、いわゆる混合型の事業も許容されると解されている。倉野泰行・宮沢正知「改正PFI法の概要（7・完）―その他の改正事項等―」金融法務事情1932号139頁、2011年

PFI法などは近年、次のように改正されている。

まず、2015年、PFI法が改正され、コンセッション事業の円滑かつ効率的な実施を図るため、専門的ノウハウなどを有する公務員を退職派遣させる制度を創設するなどの措置が講じられた（PFI法78条、79条など）。

また、2016年にはPFI法施行令が改正され、地方公共団体の長である公共施設等の管理者等が、運営権者の委託を受けて利用料金を収受することが可能となった（施行令4条）。かかる改正により、例えば下水道の公共施設等運営事業においては、地方公共団体が利用料金を収受し、自らに帰属しない資金として保管したうえで、運営権者に送金することにより、事業開始後もこれまでと同様に地方公共団体が上下水道の料金を一体的に徴収することが可能となった。

加えて、2018年6月に成立したPFI法の改正では、運営権者が指定管理者を兼ねる場合において、PFI法と地方自治法とが重ねて適用される問題につき一定の範囲で解決が図られている。

PFI推進機構の役割

株式会社民間資金等活用事業推進機構（PFI推進機構）は、2013年に改正されたPFI法に基づき設立された法人であり、「独立採算型等のPFI事業のリスクマネーを拠出（優先株の取得（出資）、劣後債の取得（融資））することによって、我が国における独立採算型等のPFI事業の推進を行う」[7]ことを目的としている。従前、資金調達が難しかった独立採算型の事業に対する民間の投融資を促す「呼び水」となることが期待されている。既に多数の支援実績[8]があり、コンセッション事業などにも積極的に出資および融資を行っている。

2 PFI基本方針

PFI法4条に基づき、内閣府はPFI基本方針を2000年に定め、現在まで複数回にわたり改正してきた（2019年8月末時点における最新のものは、2018年10

---

7 PFI推進機構のウェブサイト（http://www.pfipcj.co.jp/about/overview.html）より
8 これまでの支援対象事業は、PFI推進機構のウェブサイト（http://www.pfipcj.co.jp/activity/support_list.html）で一覧が公表されている

月23日閣議決定[9]である）。PFI法4条2項に定める事項（特定事業の選定に関する基本的な事項や、運営権に関する基本的な事項など）が定められているほか、冒頭においてPFI事業が維持すべき5つの原則（公共性原則、民間経営資源活用原則、効率性原則、公平性原則、透明性原則）および3つの主義（客観主義、契約主義、独立主義）が掲げられている。

2011年のPFI改正により運営権の概念が導入されたが、それ以前から個別の公物管理法に基づき管理者等を定めることが可能であった公共施設も存在し、これら公物管理法の枠内では、従来から国有財産法などに基づく賃貸借・使用許可や地方自治法に基づく指定管理者制度を利用して独立採算型などのPFI事業を実施することは理論上可能であった。一方、個別の公物管理法において民間事業者による運営が制限されている場合には、PFI法上の運営権の設定を受けたからといって、従来の公物管理法上の制限や許認可などが不要となるわけでなはいと考えられている[10]。この点、基本方針の別表において、個別法に基づく公物管理権と運営権の関係（運営権の設定可否）が整理されている。

ただし、この別表で設定が可能とされていても、実際に運営権を設定するにあたっては、個別の公物管理法の改正や特別措置法の制定などによる調整も必要になる場合があることに留意が必要である。

3 各種ガイドライン

PFI法および基本方針のほか、PFI制度においては内閣府が公表する各ガイドラインも重要な意味を持つ。これらのガイドラインは、PFI事業の多様化・大規模化、民間事業者の参入意欲の向上、ノウハウの積極的活用、運営権を活用したPFI事業（利用料金収入による費用回収方式）の推進といった課題の下、2013年に掲げられた「PFIに係るガイドラインの基本的方向性」に従って順次改正されている。以下では、各ガイドラインの概要と近時の改正点について説明する。

---

9 https://www8.cao.go.jp/pfi/hourei/kaisei/pdf/h30kaisei_kihonhoushin.pdf
10 基本方針の別表（注）参照

PFI事業実施プロセスに関するガイドライン

PFI事業実施プロセスに関するガイドライン（プロセス・ガイドライン）[11]は、「PFI事業の実施に関する一連の手続きについて、その流れを概説するとともに、それぞれの手続きにおける留意点を示すものである」とされ、PFI事業の流れを(1)事業の提案、(2)実施方針の策定および公表、(3)特定事業の評価・選定、公表、(4)民間事業者の募集、評価・選定、公表、(5)事業契約の締結、(6)事業の実施、監視など、(7)事業の終了——の7つに区分したうえ、それぞれの段階における手続き上の留意点を記載するものである。

2013年に同ガイドラインは改正され、株式会社以外の法人格を活用した事業スキームも採用できることが明確にされた（同ガイドライン4-1(10)）ほか、民間ノウハウのさらなる活用のため、(1)民間事業者が民間提案を行うために必要な情報の管理者等による公表・情報提供の拡充、(2)民間提案に含まれる知的財産の保護、(3)民間事業者の選定における民間提案に対する加点評価などの記述が追加された（同ガイドライン1-2、同4-1(13)）。

また、民間の創意工夫を生かすための民間事業者の選定手続きに関する記述も追加された。具体的には、PFI事業における民間事業者の選定について、(1)管理者等のみでは要求水準などを設定することが困難であるため、多面的な観点から幅広い提案を求める必要があり、かつ、会計法29条の3第4項に規定する随意契約によることができる場合については、「企画競争」、「公募型プロポーザル」などいわゆる「競争性のある随意契約」によることができることが強調されたこと（同ガイドライン4-1(11)1-1）や、(2)「競争的対話方式」に関する記述が盛り込まれたこと（同ガイドライン4-1(11)1-2）が注目される。また、(3)技術提案制度（PFI法10条）の活用に関する記述も追加された（同ガイドライン4-1(11)2-3）。

2014年には、手続き期間の短縮などの観点から、実施方針公表前の市場調査・同種事例検討を踏まえた実施方針を策定するような場合には、質問回答を省略し意見受付のみとすることで差し支えない旨などが追加された（同ガイドライン2-3(4)）。

---

11 https://www8.cao.go.jp/pfi/hourei/guideline/pdf/process_guideline.pdf

また、2015年には、民間提案促進の観点から、地方公共団体が公共施設等総合管理計画において公共施設等の情報を公開することも効果的であることなどが追記されている（同ガイドライン1-2（1）2）。

PFI事業におけるリスク分担等に関するガイドライン

PFI事業におけるリスク分担等に関するガイドライン（リスク分担ガイドライン）[12]は、PFI事業のリスク分担についての留意事項を示すものである。ここでは、リスクは「選定事業の実施に当たり、協定等の締結の時点ではその影響を正確には想定できない（中略）不確実性のある事由によって、損失が発生する可能性」と定義され、「リスクを最もよく管理することができる者が当該リスクを分担する」との発想でリスク分担を明確化すべきであるとされる。

具体的なリスク要素として、(1)調査、設計に係るリスク、(2)用地確保に係るリスク、(3)建設に係るリスク、(4)維持管理・運営に係るリスク、(5)事業終了段階でのリスク、(6)各段階に共通に関連するリスク——が挙げられ、リスク分担の検討のための例示とされている。

なお、同ガイドラインは収益施設の併設・活用など事業収入などで費用を回収するPFI事業を推進する観点から2015年に改正され、選定事業者が付帯的施設において他の事業を営む場合の選定事業と当該他の事業とのリスク分離の具体的方法（選定事業者の出資者による他の事業を履行するための支援、他の事業を実施する者の信用力の確認、他の事業を実施する者の保険などへの加入）が例示された。

VFM（Value For Money）に関するガイドライン

VFM（Value For Money）とは、「支払に対して最も価値の高いサービスを供給する」という考え方であり、公共施設の整備などに関する事業をPFI事業として行う場合と、公共部門が自ら実施する場合とを比較して、前者が後者に対して「VFMがある」場合、当該事業はPFI事業として実施することが効率的かつ効果的であるといえる。

---

[12] https://www8.cao.go.jp/pfi/hourei/guideline/pdf/risk_buntan_guideline.pdf

VFMは、提供される公共サービスの水準が同一であると仮定した場合、「公共が自ら実施する場合の事業期間全体を通じた公的財政負担の見込み額の現在価値」（PSC：Public Sector Comparator）と、「PFI事業として実施する場合の事業期間全体を通じた公的財政負担の見込み額の現在価値」（PFI事業のLCC：Life Cycle Cost）を比較する[13]ことによって評価される。VFMに関するガイドライン（VFMガイドライン）[14]は、VFMの評価について記載したものであり、PSCの算定、PFI事業のLCCの算定、VFM評価に際してリスクの定量化といった留意事項について解説している。

同ガイドラインは2014年に改正され、過去に同種事業の実績が多数存在するPFI事業については、類似の前提条件により算出された過去のPFI事業のVFMの実績や、過去の同種事業における実績値などを用いて算出したVFMを用いることも可能である旨の追記がなされている。

契約に関するガイドライン

「契約に関するガイドライン―PFI事業契約における留意事項について―」（契約ガイドライン）[15]は、主としてサービス購入型[16]の事業におけるPFI事業契約について、主たる規定の概要、趣旨、適用法令および留意点などを解説するものであり、(1)事業全体に係る事項、(2)施設の設計、および建設工事に係る事項、(3)施設の維持・管理、運営に係る事項、(4)「サービス対価」の支払など、(5)契約の終了、(6)その他事項――に大別して記載されている。

PFI事業の大規模化や多様化に対応するため、2013年に同ガイドラインは改正され、選定事業者の株式を譲渡することに対する制約の必要性は、事業内容、事業段階などによって異なり、株式譲渡の条件は、各コンソーシアム構成企業が選定事業において果たすべき役割に応じて、適切な事業実施を図るうえで必

---

[13] 「サービス購入型」の事業においては、PFIの事業費が公共部門の支出によって賄われるため、PSCとPFI事業のLCCの比較が可能であり、「必ずVFM評価を行う」とされている一方、公共部門の支出が生じない、いわゆる「独立採算型」事業についても、PFI事業として実施することにより、効率的かつ効果的に実施できるかという評価を行うこととされている

[14] https://www8.cao.go.jp/pfi/hourei/guideline/pdf/vfm_guideline.pdf

[15] https://www8.cao.go.jp/pfi/hourei/guideline/pdf/keiyaku_guideline.pdf

[16] コンセッション方式については、後述する運営権ガイドラインを踏まえることとされている

要最小限のものとすることが望ましいとされた[17]（同ガイドライン6-2第2項）。

モニタリングに関するガイドライン

モニタリングに関するガイドライン（モニタリング・ガイドライン）[18]は、管理者が選定事業者により提供される公共サービスの水準を監視（測定・評価）するに当たっての考え方を示している。同ガイドラインは2015年に改正され、サービス受益者などから収集した情報は管理者等と選定事業者等との間で業務改善を図るための材料として利用することが望ましいとの記述（同ガイドライン二2(1)）が設けられるなど、モニタリングが選定事業者による事業自体にも資するよう位置づけられている。

公共施設等運営権及び公共施設等運営事業に関するガイドライン

公共施設等運営権及び公共施設等運営事業に関するガイドライン（運営権ガイドライン）[19]は、コンセッション方式における事業運営のあり方について規定しており、主要な点としては図表3-3の通りである。

運営権と公共施設等の使用権原

コンセッション方式では、管理者等が公共施設等の所有権を引き続き有しているので、運営権者がその使用権原をどのように確保すべきかが問題となる。この点、運営権ガイドラインは、運営権の中には公共施設等の運営等に通常必要とされる公共施設等を運営し収益するための権利・権原が含まれるとしたうえで、次の通り整理している（運営権ガイドライン6(1) 2.）。

特に注意を要するのは図表中の(3)の場合であり、運営権者が運営事業の一環として建物の一部をテナントに賃貸する場合でも、管理者等との間で賃貸借

---

[17] なお、新株予約権付社債の社債権者による新株予約権の行使や金融機関による担保権実行に伴う特別目的会社（SPC）への一定の介入権の行使（ステップイン）によって、債権者がSPCの株式を有する可能性がある場合には、株式譲渡と同様の要件を満たす必要があるとされていること（契約ガイドライン6-2第2項(2)）にも留意が必要である

[18] https://www8.cao.go.jp/pfi/hourei/guideline/pdf/monitoring_guideline.pdf

[19] https://www8.cao.go.jp/pfi/hourei/guideline/pdf/h30uneiken_guideline.pdf

図表 3-3　運営権と使用権原との関係

	運営権ガイドラインに示されたケース	使用・収益が運営権の範囲内か否か	実施契約のほかに、使用権原を確保するための手当てを要するか	備考
(1)	運営権者が、公共施設等を自ら運営・収益する場合	○ （運営権の範囲内）	不要	公共施設等の運営等に通常必要な運営・収益を行う場合を想定
(2)	運営権者が、公共施設等の敷地を自ら使用する場合	○ （運営権の範囲内）	不要	運営権を設定した公共施設等に敷地が含まれる場合において、通常の範囲において使用する場合を想定
(3)	運営権者が、管理者等が所有する建物の一部をテナント等第三者に貸し付ける場合	× （運営権の範囲外）	管理者等との間で賃貸借契約等をあらかじめ締結する必要がある	
(4)	運営権者が運営事業に関連する建築物を自ら所有するため、管理者等が運営権者に対して敷地を貸し付ける場合	× （運営権の範囲外）	管理者等との間で国有財産法等に基づく賃貸借契約または使用許可が必要	
(5)	運営権者が、運営権に含まれない事業の用に供するため、敷地を使用する場合	× （運営権の範囲外）	管理者等との間で国有財産法等に基づく賃貸借契約または使用許可が必要	

契約など[20]をあらかじめ締結し、運営権者が当該建物の賃借権などを得たうえで当該賃借権などを権原としてテナントに転貸する必要があるとの考え方が示されている（運営権ガイドライン6(1) 2.(5)）。

この場合、運営権者にとっては実施契約とは別に賃貸借契約などを締結する手続き上の負担[21]が生じ得るほか、国などの所有する財産の貸付けに関する国有財産法などの規定による制限[22]を受けることに留意が必要である。

なお、当該第三者に利用権を設定して利用させる行為が公の施設（地方自治

---

[20] 有償の賃貸借契約に限らず、無償の使用貸借または使用許可もあり得る。ただし、無償の使用貸借または使用許可の場合でも、使用権限を付与することを運営権対価の中に織り込むことが想定されているようである（内閣府・PFI推進委員会第32回総合部会議事録10 ～ 12頁（児玉参事官補佐発言）参照）

[21] PFI推進委員会の議論では、かかる賃貸借契約は実施契約と同じ一通の契約に含めることができることが示唆されている（内閣府・PFI推進委員会第32回総合部会議事録10 ～ 12頁（児玉参事官補佐発言）参照）。実際にどのような契約実務となるのか、今後の動向が注目される

[22] 国有財産法21条に基づく貸付期間の制限等

法244条1項に規定する公の施設をいう）の設置の目的を達成するためのものである場合には、指定管理者制度を併用して、当該公の施設に係る使用許可などの行政処分により行う方法による必要がある（運営権ガイドライン9(2) 2.(9)）。それ以外の場合には、上記の通り転貸によることができるとされている（運営権ガイドライン9(2) 2.(9)）。

運営権対価の算出方法

運営権の設定に当たり、管理者等は運営権者から運営権の対価（いわゆるコンセッション・フィー）を徴収することができる[23]。運営権対価の算出方法としては、運営権者が将来得られるであろうと見込む事業収入から事業の実施に要する支出を控除したものを現在価値に割り戻したもの（利益）を基本とし、各事業のリスクや優位性などを勘案して調整をするとされた（運営権ガイドライン7(1) 2-2.(1)）。

2018年3月に改正された運営権ガイドラインでは、管理者等が実施した場合の対象事業の純現在価値（NPV：対象事業について管理者等が実施した場合に見通されるキャッシュフローベースでの総収入と総支出の差分を、当該事業に管理者等が負っているリスクを加味した割引率で現在価値化したもの）または、事業者が実施した場合の純現在価値（NPV'：対象事業について事業者が実施した場合に見通されるキャッシュフローベースでの総収入と総支出の差分を、当該事業に事業者が負うリスクを加味した割引率で現在価値化したもの）のいずれかを事業者選定プロセスにおける最低価格とすることとされている[24]（運営権ガイドライン7(1) 2-3.(1)）。加えて、運営権対価の支払については、完全な分割払いとすることは避け、一定の一括払い（当初分）を必ず組み込むようにすることとされた（運営権ガイドライン8(1) 2-3.(4)）。

指定管理者制度との関係

運営権とは、管理者等が有する施設所有権のうち、公共施設等の運営等を行っ

---

[23] 運営権対価を徴収しないこともできる。運営権ガイドライン7(1) 2-1(6)
[24] 独立採算型のコンセッション事業においては、NPV'−NPVがプラスであるか否かをもってVFMを判断することが望ましいとされる。運営権ガイドライン8(1) 2-2.(1)

て利用料金を収受する（収益を得る）権利を切り出したもの、と定義されており（運営権ガイドライン7(1) 2-1.(1)）、行政処分などを行う権限は通常含まれていない。そのため、公の施設について選定事業者に行政処分まで行わせるためには、通常、指定管理者制度を併用する必要がある[25]（運営権ガイドライン9(2) 2.(8)）。運営権ガイドラインは、PFI法に基づくコンセッション方式と地方自治法に基づく指定管理者制度[26]との関係について、地方公共団体の場合、両制度の規定が共に適用され[27]、両制度の手続きをいずれも履践する必要があることを前提としつつも、手続き負担の軽減の観点からの指針を示している。

まず、PFI法に基づく実施方針に関する条例（PFI法18条）と地方自治法に基づく指定管理者の指定に係る条例（地方自治法244条の2第3項）および利用料金に係る条例（同条9項）は、両法から委任を受けた1つの条例として制定することが可能とされている（運営権ガイドライン9(2) 2.(1)）。また、運営権設定の議決（PFI法10条の6第4項）および指定管理者の指定の議決（地方自治法244条の2第6項）について、同一の議会において行うことが可能であるとしている（運営権ガイドライン9(2) 2.(2)）。

次に、運営権の移転については、本来、議会の議決（PFI法26条4項）が必要とされるところ、PFI法に基づく実施方針に関する条例に特則を設けることにより、議会の議決を不要とすることができる旨が明確にされた（運営権ガイドライン9(2) 2.(5)）。他方、地方自治法上は、従前の指定管理者の指定の取り消しと新たな指定管理者の指定について、別途議会の議決が必要である（地方自治法244条の2第6項）。

運営権ガイドラインは、従前の指定の取り消しおよび新たな指定は、「実際上、運営権の移転に係る議論も含めて一体として扱われるべきものであり、齟齬等は生じないと考えられる」（運営権ガイドライン9(2) 2.(5)）としているが、

---

[25] 空港および上下水道については、併用は不要とされている。運営権ガイドライン9(2) 2.(8)

[26] 指定管理者制度とは、地方公共団体が公の施設の管理を民間に委託するための制度である（地方自治法244条の2第3項）。条例に基づき議会の議決を経て指定された団体（指定管理者）は、自己の権限として、利用者に対する使用許可を行ったり、利用料金を条例に従って定めたうえで自己の収入として収受したりすることができる。逆に、地方公共団体の公の施設の管理を民間に委託するためには、この地方自治法に基づく指定管理者制度によらなければならず、本文記載のようにPFI法に基づくコンセッション方式との重複が問題となる

[27] 運営権者は運営権の設定および指定管理者の指定を受けなくてはならないため、両者が同一の内容（存続期間、業務範囲）で行われることが望ましい。運営権ガイドライン9(2) 2.(3)

従前の指定管理者の指定の取り消しと新たな指定管理者の指定について別途議会の議決が必要である以上、当該時点の議会の状況に左右される可能性が残されていた。この点、2018年6月に成立したPFI法の改正では、運営権の移転を受けたものを新たに指定管理者に指定する際に、条例に特別の定めがある場合には事後報告とすることが可能とされている[28]（改正後のPFI法26条5項）。改正により、地方公共団体が条例に特別の定めを規定しておくことにより、上記の政治リスクが軽減されることが期待される。

以上のほか、運営権ガイドラインは、両制度が適用される場合の利用料金の設定、運営権の取り消しおよび指定管理者の指定の取り消しについての指針を示している（運営権ガイドライン9(2) 2.(4)(7)）。

更新投資と新規投資

コンセッション期間中には、運営権が設定された公共施設等の修繕、改修、さらには新たな施設の建設の必要性が生じることも予想される。この場合、運営権者はいかなる措置まで実施することが許されるのか、運営権者の業務範囲

図表 3-4　PFI法上の建設・改修・維持管理と運営権者の業務範囲

PFI法上の用語	該当する工事等	運営権者による実施の可否
「建設」・「改修」	・新設工事 ・施設等の全面除却・再整備 ・その他運営権の登録事項の変更が必要となるような増改築（例：施設の位置の変更や平面的規模の大幅な拡大等によって住所に変更が生じる場合）	× （不可）
「維持管理」	・既存施設の拡張・増改築・補修（大規模修繕も含む）のうち、上記以外のもの*	○ （可）

＊ 運営権ガイドラインでは、「いわゆる新設又は施設等を全面除却し再整備するものを除く資本的支出又は修繕（いわゆる増築や大規模修繕も含む。）」と表記されている

---

[28] 併せて地方自治法上、指定管理者がその管理する公の施設の利用料金について定める場合には、あらかじめ地方公共団体の承認を受けなければならない（地方自治法244条の2第9項）ところ、実施方針条例（公共施設の管理者等（地方公共団体の長に限る）が、PFI法18条1項に基づき、PFI法5条の実施方針を条例によって定めたもの）に定められた利用料金の範囲内で料金設定を行うなどの要件を充足した場合には、利用料金の設定において地方公共団体の承認を要しないこととされている（改正後のPFI法23条3項）

が問題となる。

運営権ガイドラインは、PFI法の定義上、運営事業に含まれない「建設」および「改修」（PFI法2条2項）と運営事業に含まれる「維持管理」（PFI法2条6項）について、以下の通り整理している（運営権ガイドライン12（1）2.）。

運営権ガイドラインの整理によれば、一般的には、運営権者が施設運営のために必要な増改築を実施することは可能とされているが（運営権ガイドライン12（1）2-3.（1））、（個別の運営事業において）運営権者が実施できる具体的な増改築の範囲は、施設整備に関する運営権者と管理者等との役割分担も勘案しながら、管理者等が個別に判断すべき事項とされている（運営権ガイドライン12（1）2-3.（2））[29]。

運営権者が任意で増改築を行った場合における、増改築分の事業期間終了時の取り扱いについては、（1）事業期間終了時に当該公共施設等に再度運営権を設定し、新たに選定された運営権者がこれに対応する対価を支払う、または（2）管理者等が補償する[30]ことが考えられるとされている（運営権ガイドライン16（1）2.（2）1）。

他方、運営権の範囲外である施設の新設工事や全面除却・再整備を実施する場合は、公共事業または従来型のPFI事業として別途に実施することとなる。また、既存の運営権は新設・再整備される施設には及ばないため、新設・再整備された施設についてコンセッション方式により運営委託を行う場合は、新たな運営権を設定する必要がある（運営権ガイドライン12（1）2-2.（4）1参照）。

運営権の譲渡・移転など

売却や抵当権の実行などによる運営権の移転には、管理者等による許可が必要である（PFI法26条2項）。この点、運営権ガイドラインによれば、（1）移転を

---

[29] 実施方針および実施契約において、運営権者による実施が想定される増改築の範囲・概要、および管理者との関係で必要な手続き（運営権者が実施できる増改築であっても、管理者等の事前・事後の同意などを必要とする場合にはその旨）が明記されることが望ましいとされる。運営権ガイドライン12（1）2-3.（3）3、4

[30] 2018年3月に改正された運営権ガイドラインにおいては、施設のバリューアップ相当分の時価などの全部または一部を、管理者等と元の運営権者があらかじめ合意した算定方法に従い、管理者等において予算措置された場合には、管理者等が支払うことを可能とする必要があるとされる。また、事業期間終了時にその残存価値が見込まれる更新投資を民間事業者が行う際の手続きや、かかる残存価値分の管理者による負担金額の決定方法などを実施契約に規定することが望ましいとされる（運営権ガイドライン16（1）2.（2）1イ）

受ける者が欠格事由に該当せず、かつ、(2)運営権の移転が実施方針に照らして適切である場合には、管理者等は運営権の移転を許可するものとされており、移転の許可には裁量性がないと解されると説明されている（運営権ガイドライン14(1) 2.(2)）。また、管理者等の判断により運営権の移転に一定の要件を課す場合は、予見可能性を高める観点から、実施方針において、移転を受ける者が備えるべき要件など運営権の移転に関する条件をあらかじめ規定する必要があるとされている（運営権ガイドライン14(1) 2.(3)）。

　以上により、運営権の移転が許可されるか否かについての予見可能性は一定程度高められたといえる。ただし、上記(2)の要件の充足に関する判断は、その性質上、実質的・定性的なものとならざるを得ないようにも思われる。今後の運用が注目される。

　また、運営権者の株式を譲渡するにあたっては通常、管理者等による承認が必要とされる。この点、2018年3月に改正された運営権ガイドラインによれば、運営権者の議決権株式の第三者への譲渡については、譲渡先が公募時の参加資格を満たし、かつ株式譲渡が事業実施の継続を阻害しない（例えば、譲渡に伴って既存株主が出向させている役員を引き上げることで要求水準などを満たさなくなるような状況が生じない）限り、管理者は承認しなければならないことが明記[31]された（運営権ガイドライン13(1) 2.(4)）。

運営権の取り消し

　管理者等は、運営権者に一定の事由が生じた場合や、公益上やむを得ない必要が生じた場合、運営権を取り消すことができる（PFI法29条）。

　公益上やむを得ない必要が生じた場合における運営権の取消しに伴う損失の補償（PFI法30条）は、公共用地補償基準における営業補償の基準に従い行われるとされている（運営権ガイドライン15(3) 2.(1)以下）。公益上の理由により運営権が取り消された場合には、運営権が取り消された時点において、既に運営

---

[31] 併せて、投資事業有限責任組合（LPS）およびこれに類似すると管理者等が認める仕組みが、運営権者の議決権株式を所有する代表企業や構成員となることが排除されないことも明記されている。この場合、無限責任組合員の同意なく有限責任組合員の追加および交代ができないこと、並びに無限責任組合員の追加および交代については管理者等の承認が必要である（承認が得られない場合にはLPS等が保有する運営権者株式を売却する）ことについて、基本協定書などで規定することが望ましいとされる（運営権ガイドライン13(1) 2.(5)）

権者が支払った運営権対価のうち、残余の事業期間分に対応する分については、運営権者へ支払う必要があるとされている（運営権ガイドライン15（3）2.（6））。

また、2018年3月に改正された運営権ガイドラインにおいては、公益上の理由による運営権の取消し以外の場合であっても、運営権対価のうち残余の存続期間に対応する部分については、運営権対価の金額や支払方法などを考慮し、運営権対価を返還することが適切であると管理者が判断した場合には、運営権者へ返還する旨を実施契約に規定することが望ましいとされる（運営権ガイドライン15（3）2.（6））。

なお、取消しの対象となった運営権の上に抵当権があるときは、原則として管理者等はその補償金を供託しなければならず、抵当権者は当該補償金に対してその権利を行使することができる（PFI法30条6項、7項）。

その他の近時の改正

2017年の「未来投資戦略2017」および「PPP/PFI推進アクションプラン（平成29年度改定版）別紙」において、コンセッション方式の改善点が指摘されていることを踏まえ、上記の各項目に加え、(1)管理者等による実施方針策定に関する事項、(2)民間事業者選定手続き時に関する事項、および、(3)リスク分担に関する事項について、2018年3月に主として以下の点が改正・追加されている。

まず、(1)について。改正後の運営権ガイドラインでは、想定される事業内容に関連して競争制限的な企業[32]が含まれている場合には、当該企業についてコンソーシアムの構成企業としての参加は禁止するなどの措置も含め、参加条件の在り方を検討することが要請されている（運営権ガイドライン2(1)2.(1)9）。また、運営権者の株主構成について、従前管理者側から地方公共団体による出資枠を設定することが義務づけられる場合があったところ、運営権者は純粋な民間企業とし、管理者に外部から厳しくチェックされる存在とすべきであるなどの指摘（PPP/PFI推進アクションプラン（平成29年度改定版）別紙9）を受け、実施方針策定時に留意すべき事項として、地方公共団体による運営権者

---

[32] 同種のサービスを提供可能な企業が極めて少なく、同時に当該サービスが事業の実施に不可欠であるために、当該サービスを実施する企業をコンソーシアムに入れなければ応募することが困難になってしまう企業をいう

への出資は、必要性がある場合を除いて行わないこと、出資を行う場合でも出資額に比して過大な株主権限を要求するような条件を付さないことが規定されている（運営権ガイドライン2⑵2.⑴6)。

次に、⑵の選定手続きにおいては、管理者においてデューデリジェンスを可能な限り行い、その結果を応募者に提供するなど、管理者による積極的な情報開示が要請されている（運営権ガイドライン3⑷2.⑵)。また、競争的対話において十分な情報交換ができるよう、回数・期間などを柔軟に設けることとされている（運営権ガイドライン3⑶2.⑵)。

最後の⑶に関する官民間のリスク分担のあり方についても、一定の追加がなされている。既存施設の瑕疵リスクについては、一定期間（瑕疵を発見するために必要な期間）責任を負うよう実施契約に規定することが望ましいとされ（運営権ガイドライン4⑴2.⑶)、また、管理者等以外の有する既存事業の引き継ぎを運営権者に求める場合には、既存事業主体の株主と管理者等との間で株式譲渡予約契約を締結し、当該契約において既存事業主体の株主の表明・保証責任などを規定することが提案されている（運営権ガイドライン4⑴2.⑸)。

加えて、法令などの変更リスクについては、原則として管理者等および運営権者との間で協議のうえリスク分担を明確化することとされつつ、特定の運営権者に限定して適用されることによる法令などの変更や、コンセッション事業によって行われている事業が他の手法によって行われているものに対して差別的な取り扱いを受けることになる法令などの変更が行われた場合には、救済措置が行われることが実施契約に記載されるのが望ましいとされる（運営権ガイドライン4⑴2.⑹)。当該救済措置は、⑴法令などの変更により運営権者に生じる増加費用または損害に係る補償金を管理者等が支払う、⑵あらかじめ実施契約に定められた範囲内で契約期間の合意延長を行う、⑶法令などの変更により運営権者に生じる増加費用または損害を原価として利用料金に加算する──のいずれかを選択できることが望ましいものとされる（運営権ガイドライン4⑴2.⑹)。

また2018年10月には、2018年6月に成立したPFI法の改正を反映する改正がなされている。

| 2 | 欧州における制度の変遷

　欧米を中心とする海外では、PPP/PFIに関する法制度および実務が古くから発展しており、日本におけるPFI導入の際にも、これらの海外の諸制度が参考にされた。

　ここでは特にアベイラビリティ・ペイメントと呼ばれる従来型のPFIの文脈で、PFI導入のための枠組みの整備において国が積極的な役割を果たし、市場拡大に貢献したという意味で英国の例を、また、公共にインフラ施設の所有権を残しつつ、運営リスクを民間が負担する官民連携（PPP）モデル（日本におけるコンセッションと同様のモデル）を提示するものとしてフランスの例をそれぞれ取り上げる。

1 英国:世論の批判を取り入れた制度改正など

　PFIを生み出した英国は、国が制度導入の枠組み整備や市場拡大に大きく貢献してきたという特色を有している。以下では、英国におけるPFIの導入から「PF2」への改革、さらにPFI/PF2手法の廃止を打ち出した近時の政策変更に至るまでの流れを見ていく。

PFIの導入

　第2次世界大戦後の英国は「ゆりかごから墓場まで」をスローガンに、社会保障制度を充実させ、鉄道や航空などの基幹産業の国有化を積極的に図った。しかし、こうした政策は社会保障負担の増加や国民の勤労意欲の低下といったいわゆる「英国病」に結びつき、オイルショックと相まって英国に深刻な財政悪化をもたらすことになった。

　サッチャー氏率いる保守党政権が1979年に成立すると、これらの問題に対処するために、それまでの福祉国家的政策から「小さな政府」への転換を目指し、積極的に公共部門への民間活力の導入を推し進め、国有企業の民営化（いわゆ

る株式上場などによる完全民営化、Privatisation)、公共サービスの外注化（Outsourcing）、民営化に馴染まない部門の独立行政法人化（Agencies）などを順次行った。そして、サッチャー保守党政権に続くメージャー保守党政権の下で、財政赤字により劣化したインフラなど、民営化や外注化に馴染まないとして最後に残されていた公共事業について、民間の活力により事業効率の改善を図る手法としてPFIが用いられるようになり、1992年11月に正式にPFI導入が発表されるに至った。公共事業について公共部門が単独で事業を行う場合と、民間が参入した場合のライフサイクルコストを比較し、後者が前者を下回る場合には、基本的に民間資金を導入することとされた[33]。

　その後、1997年に発足したブレア労働党政権の下では、それまでのPFIに関する包括的な検討・見直しが行われ、「ベイツ報告」において、以前の保守党政権下で進められたPFIの非効率性[34]の指摘と改善策が提案された。ブレア労働党政権は、PFIより広い枠組みのコンセプトとしてPPPを打ち出し、PFIはPPPの一態様として位置づけられた。PPPはリスクを民間に移転するという点を重視したそれまでの考え方とは異なり、官民で適切なリスク分担を行うというパートナーシップを重視するコンセプトである。

　労働党政権下では、PFI推進専門機関（Universal Task Force）の設置、PFIクレジット（補助金）の導入、標準契約の策定などをはじめとするPFI推進のための施策が積極的に行われた。これらの効果によって、2000年代にPFIは件数、規模ともに飛躍的に増大することとなった。

PF2への改革

　しかし、2000年代後半になると、初期に実施されたPFI事業において民間事業者が巨額な利益を得ていたことが明るみに出たり、PFIで運営されている病院が経営上の苦境に陥り、サービス提供に支障を来すに至った事例が生じたりしたことで、PFI事業に対する世間からの不信感が高まり、議会からもPFIの問題点が指摘された。ここで指摘された問題点としては、PFI契約が総じて公

---

[33] こうした比較を行う際の指標をVFM（Value For Money）という
[34] 例えば、かつての保守党政権下では全ての公共事業に対して、PFIの適用検討が義務づけられていた（ユニバーサルテスティング）

共部門が整備・運営した場合よりも高額となる傾向があること、民間事業者が過大な利益を得ていながら納税者や政府にその利益が十分に還元されていないこと、PFIに係る支払いが長期の国家債務として認識されていないこと、事業の選択肢の比較検討が不十分なこと、事業の透明性や情報開示の欠如が大きいことなどが挙げられる。2008年に世界的金融危機が発生すると、民間金融機関からの資金調達が困難となり、PFIの案件は激減した。

こうした事態を受け、英国政府は(1) PFI事業債務の評価・公表、(2)既存のPFI事業のコスト削減、(3) PFIクレジット(補助金)の廃止、(4) PFI事業認可手続きの強化、(5)国が保証を行うインフラファンドであるUK Guarantee Fundの設立、(6)リファイナンスにおける民間事業者と公共との間での利益分配の仕組みの見直し──などを順次、実施した。そして2012年12月にはキャメロン保守党政権の下、PFIの反省を踏まえた新たなモデルとしてPF2(Private Finance Two)が導入された。

PF2における主だった新たな取り組みとしては、(1)事業者SPCに対する少数株主としての政府の出資、(2)入札プロセスの短期化、(3)(運営期間中に求められるサービス水準やコストの変動に柔軟に対応することや不当な条件設定の排除などを目的とする)ケータリングや清掃といったソフトサービスの提供を長期契約の対象から除外、(4)民間とのリスク分担の見直し(法令変更リスクを公共が負担するなど)、(5)透明性の向上、(6)負債性資金調達の多様化──などが掲げられた。

PFI/PF2の廃止

しかしながら、PF2の導入後も利用事例は数えるほどしかなく[35]、PFI/PF2を引き続き推進するか否かは政治的対立の焦点の1つとなっていた。2017年9月の労働党大会では、既存のPFI/PF2事業を全て解約して公営化するとの発言まで出るに至り、大きな波紋を呼んだ。

そして、2018年1月のカリリオン社(Carillion)の破綻によって、PFI/PF2手

---

[35] 2017年9月時点で5件の教育施設と1件の病院のみである(英国監査局(National Audit Office)「PFI and PF2」36頁、2018年1月18日)。その後も新たなPF2の利用は行われていない

図表 3-5　英国におけるPFIとPF2の案件数と資本的価値の推移

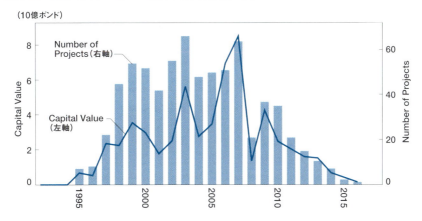

Private Finance Initiative and Private Finance 2 Projects:2017 summary data by Infrastructure and Projects Authority & HM Treasury

法に対する風当たりはさらに強まることとなる。カリリオン社は、かつて英国建設業界第2位を誇った上場会社であり、PFIを用いた多くのインフラ事業にも関わっていたが、70億ポンド以上もの負債を抱えて会社清算手続きを開始した。その時点で、同社と公共側との間にはおよそ420もの契約が存在したとされる[36]。

同社の破綻は、民間活力を利用するに当たって、公共部門がリスクの移転などに関する適切な仕組みの組成および契約管理を長年にわたり怠ってきた結果であるなどと批判された[37]。さらに、2018年6月に公表された英国下院の調査結果では、既存のPFI/PF2案件に係るエクイティのうちおよそ半分が国外のファンドなどに取得されており、対象となる公共サービスとその資金提供者との間の関連性が希薄になっていることや、外国人によるエクイティの保有は国

---

[36] 英国監査局「Investigation into the government's handling of the collapse of Carillion」6頁、2018年6月7日
[37] 英国下院Public Administration and Constitutional Affairs Committee（PACAC）「After Carillion: Public sector outsourcing and contracting」3頁、2018年7月3日。また、英国監査局「PFI and PF2」では、カリリオン社の会社清算の発表前に作成された旨の注記をわざわざ付したうえで、PFI/PF2の運用状況を精査した結果、その情報公開の不十分性などから、民間資金の活用が実際にどの程度の便益を公共にもたらしているかを判断するに足るデータが依然として得られていないとしている

内での税収を減少させることとなりPFI/PF2導入のメリットを減殺していること、PFIの仕組みは硬直的であり特に地方公共団体の負担増を招いていることなどが問題視された。PF2の導入はPFIより幾分かの透明性確保を実現したのみであり、依然として根本的な問題解決にはつながっていないとの指摘もなされた[38]。

このような状況の下、英国政府が何らかの対応策を講じるのではないかとの憶測があったところ、メイ保守党政権は2018年10月、「今後、新規のPFI/PF2案件を一切実行しない」ことを公表した[39]。保守党政権の下でこのような大きな方針転換が行われたことは、英国内外に少なからず驚きをもって受け止められた[40]。ただし、英国内における社会的インフラの整備が引き続き重要な課題であることは厳然とした事実であり、英国政府自身も「様々なツールを用いて、社会的インフラへの民間資金の活用を推進し続ける」[41]と述べていることから、今後はPFI/PF2以外のPPP手法の構築に注目が集まっていくものと思われる[42]。

なお、英国政府は、既存の契約についてはこれを遵守すると明言しているため[43]、既に契約締結済みのPFI/PF2案件への影響は限定的であると考えられる。

英国のPPP/PFIの特色

英国において最も利用されているPPPの形態は、民間事業者に設計から施工、運営、維持管理までの一連の業務およびこれに係る資金調達を全て委託し、

---

[38] 英国下院Committee of Public Accounts「Private Finance Initiatives」2018年6月20日

[39] 翌年度予算案に係るフィリップ・ハモンド財務大臣の下院特別演説および英国財務省（HM Treasury）「Budget 2018 – Private Finance Initiative (PFI) and Private Finance 2 (PF2)」（これらを合わせて、以下「Budget 2018」という）

[40] もっとも英国での報道を見る限り、ことさらに大きく取り上げられているわけでもないようである。既にPFI/PF2を用いた案件の積み上げが鈍っていたことから、たとえ新規案件の取り組みが廃止されたとしても実務上のインパクトはさほど大きくないと受け止められているものと考えられる

[41] Budget 2018

[42] 既存のPFI/PF2手法の問題点を指摘したPACAC「After Carillion: Public sector outsourcing and contracting」においても、「成熟した経済の下では、公共サービスの提供について民間と連携し、その資金などを活用する必要があることは不変の理（permanent feature）であって、それはいずれの政権下においても変わらない（whichever government is in power）」とされている（同5頁）

[43] Budget 2018。なお、英国保健省内にCentre of Best Practiceを新たに設け、既存契約の管理を支援するとされている

公共が民間からサービスを一定期間購入し、その対価を支払うといういわゆる
サービス購入型のPFIである。典型的に採用されている分野は、病院や学校と
いった社会インフラの整備・運営だ。先の沿革に示した通り、独立採算性があ
り民間に事業リスクを移転できる事業については、既に民営化が行われている
という事情もあり、民間事業者が事業リスクを負うコンセッション方式はあま
り採用されていない[44]。

なお、高速道路については「シャドー・トール」という方式で、実際の高速道
路の交通量に応じて公共が民間事業者に支払う対価が定まるものもある。ただ
し、この場合であっても、民間は需要変動リスクを負担しているが、エンドユー
ザーからの回収リスクは負担しておらず、民間が事業リスクを完全に負担して
いるわけではない。

英国の場合、日本をはじめとする多くの法域と異なり、PFIを導入するため
の包括的な法律は制定されておらず、PFIは一般的なコモンローの枠組みおよ
び個々の事業法について必要に応じた手当を行うことで運用されている。他方、
政府が主導して契約書の標準化やタスクフォースの設置を行い、世論の批判に
応えてPF2を提唱するなど、制度の導入以来、その推進に力を入れてきたとい
う特色がある。

PFI/PF2廃止宣言が日本に与える示唆

日本におけるPPP/PFI手法の導入に当たっては、PFI発祥の地とされる英国
の実務が相当程度参考にされてきた。その意味においては、英国でのPFI/PF2
の廃止宣言が日本のPPP/PFIの推進に及ぼす影響を懸念する声が上がること
も無理からぬところである。英国のPFI/PF2に対して向けられた数々の批判の
中には、日本でも参考となる点もある。

例えば、PFI/PF2に関する契約が長期のものとなる傾向があり、社会情勢の
変化に柔軟に対応することが難しいという点は、日本のPPP/PFIの実務におい
ても留意が必要となるポイントの1つである。また、英国においては前述の通

---

44 ダートフォードのQueen Elizabeth 2世橋やルートン空港など、コンセッション方式が採用されている例も存在する

り、各種の公的調査によってPFI/PF2手法の問題点が指摘されてきたにもかかわらず、定量的な分析を行うに足りるだけのデータが得られておらず、十分な効果測定がなされていないという批判があった。PPP/PFIの政策に係る客観的な評価をどのように実施していくかという点は、日本においても今後の課題といえよう。

　他方で、日本と英国とでは、PPP/PFI導入の背景やそれらの手法に求められている機能が違っており、PPP/PFIの事業環境そのものも異なっている。例を挙げるとすれば、PFI事業による債務について、英国では政府のバランスシート上の負債に計上されないことがPFIを採用する動機となっていた部分があるのに対し、日本にはそのようなメリットが存在しない。また、英国ではPFI事業を通じて民間事業者に「過大な」利益がもたらされている点が批判の対象となってきたが、日本においては民間事業者がそのような「過大な」利益を得られるような事業環境とはなっていない[45]。従って、英国におけるPFI/PF2の問題点が全て日本の実務についてもあてはまるわけではない。

　英国における近時のPFI/PF2の動向が日本のPPP/PFIの実務に及ぼす影響を論じるに当たっては、上記のような異同を念頭に置いたうえで、慎重に検討する必要がある。

[2] フランス:2つの類型に整理・統合

　フランスでは、2016年における欧州連合（EU）のEU指令の国内法化[46]により、それまでのPPPを巡る複雑な法的枠組みが整理・統合され、現在は主要なPPPの形態として、コンセッション契約およびパートナーシップ契約という2つの類型が存在する。

---

[45] 英国では、設計・建設段階での事業リスクが運営段階におけるリスクに比して著しく大きいとされていることに起因する。すなわち、英国のPFI事業においてSPCに投資する民間事業者は、設計・建設を終えて運営段階に移行するタイミングで借り換えや株式売却を行うことにより、大きな収益を得られる構造になっている。これに対し、日本では設計・建設段階と運営段階との間で事業リスクに著しい差はないこと、コンセッションの場合は事業内容が公共施設の維持・管理・運営に限定されること、株式売却を行うセカンダリー・マーケットが形成されていないこと（このこと自体は否定的な評価もあり得る）などから、民間事業者が「過大な」利益を得られる状況にはない

[46] コンセッション契約についてOrdonnance No.2016-65およびDécret No.2016-86、パートナーシップ契約について Ordonnance No.2015-899 および Décret No.2016-360

コンセッション契約

　コンセッション契約は、公共が業務の遂行や役務の提供を民間に委ねるもので、民間はサービスの提供の対価として、委託を受けた事業からの収益を収受する。このように、民間事業者が需要変動リスクを含む事業リスクを負っているという点にコンセッション契約の特色がある。従って、収益の存在しない事業については、この方式によりPPPを実施することは不可能である。フランスにおいてコンセッション契約は、高速道路、鉄道、水道事業などに利用されている。

　この「コンセッション契約」は、2016年にEU法の国内法化により整理された概念であり、それまでもいわゆる「コンセッション」[47]や「アフェルマージュ」といった類型のPPPがフランスには伝統的に存在した。このうち、コンセッションは、基本的[48]には公共が設計、施工、運営、維持管理およびこれらに係る資金調達を全て民間に委ねるものである。この方式によるインフラ整備は16世紀初頭から運河の整備などで行われており、特に19世紀末から20世紀末ごろにかけて本格的に行われるようになった。

　一方のアフェルマージュは、基本的には公共が既存設備を対象として運営、大規模修繕を含む維持管理を民間に委ねるものである。この方式は水道事業の分野で積極的に用いられている。

パートナーシップ契約

　パートナーシップ契約は、英国のPFIに類似する制度であり、公共が設計、施工、運営、維持管理およびこれらに係る資金調達を民間に委ね、一定期間にわたり民間にサービス提供の対価を支払うものである。

　前述のコンセッション契約との最大の相違点は、民間が公共からサービス提供の対価の支払いを受けるという点である。従って、対象事業からの直接の収益が存在しない事業であっても、パートナーシップ契約によりPPPを実施する

---

[47] 非常に紛らわしいが、伝統的に「コンセッション」と呼ばれる類型のPPPが存在し、このコンセッションと他のいくつかのPPPの類型を2016年の立法により統合・整理したものが、現在の「コンセッション契約」である

[48] フランスの伝統的なPPPの類型は判例や学説により発達してきたものであり、制定法上も定義が存在しなかったため、必ずしも確立された定義があるわけではない

ことが可能である。このような分野として、学校、病院、刑務所などで利用されている。

　フランスでは、かつては公共から民間への公共事業の対価の支払いの繰り延べが禁止されており、また、公共は設計・施工と運営・維持管理の発注に当たり、別々に入札を行わなければならなかったため、いわゆる設計・建設から運営・維持管理の全てを対象としたサービス購入型のPFIを実施することは不可能であった。パートナーシップ契約は、こうした形態でのPFIの実施を可能とするために、2004年に導入された官民協同契約（Contrat de Partenariat）を起源とした比較的新しい制度である。

フランスのPPP/PFIの特色

　フランスには、公共サービスは民間が提供する方が効率的だという発想が伝統的に存在しており、上述したコンセッション方式によるインフラ整備は古くから行われてきた。だが、英国と異なりPPPを特に国が積極的に推進してきたという事情はない。

　伝統的なコンセッションやアフェルマージュは、制定法上の基礎を持たず、これらの法的な枠組みは長らく判例や学説により発展してきた。これに対し、コンセッション契約およびパートナーシップ契約は、制定法により整備、導入された。

　また、コンセッション契約およびパートナーシップ契約のいずれもフランス法上、行政契約に分類される。行政契約は、通常の私人間の契約とは別個の規律に服することになり、例えば、公共主体は「公共の利益」を理由として行政契約を一方的に変更や解約をすることができる。従って、PPPで用いられるこれらの契約も、公共主体側からの一方的な変更や解約に服し得る。ただし、公共主体がこうした一方的な変更や解約を行う場合には、相手方に対して十分な補償を行わなければならないとされている。

参考文献

- 国土交通省総合政策局、日本総合研究所「英国のPPP/PFI施策調査業務報告書（平成29年2月）」(http://www.mlit.go.jp/common/001193927.pdf)
- 藤波匠「次世代社会資本整備に向けたPFIの在り方」JRIレビュー5巻15号35頁、2014年
- 渡辺隆之「英国におけるPFI導入と活用について（資料）」日本銀行レポート・調査論文、1999年 (https://www.boj.or.jp/research/brp/ron_1999/ron9902d.htm)
- 難波悠「PFIからPF2へ―英国のPFI改革策―」東洋大学PPP研究センター、PPPセンターレポート19号1～6頁、2012年
- 上田義人「PFIは終わったのか　～英国と韓国における現状と改革～（前編）」三菱UFJリサーチ&コンサルティング、2017年 (https://www.murc.jp/report/rc/column/search_now/sn170215/)
- プライスウォーターハウスクーパース「諸外国におけるPPP・PFI手法（コンセッション方式）に関する調査報告書」内閣府、2011年 (https://www8.cao.go.jp/pfi/pfi_jouhou/houkoku/report/pdf/concession22.pdf)
- 杉浦勉「英国PFI事業の展開と適用領域」政策創造研究6号81～99頁、2013年
- HM Treasury「A new approach to public private partnerships」GOV. UK、2012年 (https://www.minfin.bg/upload/11842/infrastructure_new_approach_to_private_private_parnerships_05.pdf)
- 福島隆則、小塚真弓「（PPPと証券化ファイナンス　第10回）公共インフラファイナンスの新潮流～官民ファンドと英国のPF2～」ARES不動産証券化ジャーナルVol.12（2013年3-4月号）49～54頁
- Adrian Cloughら「Chapter 22 UNITED KINGDOM」、Bruno Wernecら「The Public-Private Partnership Law Review (Edition 3)」LAW BUSINESS RESEARCH、2017年
- HM Treasury & Infrastructure and Project Authority「Private Finance Initiative and Private Finance 2 Projects: 2017 summary data」GOV. UK、2018年 (https://assets.publishing.service.gov.uk/government/uploads/system/uploads/attachment_data/file/696091/PFI_and_PF2_projects_2017_summary_data_March_2018_web.pdf)
- 馬場康郎「PFIは終わったのか～英国はPFI・PF2に終止符～」三菱UFJリサーチ&コンサルティング、2018年 (https://www.murc.jp/report/rc/column/search_now/sn181106/)
- François-Gullhem Vassierら「Chapter 8 France」、Bruno Wernecら「The Public-Private Partnership Law Review」LAW BUSINESS RESEARCH、2015年
- François-Gullhem Vassierら「Chapter 8 France」、Bruno Wernecら「The Public-Private Partnership Law Review (Edition 2)」LAW BUSINESS RESEARCH、2016年
- François-Gullhem Vassierら「Chapter 8 France」、Bruno Wernecら「The Public-Private Partnership Law Review (Edition 3)」LAW BUSINESS RESEARCH、2017年
- 金子孝文ら「英仏におけるPPP/PFI動向調査」日本政策投資銀行、2003年 (http://www.dbj.jp/reportshift/report/local_research/pdf_all/2003_11_all.pdf)
- 金子孝文ら「英仏におけるPPP/PPI動向調査（2003年）」日本政策投資銀行、2004年 (http://www.dbj.jp/reportshift/report/local_research/pdf_all/2004_19_all.pdf)
- 自治体国際化協会「自治体業務のアウトソーシング（平成16年度海外比較調査）」2005年 (http://www.clair.or.jp/j/forum/compare/pdf/0505-1.pdf)
- PFI/PPP推進協議会「コンセッションとは何か?」2016年
- 内閣府・日本政策投資銀行・日本経済研究所「フランス・英国の水道分野における官民連携制度と事例の最新動向について（2016年8月）」日本政策投資銀行　地域・産業・経済レポート、2016年 (http://www.dbj.jp/pdf/investigate/etc/pdf/book1608_01.pdf)
- 美原融「フランスにおける（公共施設整備、公共サービス提供に係わる）官民連携手法の概要と最近の動向（官民協働契約）」PFI推進委員会VFM評価に関するワーキンググループ第3回（平成18年12月1日）、2006年 (https://www8.cao.go.jp/pfi/iinkai/kaisai/vfm_wg/3kai/pdf/shiryo_wv33.pdf)

第4章

セクター別 コンセッション事業の 動向と論点

| 1 | 空港

① 日本の空港事業を巡る動き

空港事業の現状

　空港事業は、(1)滑走路やエプロンなど空港の基本施設、および、無線施設や灯火などの航空保安施設を管理・運営する「航空系事業」と、(2)空港ターミナルビルや駐車場などを管理・運営する「非航空系事業」の大きく2つに分けることができる。両事業はそれぞれ別々の主体により運営されている。航空系事業については主に国や地方公共団体、非航空系事業については第三セクターといった具合だ。

　航空系事業は空港事業の根幹をなし、管理・運営には専門的なノウハウが必要となる。主な収入源は航空会社が支払う空港使用料（着陸料、停留料、保安料など）から成る一方[1]、費用としては滑走路やエプロンの維持管理費などが挙げられる。

　非航空系事業は通常の商業施設や駐車場の管理・運営事業と同様であるため、デベロッパーなどの民間事業者のノウハウを活用しやすい事業といえる。主な収入源は空港ターミナルビルのテナント賃料や駐車場の料金収入などで[2]、費用はこれらの施設の維持管理費などとなっている。

空港事業の課題

　日本における空港の整備・運営は従来、主に国や地方公共団体によって行われてきた。また、空港に関する施策は、戦後の急速な経済成長やそれに伴う航空需要の増大に対応して、新規整備・拡張に重点を置くものであった。しかし、現在では、人口減少・少子高齢化が進展するなか、かつてのような国内航空需

---

[1]　国管理空港について、空港管理規則11条
[2]　これらに加えて、旅客ターミナルの利用者から旅客取扱施設利用料（いわゆるPSFC：Passenger Service Facility Charge）を徴収することも可能である。空港法16条

要の増加が見込めないうえ、航空自由化（オープンスカイ）や格安航空会社（LCC）の登場などにより航空市場の競争はますます激化している。「受け手」となる空港についても、こうした環境の変化にうまく対応し、内外の航空需要を取り込むために、一層の効率的な経営が強く求められるようになった[3]。

また、航空系事業と非航空系事業の運営主体が分離しているため、非航空系事業で収益を上げ、空港使用料の低減を図るなどの戦略的な経営を行うことができないという問題や、国管理空港の着陸料などの収入は全国1つのプール（社会資本整備事業特別会計空港整備勘定）で管理され、着陸料なども原則として全国一律となっているため、各空港において機動的な料金設定を行うことができないという問題もあった[4]。

民活空港運営法の制定

これらの空港事業の問題点を背景に2011年、「民間資金等の活用による公共施設等の整備等の促進に関する法律」（PFI法）の改正により、公共施設等の運営権を民間事業者に付与する制度（いわゆるコンセッション方式）が導入された。空港経営改革においてコンセッション方式が選択された理由としては、コンセッション方式の下では空港の運営を民間事業者に委ねるものの、公的主体に土地・施設の所有権が残ることから、適切な空港運営主体の選択ないし不適切な者の排除、災害時などの不測の事態への対応のために、国が必要な関与を行う根拠を見いだしやすいと考えられたためと推測される[5]。

また2013年には、コンセッション方式を活用した空港経営改革を進めるための法制的な手当てを行うべく、「民間の能力を活用した国管理空港等の運営等に関する法律」（民活空港運営法）が制定された。空港の設置および管理は、空港法および航空法の規定に従って行われるが、これらの法令の規定は国または地方公共団体が空港の運営を行うことを前提としているため、民間事業者が空港の運営を行うことはできないものと解されていたところ、民活空港運営法は

---

[3] 空港運営基本方針2頁
[4] 空港運営基本方針3頁
[5] 国土交通省・空港運営のあり方に関する検討会「空港経営改革の実現に向けて（空港運営のあり方に関する検討会報告書）」6〜7頁、2011年7月29日

空港法および航空法の特例を定めることにより、国または地方公共団体がコンセッション方式により民間事業者に運営権を設定し、民間事業者が空港の運営を一体的に行うことを可能としたものである。

2013年10月には、「民間の能力を活用した国管理空港等の運営等に関する基本方針」（空港運営基本方針）が策定され、民活空港運営法に基づく空港コンセッションの基本的な枠組みが明らかにされた。

さらに、国土交通省は2018年8月に空港コンセッション検証会議を立ち上げ、それまでに取り組まれた案件（仙台空港、高松空港および福岡空港）について目的の再整理や仕組みの改善策の検討を行い、同年12月にとりまとめ報告書（以下「とりまとめ報告書」という）を公表した。

2 空港コンセッションの基本的な仕組み

民活空港運営法の内容

対象空港

国内の空港は、(1)国が設置・管理する「国管理空港」[6]（19空港）、(2)国が設置し、地方公共団体が管理する「特定地方管理空港」（5空港）、(3)特別法に基づき株式会社が管理する「会社管理空港」（成田、関空・伊丹、中部）、(4)地方公共団体が設置・管理する「地方管理空港」（54空港）、(5)自衛隊または米軍と国が共に管理する「共用空港」（8空港）、(6)コミューター空港などその他の空港——に分類される[7]。

このうち民活空港運営法により、民間事業者に対して運営権の設定が可能となったのは、(1)国管理空港（民活空港運営法4条以下）、(4)地方管理空港（民活空港運営法10条以下）、(5)共用空港の民間航空専用施設（民活空港運営法附則2条以下）および(6)その他の空港のうち地方公共団体が設置・管理するもの（民

---

[6] 正確には、空港法上の「国管理空港」は特定地方管理空港を含むが、民活空港運営法上の「国管理空港」は特定地方管理空港を含まない（民活空港運営法2条1項）。本書では民活空港運営法に従い、国管理空港と特定地方管理空港とを区分して記述する

[7] 国土交通省交通政策審議会航空分科会基本政策部会「中間とりまとめ・参考資料」27頁、2013年7月8日（http://www.mlit.go.jp/common/001004203.pdf）

活空港運営法10条以下）である[8][9]。

民間事業者による空港の運営事業の範囲

民活空港運営法に基づき運営権者が行う業務は、(1)航空基本施設の運営および着陸料などの収受、(2)空港航空保安施設の運営とその使用料金の収受、(3)騒音対策、(4)その他の周辺対策、(5)付帯事業——から成る（民活空港運営法2条5項など）。より具体的な業務範囲は、各空港について運営権を設定する際に策定される実施方針（PFI法5条および17条）に定められる。

地元への配慮

民活空港運営法では、地域の実情や地元の意向への配慮が随所にうたわれている。例えば、運営権者は、関係地方公共団体や関係事業者などで構成される空港協議会（空港法に基づき空港ごとに設置される）のメンバーとなり、空港運営に関する関係者の協議に参加すること（民活空港運営法8条1項など、空港法14条2項2号）などが定められる。また、国土交通大臣は実施方針を定めようとする場合は、空港協議会の意見を聴くものとされ（民活空港運営法5条3項）、その際、協議会の意見には地域の関係者の幅広い意見が反映されるよう努めるものとされた（空港運営基本方針第二9）。一般的には、これらの措置を通じて、各空港についてコンセッションを実施するか否かに関し、地元の意向が反映されることが明確になったと理解されている。

運営法と基本方針に基づくコンセッション

空港コンセッションの目的

空港コンセッションの実施に当たっては、災害時などにおける対応も含めた

---

8 特定地方管理空港については、コンセッション方式ではなく、民活空港運営法附則14条に基づく指定制度により、民間事業者に運営させることができるものとされた

9 関西国際空港と大阪国際（伊丹）空港のコンセッションは、両空港を国が100%出資する新関西国際空港株式会社の管理下に置くことを前提として、民活空港運営法に「関西国際空港及び大阪国際空港の一体的かつ効率的な設置及び管理に関する法律」（関西・伊丹統合法、2011年制定、2014年改正）による調整を加えて実施された

空港の安全・安心が確保されることを前提とし、以下の2つを大きな柱とすることとされている（とりまとめ報告書2頁）。

a) 航空需要・旅客・内外の交流人口の拡大等を通じた空港・地域の活性化、ひいては日本全体の活性化の実現

b) 航空系事業と非航空系事業の一体的経営、着陸料等設定の機動性や柔軟性の確保、民間のノウハウの活用等による空港経営の効率化を図りつつ、航空運送事業者や空港利用者の利便の向上の実現

ターミナルビルなどの取得と事業の対価

上述の通り、空港経営改革においては航空系事業と非航空系事業の経営を一体化することが企図されているが、民活空港運営法に基づき設定される運営権は、あくまでも空港基本施設の運営等についてのみ及ぶ。運営権者がターミナルビルなどの非航空系施設の運営等に携わるためには、別途の手当てが必要となるところ、空港運営基本方針は運営権者が自らまたはその支配下にある法人を通じてターミナルビルなどの所有権を取得したうえで、その運営等に携わるものとしている（空港運営基本方針第二1、第三2）[10]。

事業の対価について、空港運営基本方針においては、国は運営権者から適正な対価を収受すべき旨が定められているのみである（空港運営基本方針第二10）。また、ターミナルビルの取得の対価についても、適正な価格によることとすると定められているのみである（空港運営基本方針第三2）。

事業期間

空港運営基本方針においては、国管理空港に係る運営権の存続期間は30年か

---

[10] 運営権者（またはターミナルビルなどを保有する子会社）は、ターミナルビルなどについて国土交通大臣から空港機能施設事業者の指定（空港法15条）を受け、空港機能施設事業者として空港法上の規制も受けることとなる。なお、国管理空港以外の空港に関しては、ターミナルビルなどの非航空系施設の所有権を公共側で所有し、航空系事業と非航空系事業の双方を運営権の対象とする余地もある。また、駐車場については、従来の案件では空港基本施設と同様に運営権設定の対象となる施設とされてきたが（仙台空港特定空港運営事業等募集要項3（5）A）、高松空港特定空港運営事業等募集要項2（7）A）、福岡空港特定空港運営事業等募集要項2（7）A））、空港コンセッション検証会議において、今後は事業譲渡を通じて運営権者の所有施設とすることが望ましいとされた（とりまとめ報告書6頁）。かかるスキーム変更は、その後公表された広島空港特定運営事業等実施方針において反映されている（同実施方針第2.1.（7）C））

ら50年程度を目安にするとされている（空港運営基本方針第二2）。ただし、地域の実情などを踏まえ、また、運営権者の創意工夫を発揮する観点から、期間を柔軟に定める可能性も示唆されている（同上）。実際の実施方針においては、運営権者に事業期間の延長オプションが付与されることも多い[11]。

利用料金の設定および収受

運営権者が、原則として自由に着陸料などの設定を行うことができる（民活空港運営法8条2項など、空港法13条1項）。ただし、国土交通大臣は着陸料などが、特定の利用者に対し不当な差別的取り扱いをするものであるとき、または、社会的経済的事情に照らして著しく不適切であり、利用者が当該空港を利用することを著しく困難にするおそれがあるものであるときは、運営権者に対して変更を命ずることができる（民活空港運営法8条2項など、空港法13条2項各号）。空港運営基本方針第二8によれば、着陸料などの設定は基本的には運営権者の自主性と創意工夫に任せるように解されるが、今後、この変更命令が発動される可能性がどの程度あるのか、実際の運用が注目される[12]。

不可抗力事由の発生のリスク分担

不可抗力事由、特に地震、津波などの大規模災害への対応については、空港運営基本方針において、想定される災害事象および損害程度をあらかじめ定めておき、その範囲内の損害については、運営権者に保険への加入を義務づけた上で、運営権者が復旧作業を実施するものとする一方、その範囲を超える損害が生じた場合には、国がその必要性を判断したうえ、国が復旧作業を実施するという考え方が示されている（空港運営基本方針第二5）。この考え方の下では、付保範囲に応じて官民でリスクを分担する前提として、運営権者は不可抗力な

---

[11] 仙台空港コンセッションでは当初期間30年に対して30年のオプション延長が（仙台空港特定運営事業等実施方針第2.1.（6）B）、11頁）、高松空港コンセッションでは当初期間15年に対して35年のオプション延長が（高松空港特定運営事業等実施方針第2.1.（6）B）、7頁）、それぞれ予定されている。他方、福岡空港コンセッションではオプション延長の仕組みは想定されていない

[12] 例えば、旅客数の増加に応じて着陸料が安価になるようなインセンティブプランを採用することも、そのようなプランが全ての航空会社に対して適用可能である限り、「特定の利用者に対し不当な差別的取り扱い」をしているものには当たらないとして許容される余地もあろう

109

どの事象に備え、空港運営事業期間中は国が定める基準以上の保険に加入する義務を負う。

③ 優先交渉権者の選定手順と方法

基本的な考え方

　空港運営基本方針においては、国管理空港運営権者の選定に関する基本的な考え方として、国管理空港運営権者を選定する際には、応募事業者の企業情報や財政情報などを厳格に確認するとともに、航空輸送の安全確保、利用者利便の向上、地域活性化への貢献、事業の継続などに確実な計画を有することを確認するものとされ、着陸料などの料金施策に関する具体的な提案を積極的に評価するものとされる（空港運営基本方針第二10）。同時に、国は国管理空港運営権者から適正な対価を収受し、民間による運営を実施しない国管理空港の整備や維持運営に必要な財源の確保に影響を及ぼさないよう努めるものとされており（同上）、運営権対価として提案する金額も、優先交渉権者の選定に当たって重要な要素となる[13]。

第1次審査[14]

　国による第1次審査に参加する応募者は、参加表明書および第1次審査書類を作成し、提出しなければならない。なお、参加資格要件の関係では、運営権者は、(1)航空運送事業を経営する者、(2)上記(1)の親会社、(3)上記(1)または(2)の子会社、(4)上記(1)の関連会社（その子会社を含む）の子会社または関連会社となってはならないなど[15]、一定の資本関係による資格制限を付されるの

---

[13] 審査に当たって各要素がどの程度重視されるかという点については、コンセッションごとに公表される優先交渉権者選定基準において、具体的な配点が開示されている。各要素への配点はコンセッション案件によってまちまちであり、必ずしも統一的とはいえない

[14] 仙台空港コンセッションにおいては、優先交渉権者の選定に先立って、宮城県による確認手続きが行われることになり、ビル施設事業者の株式を取得する者として適切だと宮城県が認定した者でなければ、国による審査に応募できないとされた。仙台空港特定運営事業等実施方針第3.2.(4)

[15] ターミナルビル施設運営に携わる事業者についても、公平性、透明性および競争性確保の観点から、参加資格に一定の要件を課される場合がある。福岡空港特定運営事業等募集要項3(1)E)

で、応募者は注意が必要である。

第1次審査では、書類審査により第2次審査参加者を選定する。なお、複数の者から第1次審査書類の提出がなかった場合、国はコンセッションを取りやめる場合がある。

競争的対話

国は、第1次審査終了後、第2次審査書類の提出までの間に、第2次審査参加者と競争的対話を行い、その結果を踏まえて実施契約、要求水準などを修正する。

第2次審査

第二次審査では、審査書類に加え、第2次審査参加者によるプレゼンテーションなどの審査が行われる。国は、有識者などから構成される審査委員会の審査を受け、第2次審査参加者の順位を決定し、財務大臣その他関係行政機関の長と協議のうえで、第1位の者を優先交渉権者、第2位の者を次点交渉権者として選定する。

4 空港コンセッションの実務上の論点

設備投資の取り扱いなど

運営権者および運営権者子会社などは、指定空港機能施設事業者（空港法15条3項）として維持管理を行う義務を負う一方、PFI法上の制約により、運営権設定対象施設の建設または改修（例えば、滑走路の延長、エプロンの増設、滑走路の耐震工事など）の実施を行うことが禁止されていることに留意が必要である。さらに、標点の位置の変更など、一定の重要な事項については航空法に基づき国土交通大臣の許可を得る必要があることにも留意する（航空法43条、航空法施行規則85条）。

運営権設定対象施設について運営権者が運営権の範囲内で行った増改築に係る部分の所有権は当然に国に帰属するものとされ（空港運営基本方針第二4）、運営権者に対し何らかの対価の支払いまたは補償などを行うことは想定されて

いない[16]。

　また、運営権者が所有する不動産などについては、国または国が指定する第三者は、空港運営事業終了日に時価[17]にて買い取ることができるものとされ、事業期間終了時の時価に反映される限度においては、運営権者の設備投資による価値増加分に対する補償がなされ得る[18]。もっとも、次の運営権者を新たに公募により選定する場合、国は当該運営権者をして、その全部または一部を時価にて買い取らせることを公募の条件とするが、次の運営権者の公募が行われないときには、国はこれを買い取ることが「できる」とされているのみで、買い取りが保証されているわけではないことに留意が必要である。

ターミナルビルの取得方法

　空港運営基本方針においては特に定められていないが、旅客ビル施設および貨物ビル施設については、運営権者がこれらを所有・運営している各事業者の株式をその株主から取得するものとされている。また、譲渡価格その他の譲渡条件についても固定とされている。

　このように、事前に応募企業のあずかり知らぬところでターミナルビルなどに係る譲渡価格その他の譲渡条件が決められ、応募企業は当然にそれに拘束されるというスキームにより、応募企業にいたずらに負荷がかかり、入札手続きそのものをゆがめることにならないか、懸念がないではない。今後、さらに検討と工夫の余地がある論点と解される。

リスク分担

不可抗力事由が生じた場合の事業継続措置

　空港運営基本方針において、あらかじめ想定される災害事象および損害程度

16　事業期間中に実施された設備投資による価値増加の効果が事業期間の満了後に及ぶ場合における、運営権者に対する残存価値分の補填などに関する問題については、第5章第5節 (2) を参照
17　時価の算定はおおむね事業全体の事業価値を、ビル施設事業者株式の取得代金額、運営権対価の金額および運営権者譲渡対象資産対価の金額の合計値で除した金額を基準に算定される。もっとも「事業全体の事業価値」などの算定方法の詳細が定められるわけではなく、実際の買い取り時まで決定されないため、補償の範囲には不明確さも残ることになる
18　運営権者が行った非運営権施設の整備対象部分について、国が請求した場合には、国を予約完結権者とする売買の一方の予約契約を締結するものとされる (同契約における当該施設の売買価格は時価とする)

112

の範囲内の損害については運営権者に必要となる保険への加入を義務づけるものとされていることを受けて、これまでの案件では、運営権者は、運営権設定対象施設について土木構造物保険（地震危険担保特約付）の加入が義務づけられている[19]。また、非運営権施設についても、企業財産包括保険、動産保険、火災保険などへの加入が義務づけられているが、運営権設定対象施設と異なり、不可抗力が生じた場合には自ら復旧などの措置を行わなければならないことに注意が必要である。参加を予定する民間事業者は、非運営権施設を含めた保険の付保範囲や保険料などについて検討する必要がある。

そして、不可抗力により事業の全部または一部の遂行が困難となった場合で、国による事業継続措置が実施されるのは、運営権設定対象施設に物理的損傷が生じていることから、これを復旧して空港の機能を回復させる必要があり、保険によってもその損害の全部または大部分を復旧することができないと認められる場合のみであり、ターミナルビルなどの非運営権施設に生じた損害や保険でカバーされない損害については必ずしも国が負担するものとはされていないことに留意が必要である。

不可抗力による実施契約の解除または終了

（1）不可抗力により空港が滅失したときは、実施契約は当然に終了し、運営権も当然に消滅するものとされている。この場合、国は運営権者に対し、運営権対価のうち残余の存続期間に対応する部分について補償するとされている。

他方、（2）不可抗力事由は生じたものの、空港の滅失には至らないときは、一定の復旧スケジュールでの事業の再開が不可能または著しく困難であるなどの場合、国は実施契約を解除することができる一方、運営権者への補償は行われないものとされていることもある。

この点、（1）において運営権対価のうち残余の存続期間に対応する部分の補償が認められているものの、空港の「滅失」という極めて特殊な場面に限定され

---

[19] 高松空港コンセッションの公募時においては、国が承諾した場合は、優先交渉権者の提案に従って保険に代替する措置を選択することが認められていた（高松空港特定運営事業等公共施設等運営権実施契約（案）脚注5）。なお、実際に締結された運営権実施契約においては、土木構造物保険（地震危険担保特約付）を付保するものとされたようである

ている点に注意すべきである。(2)の取り扱いは、不可抗力事由の発生により事業の再開が不可能または著しく困難であるなどの事情がある場合になお、国にのみ解除権を認める点で合理性に欠ける。また、実施契約の終了に至った場合における運営権対価のうち、残余の存続期間に対応する部分の運営権者への補償についても、(1)と(2)のケースで対応を異にする取り扱いとする場合、その合理的な理由に乏しいように思われる。

さらに、ターミナルビルなどの非運営権施設については、不可抗力により実施契約が解除または終了した場合でも、その取得対価は補償範囲に含まれておらず、国などによる買い取りがなされなければ、運営権者は当該施設を撤去しなければならないとされている。運営権施設と扱いが異なるのは、所有権の帰属態様の違いを反映したものと推測される。

しかし、非運営権施設の所有権は運営権者が保有するといっても、もともと国管理空港における航空基本施設と非航空系施設の所有主体が分離しており、かつ、運営権を設定できるのは前者に限られるなかで、航空系事業と非航空系事業の経営一体化を進めるために、そのような方策が取られたにすぎないこと[20]に照らせば、かかる場合も運営権施設と完全に異なる扱いによるのではなく、むしろ一定の配慮がなされるべきようにも思われる。

瑕疵担保

運営権設定対象施設について、空港運営事業開始以後1年を経過するまでの期間に物理的な隠れたる瑕疵が発見された場合、国は当該瑕疵によって運営権者に生じた損害について、運営権対価の金額（ビル施設事業者株式の対価は含まれない）を上限として補償する（空港運営事業期間の合意延長により損失を填補する場合を含む）とされている。

瑕疵リスクは、一般的には取得予定資産に関するデューデリジェンスを通じて、一定程度はコントロールすることが期待される[21]。ただし、デューデリジェ

---

[20] 上述の通り、非航空系施設は事業期間終了時に次の運営権者等に買い取られることが想定されているのも、通常の所有権とは異なる側面を有することを示している

[21] 内閣府「公共施設等運営権及び公共施設等運営事業に関するガイドライン」(2013年9月20日改定) 4 (1) 2. (3)においても、既存施設の瑕疵リスクについては、資料精査や実地調査などにより最小化を図ることが企図されている

ンスには施設の規模や性状によって限界があり、実務上、デューデリジェンスにより減殺できない瑕疵リスクについては、公共側による瑕疵担保責任の負担が検討課題となる。

運営権設定対象施設については、これまで国が設置・管理してきたことや、空港運営事業開始前に運営権者が法務デューデリジェンスなどを通じて全ての瑕疵を発見することは極めて困難であることからすれば、一般論のみによっては適切な解決を導けない可能性がある。その意味で、国が部分的ではあるものの、一定の瑕疵担保責任を負うものとされたことは、適切なリスク分担という観点からも首肯できる面がある。

ただし、1年という期間制限が妥当かどうかは、空港施設の性状などに照らせば、施設全体の状況を一度に確認することは相応の手間やコストがかかり、他方で通常の修繕サイクルは上記期間に収まらないことなどを考慮すると、なお議論の余地があるように思われる。また、瑕疵担保責任の対象となる瑕疵が「物理的な」瑕疵に限られているが、その他の法令違反や権利の瑕疵などについても、同様に責任を負うのが合理的と思われる。

法令変更

「特定法令等変更」に含まれない法令などの変更により生じた増加費用および損害は、運営権者またはビル施設事業者が負担するものとされている。ここで、特定法令等変更には当該事業対象となる空港にのみ適用され、日本における他の空港には適用されない法令の変更などをいうものとされ、空港一般に適用される法令などの変更が含まれておらず、空港政策の変更や空港法（空港一般に適用のある規定）の改正などは原則含まれない点に留意すべきである。

国による事業

国による空港の拡張（滑走路の増設など）が予定されている場合であっても、当該事業の遅延・中止によって運営権者に生じた損失は補償されないものとされている。従って、運営権者が国の事業の遅延・中止のリスクを負うことになるが、運営権者はこのようなリスクをコントロールできる立場にいないため、優先交渉権者への応募に当たっては、国の事業が予定通りに実施されるか否か

が確定していない（中止される可能性がある）という前提において、提案を行う
必要がある。

議決権株式譲渡に関する事前承認

　運営権者である特別目的会社（SPC）の議決権株式の譲渡については、過半数
株式や代表企業が保有する株式の譲渡に限らず、全て国による事前の承認が必
要であるところ、「当該処分がSPCの事業実施の継続を阻害しない」という抽象
的な要件に加え、譲渡先が「公募時の参加資格に準じた一定の資格要件を満た
していること」が承認の要件とされている。また、実施契約上、承認期限が明
記されていないため、承認がなされるまで時間がかかるおそれがあることから、
運営権者としてはエグジットの仕組みを考案するうえで留意すべきである。

その他の論点

コンソーシアムの構成

　代表企業またはコンソーシアム構成員の議決権比率の合計は、関係地方公共
団体による出資予定分を除いて100％とならなければならない。図表4-1のよう
な間接出資形態は認められるが、この場合であっても、応募企業もしくはコン
ソーシアム構成員またはこれらの支配する会社などが関係地方公共団体による
出資予定分を除いて全ての議決権分を保有する必要がある。

　これは、図の4類型の間接出資形態以外の形態は認めない趣旨と思われる[22]。
しかし、間接出資形態をこれらの類型に限定する必然性には乏しく、むしろ金
融機関によるコンソーシアムへの参加を促進する観点からは、より柔軟な間接
出資形態も認められることが望ましい。

国による任意解除

　国は、実施契約を継続する必要がなくなった場合、またはその他国が必要と

---

[22] 間接出資形態を採用する場合には第一次審査への応募時点においてその旨を明示しておく必要があり、第二次審
査以降のプロセスにおいて出資形態を変更することは原則として認められないため、出資形態は早期に決定しておく
必要がある.

図表 4-1　SPCへの出資形態

(資料:国土交通省「高松空港特定運営事業等優先交渉権者選定基準」2016年9月)

認める場合には、実施契約を解除することができるとされ、国の裁量による実施契約の任意解除が広く認められている。また、国による任意解除の場合でも、国による運営権者または運営権者子会社などの資産の買い取り義務が規定されていないことに留意すべきである。

5 小括

　コンセッション方式を活用した空港の民営化の概要および論点について説明してきた。紹介した論点以外にも、多岐にわたる法的論点を検討する必要があり、また、運営権者やスポンサーのビークル選択やファイナンス手法についても検討が必要である。

　今後の空港コンセッションの入札により多くの事業者が参加し、さらに空港経営改革が進展していくためには、市場関係者のニーズがコンセッションの条件や仕組みに適切に反映される必要がある。各案件の進展とともに議論がさらに深まり、民間・公共双方にとっての成功事例が積み重なっていくことを期待したい。

参考文献
- 佐藤正謙・岡谷茂樹「コンセッションを活用した空港経営改革」月刊資本市場343号33頁
- 佐藤正謙・岡谷茂樹「民活空港運営法の下での空港コンセッション」ARES不動産証券化ジャーナル20号26〜27頁

| 2 | 道路

1 日本の道路事業を巡る動き

道路事業の現状

　道路は我々にとって最も身近で、最も一般的なインフラである。例えば、生活道路は人々の日常生活と結びついており、また高速道路や幹線道路を考えると、経済・産業活動との結びつきが理解できる。この意味で、道路は「社会インフラ」とも「経済インフラ」ともいうことができ、その多面性も特徴の1つである。

　日本において道路は、国や地方公共団体が主体となって公共事業として整備され、整備された道路は基本的に無料で一般の交通の用に供されてきた。これを「道路無料公開の原則」という。ただし、一部の道路については一定期間内に徴収される通行料収入によって道路建設費の償還に充てる目的から、有料で運用されている。

　供用中の道路における道路事業の具体的な業務としては、主として舗装やトンネル、橋梁、法面、標識などの各種施設の点検・修繕を行う「施設点検・修繕業務」（災害や事故時の復旧業務も含まれる）、清掃、植栽、雪氷対策などの「維持管理業務」、道路巡回や交通管制などの「交通管理業務」があり、有料道路であれば通行料徴収という「運営業務」も加わる。

道路事業の課題

　日本では国や地方公共団体が主体となって道路の整備を行ってきたが、道路整備が本格化してからかなりの年月が経過しているため、老朽化という深刻な問題を抱えており、今後は維持管理・更新費の増大が大きな課題となってくる。一方で、財政事情は厳しく、これまでと同様に国や地方公共団体による道路の整備を期待することが難しい。そこで、民間の資金とノウハウを活用する施策に期待が集まっている。こうした背景の下で、道路事業の民間運営という手法

が注目されている。

　道路事業の収入の基本は「通行料金×台数」であり、比較的収益構造が分かりやすく、キャッシュフローがシンプルなインフラであることから、インフラの中でも民間の資金の活用を行いやすい対象であると考えられている。

　一方で、道路における車両の通行台数は、景気、道路の立地、代替道路の新設、道路周辺の社会経済条件などに大きく左右されるため、実際の利用が当初の需要予測に達しないリスクの大きいインフラであるともいえる。このように、道路事業においては、キャッシュフローに直接結びつく需要変動リスクにどのように対応するかが課題となる。

2 道路事業における官民連携

道路事業の法的な位置づけ

　道路は、内閣府の民間資金等活用事業推進会議が定めるPPP/PFI推進アクションプランおいて、引き続き民営化を目指す重点分野の1つに挙げられている。道路事業においてコンセッション方式を導入するに際しては、法制的な手当てが必要であった。

　まず、コンセッションを実施する場合、民間の運営権者が道路の利用料金を収受できることがその前提となるが、日本の道路法制の基本的な考え方として、道路は無料で一般の交通の用に供されるのが原則とされ、料金を徴収できるのは道路法または道路整備特別措置法に定める場合に限られている。従って、これらの法律上、民間の運営権者が料金を徴収することはできない。

　さらに、道路整備特別措置法に基づく有料道路などについても、料金の徴収は、道路の新設または改築に要する費用を償還するためにのみ、一定の料金徴収期間において例外的に認められるにすぎない。いわゆる償還主義である。つまり、仮に道路整備特別措置法において運営権者が有料道路の管理者として料金を徴収することを認めたとしても、運営権者は料金に自らの利潤となるべき部分を含めることができず、料金徴収期間が終了した後は料金を無料としなければならない。

　従って道路に関しては、従前、これらの点について法制的な手当てがなされ

なければ、コンセッション方式によって民間事業者による運営を実施することができないと指摘されてきた。

特区方式によるコンセッション

特区方式の概要

上記の状況に対して2015年7月8日、国家戦略特別区域法及び構造改革特別区域法の一部を改正する法律が国会で成立した。この改正法の成立により、構造改革特別区域法（特区法）に、地方道路公社が設置する有料道路のコンセッションを可能とするための道路整備特別措置法とPFI法の特例が追加された。

これにより、いわゆるコンセッション方式で地方道路公社が設置する有料道路を民間事業者が運営すること、とりわけ、運営権者が有料道路の利用料金を徴収することが可能となった。

料金および料金徴収期間

この特例ではまず、地方公共団体がコンセッションの実施の必要性について内閣総理大臣の認定を受けたときは、その地方道路公社は有料道路のコンセッションを実施した場合、道路整備特別措置法の規定にかかわらず、運営権者に当該有料道路の運営事業に係る利用料金を自らの収入として収受させることができるものとされている（特区法28条の3第1項）。

ただし、利用料金の設定については、運営権者は実施方針に従うのみならず、地方道路公社が国土交通大臣の認可を受けて定めた利用料金の上限の範囲内で設定しなければならないものとされている（特区法28条の3第4項、PFI法23条2項）。そして、認可の基準（特区法28条の3第6項、構造改革特別区域法施行令5条1項、3項ないし5項など）は、道路整備特別措置法の下で償還主義の考え方に基づき設定されていた料金の基準（道路整備特別措置法10条3項2号、23条、道路整備特別措置法施行令6条、7条など）と基本的には同様である。従って、運営権者は自らの利潤となるべき部分を含めた料金設定を行うことはできず、運営権者に対するインセンティブは料金設定自体ではなく、交通量増加による増収から与えられることになる。

また、料金徴収期間についても、国土交通大臣の認可制とされており（特区

法28条の3第5項）、その基準（特区法28条の3第6項、構造改革特別区域法施行令5条2項）は、道路整備特別措置法の下での基準（道路整備特別措置法23条3項、4項、道路整備特別措置法施行令10条など）と基本的に同様である。

運営権対価（コンセッション・フィー）

コンセッションを実施する地方道路公社は、運営権者から運営権の設定の対価を徴収しなければならない（特区法28条の3第10項）。この対価の設定は、国土交通大臣の認可制とされており（同条第11項）、認可の条件として運営権の対価の額は、それと地方道路公社の収入を合わせて、地方道路公社が負担する道路の管理費用をカバーするものでなければならないとされている（同条第12項）。従って、民間事業者の選定手続きでは、この点も踏まえて最終提案価格が設定されることとなる。

特区方式によるコンセッションの実例

本特例に基づき実施された有料道路コンセッションの事例が、後述する愛知県道路公社によるものである。このほか、2017年5月には千葉県における有料道路事業に関する調査事業が、2018年5月には富山県における立山有料道路を対象としたコンセッション導入可能性調査事業が、それぞれ国土交通省の先導的官民連携支援事業（事業手法検討支援型）として採択されている[23]。

コンセッション方式以外の官民連携手法

上記の特例に基づくコンセッション方式以外にも、道路事業における官民連携の手法が模索されている。

レベニュー債

コンセッション方式以外の官民連携手法の1つが、レベニュー債である。日本においては2010年6月に、青森県の有料道路におけるレベニュー債の発行が

---

[23] そのほか、福岡県北九州市と山口県下関市を結ぶ地域高規格道路「下関北九州道路」の整備手法の検討においても、2017年5月に発足した調査検討会において、コンセッションを含むPFI的手法の導入可能性が調査・検討されている

検討されている旨の報道がなされた（実際の発行には至っていない）。

　レベニュー債とは、米国において地方公共団体など公共セクターが発行する地方債の一種で、元利金の償還原資を特定の収入源に限定した債券をいう。対象となる事業収入は厳格に分別管理され、たとえその事業が破綻しても、一般会計などからは補填されないのが原則である。この仕組みにより、公共セクターは資金調達手段を多様化できるとともに、事業のリスクを投資家に転嫁することが可能になる。レベニュー債には、公共インフラに利用者負担の原則をもたらし、収益性や効率性という尺度や取捨選択という発想を取り入れるきっかけともなり得る効果が見込まれる。

　なお、日本の地方債に相当する発行体が自身の信用力で元利払いを保証するタイプの地方債は、米国においては一般財源保証債と呼ばれている。すなわち、米国においてはプロジェクトファイナンス型のレベニュー債と、コーポレートファイナンス型の地方債である一般財源保証債の双方の発行が可能であることになる。

　一方、日本における現行の地方債制度においては、発行体の一般財源を引き当てとするコーポレートファイナンス型の地方債の発行のみが可能であり、米国などと同様に元利金の償還原資を特定の収入源に限定したプロジェクトファイナンス型の債券を発行することはできない。

　なお、現行の地方債制度においても、地方公営企業の発行する地方債（企業債）に責任財産限定特約を付し、元利金の償還原資を特定の収入源に限定することにより、米国におけるレベニュー債に近い仕組みを作ることは可能である。しかし、債券保有者に償還原資への優先権を付与するのが困難であるという障壁があり、やはり米国におけるレベニュー債と同様の権利を確保することはできない。

　日本において地方債としてのレベニュー債の発行を可能にするためには、大掛かりな法制度の改定が必要となる。また、根本的な課題として、「暗黙の政府保証」とまでいわれる日本の強固な地方財政制度の下で、低利の資金調達が可能な地方債ではなく、相対的に高い調達コストとなるレベニュー債を発行することに必要性や正当性が見いだし難いという実情もある。

青森県有料道路の事例

　日本において米国と同様のレベニュー債の発行を可能にするには、様々なハードルがあるものと考えられる一方、レベニュー債の発行によることなく、既存の法制度の下、事業に関するリスクを公共セクターから投資家に移転するスキームもこれまでに検討されてきた。

　上記のレベニュー債発行検討の報道に先立って、2010年1月に公表された青森県有料道路経営改革推進会議の提言書[24]において、県による債務保証なしで県財政に影響を与えない形で市場からの資金調達を可能にする仕組みとして、次のスキームが提案された。

図表 4-2　青森県道路公社の資金調達スキーム

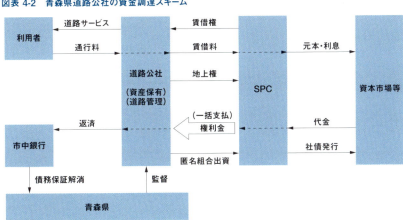

（資料：青森県有料道路経営改革推進会議）

　道路公社からSPCに対して道路用地を対象とする地上権を設定し、または道路用地の所有権を移転する。SPCは道路用地を道路公社にリースバックし、道路の運営は引き続き道路公社が行うものとする。

24　青森県有料道路経営改革推進会議「有料道路経営改革に関する提言」2010年1月（http://www.pref.aomori.lg.jp/soshiki/kendo/kanri/files/yuryou_teigen.pdf）

SPCは、地上権または所有権を担保に、道路公社からの賃借料を原資として元利払いを行う社債を発行し、その発行代わり金を権利金として道路公社に交付する。道路公社は、権利金により既存の市中銀行借り入れを返済し、併せて青森県による債務保証を解消する。

これは、現行の制度の下で元利金の償還原資を特定の収入源に限定した債券を発行し、国または地方公共団体による債務保証の負担を軽減することを模索したものであるといえ、レベニュー債と同様の形で事業リスクの移転を可能にすることを企図するものであるといえる。

3 愛知道路コンセッション

日本において、特区方式を用いて実施された有料道路コンセッションの唯一の事例が、愛知県道路公社によるものである。

概要

愛知県有料道路運営等事業は、愛知県道路公社が道路整備特別措置法に基づき料金徴収などを行う愛知県内の公社管理道路8路線について、国家戦略特別区域法に基づき、料金徴収を含む管理運営権を民間事業者に設定したものである。2015年10月に実施方針が公表され、実施方針に関する質問・意見とそれらに対する回答（実施方針回答）が公表された後、同年11月に募集要項および公共施設等運営権実施契約案が公表された[25]。その後、優先交渉権者の選定手続きを経て、2016年6月に前田建設工業を代表企業とするコンソーシアムに運営権が設定された。

また、2016年8月31日付で当該コンソーシアムが設立したSPC（以下「運営権者」という）と愛知県道路公社との間で運営権実施契約が締結され、事業が開始された。同実施契約の内容については、「愛知県有料道路運営等事業 実施契約の主な内容について」（以下「実施契約内容」という）が公表されている。

---

25 愛知県有料道路運営等事業に関する各種資料は、愛知県道路公社のウェブサイト（http://www.aichi-dourokousha.or.jp）参照

本有料道路事業の目的は、募集要項において「民間事業者が、近傍に立地する商業施設その他の施設を運営する事業と連携して公社管理道路事業を実施することで、当該道路の利便の増進を図るとともに、民間事業者の創意工夫による一層の低廉で良質な利用者サービスの提供、有料道路の利便性向上、沿線開発等による地域経済の活性化、民間事業者に対する新たな事業機会の創出、効率的な管理運営の実現、確実な償還の実施を図ることを目的とするものである」とされている。

　コンセッション方式を利用する意義については、「官民の多様な参加主体が、機能及びリスクを分担して業務遂行するとともに、密接に連携協力して相互補完（場合によっては相互依存）することで、共同で公の価値を創造し、それを利用者及び県民に提供して、事業全体としての目的（目標）及び『三方一両得』（利用者、民間事業者、県・公社の全ての主体が本事業の実施によるメリットを享受すること）を実現するもの」とされている。

　本有料道路事業は、図表4-3の事業から構成される。

　本有料道路事業は、原則として運営権者が実施する。ただし、パーキングエリア（PA）に係るものを除く事業区域外の任意事業は、原則として運営権者は

図表 4-3　愛知県有料道路事業の構成

項目	運営権設定路線		利便施設 （パーキングエリア）		地域活性化	
事業範囲	維持管理 ・運営	改築	付帯事業	任意事業	任意事業 （事業区域内）	任意事業 （事業区域外）
実施主体	運営権者					応募企業、応募グループを構成する企業、協力企業、又はこれらが出資する会社（運営権者を除く）
目的 （事業全体）	低廉で良質な利用者サービスの提供、有料道路の利便性向上、沿線開発等による地域経済の活性化、民間事業者に対する新たな事業機会の創出、効率的な管理運営の実現、確実な償還の実施、「三方一両得」の実現（利用者、民間事業者、県・公社の全ての主体が本事業の実施によるメリットを享受すること）					
目的 （事業区分）	安全・安心な道路、定時性の高い道路等		利便性・快適性の高い道路、収益性の高い施設等		対象地域の活性化等	

（資料：愛知県道路公社「愛知県有料道路運営等事業 募集要項」2015年11月）

行うことができず、応募グループ(コンソーシアム)を構成する企業や協力企業が行わなければならない(実施方針回答No.429)。事業の目的である地域活性化の観点から、区域外事業も本有料道路事業の重要な要素の1つとされており、選定事業者は選定過程において評価された提案内容の履行を確保する必要があるとされている(実施方針回答No.15、No.23、No.430、No.453など、優先交渉権者選定基準10頁、17頁、基本協定書案第12条)。

運営権者は有料道路事業のほか、選定後の公社との協議により、公社管理路線および県管理路線の維持なども受託することが予定されている(募集要項2(13))。

事業範囲

本有料道路事業において運営権の設定対象となる公共施設は、公社が道路整備特別措置法に基づき料金徴収などを行う愛知県内の公社管理道路8路線である。このうち知多4路線(南知多道路、知多半島道路、知多横断道路、中部国際空港連結道路の総称)については、一体的に料金徴収が行われているためにまとめて1つの運営権が設定され、残りの4路線については、路線ごとに1つの運営権がそれぞれ設定されている。ただし、8路線の一体的な運営を図るため、運営権者は同一の者であることが前提となっている。

本有料道路事業における事業の範囲は、以下の通りである。

運営権設定路線の維持管理・運営業務

運営権設定路線の維持管理・運営業務は、PFI法上の公共施設等運営事業(コンセッション)として実施するものとされている。維持管理および運営の範囲については、おおむねPFI法および運営権ガイドラインに規定される枠組みが踏襲されており、道路整備特別措置法上の「管理」、「維持」、「修繕」に係る業務をカバーするものとされている(募集要項別紙6)。本有料道路事業における維持管理・運営業務は、以下の内容であるとされている(募集要項6頁)。

1)交通管理業務:道路巡回業務、交通管制業務
2)維持業務:路面清掃業務、休憩施設等清掃業務、公衆トイレ清掃業務、排水

施設清掃業務、植栽管理業務、雪氷対策業務等

3）施設点検及び修繕業務：舗装点検及び修繕業務、法面、函渠及び擁壁等点検及び修繕業務、橋梁点検及び修繕業務等

4）危機管理対応業務：災害対策活動業務、通行規制業務、道路啓開業務等

5）運営業務：料金徴収業務等

6）引継業務

改築業務

　運営権者は知多4路線において、公社の費用負担により、一定の改築工事を行うものとされている（募集要項2（5）イ）。同事業はPFI法上の運営事業の範囲には含まれず、その外枠で行われるものである。

　改築業務は、コンストラクション・マネジメント方式により実施されることとなっている（募集要項別紙3）。運営権者は要求水準書に規定された要件を満たすコンストラクションマネジャーを選任し、建設マネジメント業務を行わせることとされている（募集要項別紙3第1項、実施契約案31条）。また、オープンブック方式を採用し、運営権者は全ての業務原価に関する情報などを開示しなければならない（募集要項別紙3第2項、実施契約内容別添資料第4章（1））。他方、施工時VEにより工事原価が安価となった場合、公社は運営権者に対し、インセンティブフィーとして、コスト縮減額の50％相当額を支払うものとされている（募集要項別紙3第7項、実施契約案38条、実施契約内容別添資料第4章（3））。

付帯事業・任意事業

　付帯事業とは、有料道路の維持管理・運営そのものではないが、運営権者が実施しなければならない事業である。PAに公社が設置した売店、食堂、自動販売機の営業などが該当する。

　これに対して任意事業とは、当該事業の実施は運営権者の義務でないものの、運営権者が実施することができる事業である。例えば、既設の売店を増改築したり、既存店舗を撤去して新たに売店を設けたりすることなどが該当する。

図表 4-4　PAで想定される付帯事業・任意事業

[新設PA]

既存PA相当の施設を設置（付帯事業）

既存PA相当規模以上の施設を設置（付帯事業）

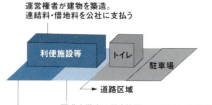

既存PA相当の施設と、それ以外に施設を設置（付帯事業＋任意事業）

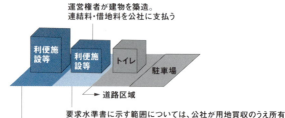

[既設PA]

既存施設を利用（付帯事業）

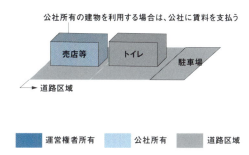

運営権者が新築を希望（任意事業）

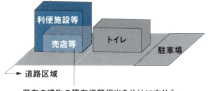

運営権者が区域の拡張を希望（付帯事業＋任意事業）

（資料：愛知県道路公社「愛知県有料道路運営等事業 募集要項」2015年11月）

（PAにおける付帯事業・任意事業）

　運営権者は付帯事業として、既設PAにおいては公社が設置した売店などの営業を行う。また、これに加えて、任意事業として既設PAの売店などの増改築を行い、また新たな利便施設などを築造したりすることができるものとされている。

　前述した改築業務によって新設される新設PAにおいては、運営権者は事業区域内に売店などを設置することができない。このため、新設PAに隣接する区域において、一定の範囲の用地を公社が取得し、運営権者はその範囲で付帯事業として、利便施設などを自ら設置し営業を行うものとされている。

　また、運営権者は付帯事業または任意事業として、公社取得用地を超える範囲の用地を運営権者が自ら取得し、利便施設などを設置することができるものとされている。

　PAにおける付帯事業・任意事業として想定される運営権者と公社との役割分担のパターンは、次に示す通りである（募集要項添付資料6）。

　PAにおける付帯事業・任意事業においては、パターンに応じ、公社に対して、賃料、占用料もしくは連結料などの支払いが必要とされ、既設PAにおいて既設の売店などを建て替える場合は、公社に対して既存の建物の残存価格相当金額を支払う必要が生じる（賃料などの詳細は募集要項添付資料7）。

　また、道路区域外において公社または運営権者が取得する土地については、地権者などとの交渉の結果、用地買収が失敗するリスクも存在する。なお、公社が新設PAの隣接区域において予定している用地買収が失敗した場合、公社は合理的な範囲で運営権者に生じた増加費用および損害を負担する（実施方針回答No.389、No.394、実施契約案64条1項）。

　また、運営権者が付帯事業・任意事業で築造した利便施設などについては、有料道路事業終了時において公社による買い取りは保証されていない（実施契約案別紙11 土地賃貸借契約（新設PA隣接地域）14条）。

（PA以外の任意事業）

　運営権者は事業区域内において、事前に公社から道路法24条に基づく承認または同法32条に基づく許可を得たうえで、任意事業を行うことができる（募集

要項2（5）ウ2）1）。

　運営権者は公社の承認がない限り、事業区域外において第三者から収入など
を得る事業活動を行ってはならない（募集要項2（5）ウ2）2）。他方、本事業の一
環として、コンソーシアム構成企業や協力企業が事業区域外で地域活性化など
に資する事業を行うことが想定されている（募集要項2（5）ウ2）2）。

運営権対価

　本有料道路事業に関する運営権対価は、当初一括で支払う「運営権対価一時
金」と、運営期間にわたって毎年度に支払う「運営権対価分割金」から構成され
る。また、これらとは別に、運営権者は運営権対価分割金に係る利息（年率
1.18％）を支払うものとされている。有料道路事業において設定された運営権対
価の総額は以下の通りである（実施契約内容6）。

図表 4-5　各路線の運営権対価

運営権設定路線	運営権対価
知多4路線	117,884,000,000円
猿投グリーンロード	2,951,000,000円
衣浦トンネル	9,955,000,000円
衣浦豊田道路	5,414,000,000円
名古屋瀬戸道路	1,496,000,000円

　なお、運営権者は運営権対価のほかに、公社から示される譲渡対象資産を譲
り受けることとされており、その譲渡対価を支払う必要がある（募集要項2
（9））。また、運営権者は公社が締結している既往契約などのうち本事業の実施
に必要なものについて、その契約上の地位を公社から譲り受けるものとされて
いる（募集要項2（10））。

愛知道路コンセッションの実務上の論点

事業期間

　運営権の存続期間は、運営権設定路線ごとに異なり、それぞれの運営権設定

路線の道路整備特別措置法上の料金徴収期間の満了をもって終了するとされている（実施契約内容5（1））。運営権設定路線ごとの運営権の存続期間は、次の通りである。

図表 4-6　路線ごとの運営権終了期日

運営権設定路線	終了期日
知多4路線	2046年3月31日
猿投グリーンロード	2029年6月22日
衣浦トンネル	2029年11月29日
衣浦豊田道路	2034年3月5日
名古屋瀬戸道路	2044年11月26日

なお、運営権存続期間中において、道路の改築や橋梁の改築更新などの大規模更新が必要となり、公社が道路整備特別措置法10条または11条の許可を受けるなどによって料金徴収期間が延長される場合、公社と運営権者との間で協議のうえ、実施契約を変更し、運営権存続期間を延長することが想定されている（実施契約内容5（2）、募集要項2（3）イ、実施方針回答No.119、No.120、No.181、No.192など）。

他方、料金徴収期間の満了前であっても、運営権設定路線の建設などに要した債務の償還が想定より早く完了した場合には、運営権の存続期間が短縮される場合がある（実施契約内容5（1）、募集要項2（3）ア）。短縮が行われる場合としては、例えば料金収入の増加による公社の増収や、改築業務に要する工事原価がVEにより低減したことによる公社費用の減少により、公社の償還準備金が想定より早期に積み上がる場合が考えられる（実施方針回答No.103、No.129、No.131など）。

なお、この場合、公社の事由による本有料道路事業の終了として、公社は運営権者に対して、受領済みの運営権対価のうち残存事業期間分に相当する部分を返還するとともに、運営権者に通常生ずべき損失を補償するとされている（実施方針回答No.130、No.174）。ただし、補償される運営権者の逸失利益につ

いては2年分が上限とされる（実施契約案114条1項、実施契約内容別添資料第10章(7)）。

従って、料金収入が計画より一定割合以上増加した場合、それを超える部分の収入は公社に帰属することとなるうえ、それにより運営権の存続期間が短縮されることがあり得る。さらに、これに伴う運営権者の逸失利益が全ては補償されない可能性もある。

料金収入

本有料道路事業において、運営権者は公社が道路整備特別措置法に基づく国土交通大臣の許可を受けた料金の額（公社が料金割引を実施している場合は当該割引後の料金の額）を上限として料金の額を設定し、これを自らの収入として徴収することができるものとされている（募集要項2(4)）。すなわち、運営権者は、上限の範囲内であれば、PFI法23条2項に基づく公社に対する届け出のみで料金の設定および変更を行うことができる。

なお、上記の上限を超える料金の提案については、例えば、混雑する時期は料金を上げ、その代わりに閑散期は料金を下げて年間を通せば道路利用者の負担増にならない仕組みになっているなど、一定期間を通せば利用者に理解が得られるような料金体系となっている場合は、あらかじめ議会の議決を経たうえで、公社が国土交通大臣に道路整備特別措置法上の料金の変更に係る許可を申請するとしている（募集要項2(4)）。ただし、許可が取得できない場合、必ずしも公社事由による許認可の取得の遅延または不能として、公社がリスクを負担するわけではないとされている（実施方針回答No.218）。

本有料道路事業における収入の帰属は、交通量の増減と経費節減に応じて次のようになっている。

運営権設定路線各線における公社が示す各年次の計画料金収入と実績料金収入を比較し（実施方針回答No.505など）、交通量が増加した結果、実績が計画を上回る場合、計画の106％までの範囲の収入は運営権者に帰属し、それを超える増収部分は公社に帰属する（実施契約内容別添資料第9章(3)、募集要項2(7)イ）。逆に交通量が減少した結果、実績が計画を下回る場合、6％を超える減収部分は、公社が運営権者に対して補填する（同）。すなわち、公社が走行台数の

増減に関する交通量リスクの一部を負担する代わりに、交通量の増加に伴う収益の増加の一部も公社と共有する仕組みとなっている。なお、計画と実績の差異については、8路線全体で判断するものではなく、運営権の設定単位で判断するものとしている。

　一方、運営権設定路線の維持管理・運営業務に係る要求水準を確保しつつ運営権者の創意工夫によって生じる経費節減による収益は、その全額を運営権者に帰属させるものとされている(募集要項2(7)ア)。

リスク分担

　愛知県有料道路運営等事業における公社と運営権者のリスク分担のうち、既に述べた交通量リスク以外で特に留意すべきリスク分担の一部について記す。

不可抗力リスク

　不可抗力が発生した場合、まず、公社と運営権者との間で実施契約等の変更や追加費用の負担などについて協議することとなっている。不可抗力の発生した日から60日以内に合意が成立しない場合、運営権設定対象施設および改築業務対象施設については、原因に応じて以下の通りリスクを分担するものとされている(実施契約案94条、別紙14)。

(a)暴動、戦争などの人的災害に係る不可抗力による費用負担
・当該不可抗力に起因する損害の回復を図る工事などが軽微な範囲[26]を超えるものであって、かつ、運営権者により予見できず、またはその増加費用の発生の防止手段を講ずることが合理的に期待できなかったと公社が認める場合：公社の負担
・上記工事などが軽微な範囲の場合やその他、上記以外の場合：運営権者の負担

---

[26] 公共土木施設災害復旧事業費国庫負担法6条1項(ただし、同項4号および5号を除く)に定める災害復旧事業の適用除外規定に該当するもの(例えば、都道府県または政令市に関しては、工事の費用が120万円に満たないもの)。実施契約案別紙14第1、2(1)ア

（b）地震、暴風、豪雨などの自然災害に係る不可抗力による費用負担

・一定規模以上の災害[27]の影響を受けた施設を原形に復旧する工事やこれに代わる必要な施設の工事であって、かつ、運営権者により予見できず、またはその増加費用の発生の防止手段を講ずることが合理的に期待できなかったと公社が認める場合：公社の負担

・一定規模に満たない災害による場合やその他、上記以外の場合：運営権者の負担

なお、不可抗力により上記以外の付帯事業および任意事業に係る業務に生じた費用負担は、運営権者の負担とされている（実施契約案別紙14第3）。

法令変更リスク

実施契約締結後に法令など[28]が改正され、または制定されたことにより追加費用が発生した場合、まず、公社と運営権者との間で実施契約の変更や追加費用の負担などについて協議することとなっているが、公布日から120日以内に合意が成立しない場合、以下のリスク分担によるものとされている（実施契約案第89条、別紙14）。

（a）道路の整備・運営に直接影響を及ぼす法令などの改正または制定（道路に関する基準の改正により、資本的支出となる工事を実施する必要が生じた場合を含む）であり、かつ、運営権者による増加費用の発生の防止手段を講ずることが合理的に期待できなかったと公社が認める場合：公社の負担

（b）上記（a）以外の法令などの改正または制定の場合：運営権者の負担

既存施設の瑕疵

既存施設の瑕疵は、本有料道路事業が既存の有料道路を対象とするものであ

---

[27] 公共土木施設災害復旧事業費国庫負担法2条2項に定める災害復旧事業となるもの。実施契約案別紙14第1、2（2）ア

[28] 条例も含まれる。実施契約案別紙1

るため特に問題となる。

　運営権者が維持管理・運営業務を実施した結果、運営開始日において既に存在したものとして発見し、運営開始日から2年以内に公社に対して通知した瑕疵（法令上の瑕疵を含む）につき、公社はこれらの通知を正当と認めた場合には、以下のいずれかの措置を講ずるものとされている（実施契約案28条、実施契約内容別添資料第3章（2））。

(a) 自らの費用で修補などを行う。なお、修補などの時期は、運営権者による本有料道路事業の実施に著しい支障がない限り、公社が決定する。
(b) 瑕疵により運営権者に生じる追加費用を負担する。

　なお、上記の場合、運営権者は瑕疵に起因して運営権者に生じた費用の支払いおよび損失の補償を求めることができる。ただし、補償される運営権者の逸失利益については2年分が上限とされる。

物価変動リスク

　各運営権設定路線に係る維持管理・運営業務に必要となる費用について、公社は一定割合以上の物価上昇リスクを負担するものとされている。具体的には、各年度の実施契約に定める物価変動指数が、実施契約締結の月の物価指数と比較して、1.5％を超えて上昇した場合、1.5％を超えて増加した上記費用については、公社が負担するものとされている（実施契約案98条2項）。逆に、物価が下落した場合は、上記費用の1.5％を超える減少分については、公社に帰属するものとされている（同条3項）。

競合路線の新規開設リスク

　新規開設や無料開放が予定されている競合路線（予定競合路線）の新規開設や無料開放による実績料金収入の変動が計画料金収入の変動を超える場合（すなわち予想以上に増減した場合）は、増収・減収ともに公社に帰属するものとされている（実施契約案102条1項、103条1項、別紙5第4、実施契約内容別添資料第9章（4））。

予定競合路線以外の競合路線（予定外競合路線）の供用開始により交通量に大幅な変動があり、料金収入が減少した場合においては、一定の条件により、当該予定外競合路線の供用開始による減収相当額は公社が負担するものとされている（実施契約案102条2項、103条2項、別紙5第4）。

4 海外の道路事業民営化

　海外においては、道路事業の民営化は幅広く行われている。特に、フランス、イタリア、スペインなどの欧州諸国においては、第2次世界大戦後の早い段階から高速道路に有料制を導入し、コンセッション方式による道路事業の民営化の先駆けとなった。英国および米国では、高速道路も含めて道路は無料制を基本として建設・運営されてきたが、英国では1990年代から後述するシャドー・トール型の無料道路におけるコンセッション方式が導入され、その後、有料道路においても導入されている。米国においても、老朽化した道路の補修費用に対する財源不足の問題が1980年代に発生し、1990年代中ごろから官民連携の手法により道路整備を進める方針としている。

収入源やリスクに応じて3つの種類

　海外のコンセッション方式による道路事業の民営化において、道路運営事業者が収入を得たり、リスクを負担したりする形態には、主に次の3つの種類が存在する。

リアル・トール型

　リアル・トール型は、対象とする道路を有料道路とし、道路運営事業者が利用者から通行料金を直接徴収し、それを収入の原資とする最も一般的な形態である。通行料の改定も基本的には道路運営事業者に委ねられるが、消費者物価指数などに連動した何らかの制約が付されることが一般的である。

　通行料の設定方式としては、季節や時間帯によって機動的に料金を変動させる方式が普及している。リアル・トール型の特徴は、道路運営事業者の独立採算が基本とされ、走行台数の増減（交通量）に関するリスクと通行料の徴収に関

するリスクの双方を意味する「収益リスク」が、いずれも民間道路運営事業者に移転するところにある。その結果、長期的な交通量予測と運営コストの削減手法が事業の利益を左右することとなる。

シャドー・トール型

　道路運営事業者が、道路利用者から直接通行料を収受するのではなく、通行台数などに応じた仮想の料金を公共セクターから収受する形態がシャドー・トール型である。この形態において、道路運営事業者は自ら道路利用者から通行料を収受する必要がなく、通行料の徴収リスクを負わないこととなる。税収などを財源とした安定的な収入を確保することが可能となる半面、公共セクターの支払い能力や制度変更のリスクに留意する必要がある。

アベイラビリティ・ペイメント型

　近年多く採用されているのが、アベイラビリティ・ペイメント型である。通行台数に関係なく、道路を利用可能な状態で適切に維持することに対する対価として、公共セクターから費用が支払われる。この場合の費用は「サービス対価」として設定されるものであるため、道路の利用が不可能な状態が継続する場合や管理が不十分な場合には、支払額が減額されることもある。アベイラビリティ・ペイメント型の特徴は、「交通量リスク」および「収益リスク」のいずれも道路運営事業者側に移転しないところにある。

　前述した愛知県道路公社におけるコンセッション方式は、有料道路をその対象とするものであるため、上記の収入形態のうちリアル・トール型であることを前提としているが、前述の通り、公社が提示する計画料金収入から±6％の上限および下限が設定されており、上限を超える収入増および下限を超える収入減を公社に帰属させるという形態で、リスクの分担を図っている。今後、シャドー・トール型やアベイラビリティ・ペイメント型のコンセッション方式を活用することにより、日本においても料金徴収を行わない形態の道路についての官民連携の実現や、民間道路運営事業者の多様なリスク設計の可能性が広がると考えられる。

5 小括

　日本における道路事業は、伝統的に国や地方公共団体などの公共セクターにより整備が行われてきたが、特区の活用やレベニュー債を用いた方式などにより、官民連携の方法も模索されてきた。今後は、既存の手法に加え、特区を用いずともコンセッション方式の導入が可能となるような法制度の確立や、諸外国におけるシャドー・トール型やアベイラビリティ・ペイメント型のコンセッション方式が導入されることにより、コンセッション方式の対象となり得る道路事業の範囲が質、量ともに拡大することが期待される。

参考文献
● 福島隆則「第15回道路事業の民営化とコンセッション方式（1）〜道路事業の概要と民間運営〜」ARES不動産証券化ジャーナル36号60〜61頁

3 | 水道

1 日本の水道事業を巡る動き

水道事業の現状

　日本の水道事業は水道法上、市町村経営が原則となっており（水道法6条2項）、独立採算制の下、原則水道料金により運営されているものの、人口減少や節水技術（地下水利用技術[29]を含む）の発展に伴う水道需要の落ち込みによって水道事業収入は年々低下し続けている。

　他方、日本の水道施設は、その多くが高度経済成長期に整備され、近年一斉に更新期を迎えている。設備更新だけでなく、耐震化に対する投資も必要となっており、設備維持費が今後増大すると見込まれている。また、地震や大雨などの自然災害により、水道施設が被害を受ける事態も多発している。

　水道事業者は個々の市町村であり、ガスや電気といった他のインフラ事業者と比べて事業者の数が多く、その多くが小規模な事業者である。加えて、財政事情から公務員の採用が抑制されており、技術系職員の不足や高齢化も深刻な問題となっている。

　増大し続ける設備維持費を捻出し、かつ、必要な人材を確保して設備更新を実行し、持続可能な水道事業を実現することが、全国的な課題となっている[30]。

水道事業の課題

　現時点において、水道需要の増加による大幅な水道料金収入の改善は期待できない。人口減少という構造的な問題が背景にあるのに加え、価格弾力性が低

---

[29] 近年、大口利用者による地下水への転換が加速している。これは膜処理技術の進歩によってコストダウンが図られたことに加え、日本の水道料金は設備拡張時の節水を促すため逓増制を採用していることによる。逓増制の料金体系の問題点については、日本水道協会「地下水利用専用水道等に係る水道料金の考え方と料金案」（2009年5月）を参照

[30] 水道事業の現状と課題および持続的な経営を確保するための方策については、総務省自治財政局公営企業課公営企業経営室「『水道財政のあり方に関する研究会』報告書」（2018年12月）にもまとめられている

いという水道の経済的性質もあるからである。消費者の水道需要はほぼ一定であり、仮に水道料金を大幅に下げたとしても、水道需要が大幅に上昇することはない。価格弾力性が低いことからすると、逆に、水道料金を上昇させることによって水道事業者の財務状況を改善することができるとも考えられるが、水道法上、水道料金の変更には地方公共団体の条例によって定められる供給規程の変更が必要となる（水道法14条）。これには議会の議決が必要であり、これまでに実施された例は少ない。

　技術系職員の不足・高齢化という問題については、そもそも水道事業を希望する若手技術者が不足しているという課題に加え、行政のスリム化を推進してきた地方公共団体にとっては、水道事業のみ多数の職員を抱えることはできないという政策的な背景もあり、根本的な解決は容易ではない。

　従って、持続的な経営を実現させるには当面、事業の効率化を進めていくしかないと思われる。日本の水道事業は数が多く、非効率な事業運営につながっている。多くの地方公共団体が水道事業の広域化および事業統合を検討し、制度上も事業統合は可能であるものの、実際に水道事業の統合を果たしている例はまだ少ない[31]。その理由としては、水道施設の仕様や運営・維持管理方法が水道事業者によって異なること、設備投資に対する考え方の違いなどから費用分担に関する合意を形成することが困難なこと、広域化を主導する財源と能力のある地方公共団体（多くの場合、現時点で黒字経営を行っている地方公共団体）にメリットが少ないことや、現時点で料金が安価な地方公共団体の住民の賛同を得にくいことなどがある。

2 課題解決に向けた方策

民間事業者の裁量拡大と効率化

　水道事業が抱える諸課題に対する取り組みとして、民間のノウハウの導入や

---

[31] 2017年度の調査では、2006年度以降に統合を果たしたのは13団体ある。検討から統合実現までに要した年数は最短で1年2カ月という事業体があるものの、多くは3〜4年以上を要している。最長では21年3カ月という事業体もあり、統合には相当の時間を要することを示している。厚生労働省医薬・生活衛生局 生活衛生・食品安全部 水道課「水道事業の統合と施設の再構築に関する調査」27頁以下、2017年3月

IT化を図り、事業の効率性を高める取り組みが検討されている。

水道事業に民間事業者が関与すること自体は従前から珍しいものではなく、様々な業務委託が広く行われてきた。しかし、従来型の業務委託（部分委託）は、メーターの検針や水質検査などの個別の業務を民間に委託するというものが中心であった。また、民間事業者側も、個別の業務ごとに業界が分かれており、複数の業務を包括的に受託できる事業者は少ない。このような委託においては、受託業者の裁量の範囲が狭く、かつ、委託期間も3〜5年程度と短いため、事業の効率化という観点からの効果は必ずしも十分ではないのではないかという指摘がなされてきた[32]。

また、より民間の裁量が大きいものとしてDBO方式や従来型PFIがあるものの、一部の施設の新規建設が前提とされており、前述した既存設備の更新費用の捻出や持続的な事業の実現という課題に対する解決策としては必ずしも適合していない面がある。

第三者委託、包括委託、官民共同出資事業化

2002年施行の水道法改正によって「水道の管理に関する技術上の業務の全部又は一部」についても業務委託することが可能となり（水道法24条の3）、かかる業務に関する水道法上の責任についても民間に移転することができるようになった。

さらに近年では、水道施設の運営について、より民間のノウハウを積極的に取り入れる取り組みとして、複数の業務をまとめて民間に委託する「包括的民間委託」の事例が増えつつある。また、官民共同出資の水道事業会社を設立する例も増加している[33]。

このように水道事業に民間事業者の能力・ノウハウを活用する手法は多様化しつつあり、これらの手法はいずれも従前の手法より広範な裁量を民間事業者に与え、事業の効率化に資するものとして期待されている。

---

[32] 日本水道協会「水道事業における民間的経営手法の導入に関する調査研究報告書」22頁、2006年3月
[33] 例として、広島県の「株式会社水みらい広島」、北九州市の「株式会社北九州ウォーターサービス」、群馬東部水道企業団の「株式会社群馬東部水道サービス」などがある

コンセッション方式

　民間のノウハウ活用の一手法として近時、検討が進められているものとして、コンセッション方式がある。コンセッション方式を水道事業において適用した場合、以下のようなメリットがあるといわれている。

民間ノウハウの活用

　管理運営を長期にわたって民間が行うことで、民間のノウハウによる効率化が業務委託方式に比して期待されるとともに、民間事業者にとっても、長期の投資資本回収を期待できるため、多額の初期投資も検討することができる。また、長期間の契約が前提となることで、人材育成や技術の承継、新技術に対する投資も促進されると期待される。

管理運営の包括化・効率化

　包括委託や官民共同出資の水道事業会社による運営にも共通するメリットであるが、コンセッションは水道事業の管理運営を包括的に運営権の対象にすることが予定されているため、資材の一括購入による経費の削減や技術統合による効率化など、スケールメリットの実現が可能になると思われる[34]。

明確な制度設計とコンセッション導入による恩典の享受

　前述したメリットは、委託期間の長期化や裁量範囲の拡大など他の官民連携の手法によっても実現可能な部分もある。しかし、それらの手法による場合、自由な設計が可能である一方、制度導入のための論点検討や議論にかかるコストが高くなる。その点、コンセッション方式は様々な制度上の手当てが進みつつあり、他の手法と比較して導入時の制度上の取り扱いが明確である。2018年改正の後の水道法においても、コンセッション導入時の水道法の適用関係が明

---

[34] 宮城県の水道事業コンセッションでは、水道用水供給事業、工業用水道事業および流域下水道事業の3事業について、包括化・一体化した管理運営を実施することが検討されている。これが実施された場合、大きなスケールメリットが実現できるとされている。現状は事業の種類や対象地域ごとに細分化され、個別委託されている。宮城県企業局「これからの『みやぎの水道』を考えよう！〜みやぎ型管理運営方式の構築に向けて〜（宮城県上工下水一体官民連携運営事業）」18頁、2018年7月

確にされている。

　また、コンセッション導入促進のために特別な措置がなされ、それを利用することにより一定の恩恵が得られることもある。例えば、PFI法の2018年改正では、水道や下水道の分野におけるコンセッション事業を促進するため、2018年度から2021年度までの間に実施方針条例を定めることなどを要件として、水道事業または下水道事業に係る運営権を設定した地方公共団体に対し、当該地方公共団体に対して貸付けられた当該事業に係る旧資金運用部資金の繰り上げ償還を認めたうえ、繰り上げ償還に係る地方債の元金償還金以外の金銭を免除する制度が設けられた。

　他方で、コンセッションが実施されると広範な業務が長期にわたって民間事業者に委ねられるため、住民からモニタリングや事業継続性に関する懸念が生じることもある。特に水道事業は空港や高速道路などの他のインフラとは異なり、給水区域の住民が日々必ず利用し、生命の維持に直結する事業であるため、住民の関心が高い。コンセッションの実施に際しては、住民や議会に対して、コンセッションを実施する必要性や懸念点への対応策などを丁寧に説明していく必要がある。

　また、水道料金は基本的にコストの積み上げにより設定される（総括原価主義）が、政治的な判断で実際のコストよりも低い金額で設定されている場合もあり得る。そのような場合には、コンセッション導入に当たって地方公共団体からの補助金の交付などの手当てによる補填が必要と考えられる。改めて総括原価主義に基づく料金設定の根拠を明確にするとともに、過去および将来の事業コスト・リスク負担の在り方についても議論が必要と思われる。

3 水道法と水道事業のコンセッション

水道法における水道事業認可制度

　水道法上、水道事業を経営しようとする者は、厚生労働大臣の認可を受けなければならないとされている（水道法6条1項）。これは、水道事業が国民の日常生活に直結し、その健康を守るために欠くことのできない公益性の高い事業

であって、かつ地域独占性が強いためである。

　また水道法は、原則として水道事業を各市町村が経営することを想定しており、市町村以外の者が水道事業を経営しようとする場合は、給水しようとする区域の市町村の同意が必要とされている（同法6条2項）。認可基準として、給水区域が他の水道事業の給水区域と重複しないことと規定されているため（同法8条1項4号）、同一の給水区域に対して複数の事業認可が重複して与えられることはない。従って、水道事業は通信事業や電気事業、ガス事業などと異なり、同一の給水地域で複数の事業者が競争することはない制度となっている。

水道法の2018年改正

　水道事業においてコンセッション方式を導入する際には、(1)当該地方公共団体が保有している事業認可を廃止し、運営権者が新たに事業認可を取得する方法、(2)当該地方公共団体が水道事業認可を維持しつつ、運営権者に運営権を設定する方法——があり得る。

　水道法上、従前は上記(2)の方法を取るための十分な手当てがなかったため、

図表 4-7　水道事業のコンセッション実施方法

［法改正前から可能であった仕組み］

→ 地方公共団体の水道事業認可は廃止となる

［法改正により可能となった仕組み］

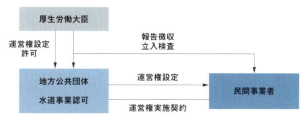

→ 地方公共団体に認可を残すことが可能

(1)の方法が検討されてきた。しかし、水道事業の高い公共性から、コンセッションを実施する場合でも災害や事業者の倒産などの不測の事態において地方公共団体が責任を果たせる形が望ましいという意見が水道事業における官民連携を検討する地方公共団体などから上がっていた。これを受けて、2018年12月6日に成立した水道法の一部を改正する法律により、上記(2)の方法を取ることができるよう法制上の手当てがなされた。

なお、運営権者の業務範囲について、改正前は運営権者が水道事業認可を取得し、水道事業全体を対象とすることが基本的に想定されていた。2018年改正後の水道法の下では、地方公共団体が水道事業認可を維持したまま、一部施設または一部業務をコンセッションの対象とすることができる(改正水道法24条の5第3項1号および2号)。

そして、2018年改正により可能となった仕組みでは、水道法上の「水道事業者」は地方公共団体であり、利用者との供給契約(供給約款、供給条例)上の契約当事者は引き続き地方公共団体となり、運営権者自身は供給契約上の権利義務を負わないことが想定される。すなわち、利用者に対する直接の給水義務は「水道事業者」に残るものの、それを果たすために必要な運営および維持管理は運営権者の(運営権設定者たる地方公共団体に対する)義務となる。また、利用者に対する給水停止も「水道事業者」の権限として残り、運営権者は自らの判断で給水を停止する権限を持たない[35]。

4 水道コンセッションの実務上の論点

水道事業において、コンセッションを実施する際に検討すべき主な論点のいくつかを紹介する。

事業範囲

コンセッションを実施するに当たっては、まず、運営権者が行う事業の範囲

---

[35] 浜松市上下水道部「浜松市水道事業へのコンセッション導入可能性調査業務報告書」(以下「浜松市報告書」という) 41頁、2018年2月

を決める必要がある。例えば、(1)浄水場などの施設に限定するか、管路を含めた水道事業関連施設全部を対象とするか、(2)維持管理のみを実施するか、改修を含めるかといった点を検討することとなる。また、(3)コンセッションを実施する地理的範囲や、(4)同じ地域の下水道や工業用水などの隣接事業とともにコンセッションを実施するかどうかについても、検討の必要性が生じることがある。スケールメリットや採算性、民間事業者の創意工夫が発揮される度合いなどを考慮しつつ、決定することとなる。

　一定規模以上の改修(設備更新)を運営権者が実施する場合は、その効果が運営期間を超える一方、運営期間中に償却するとなると運営権者の負担が重くなる。管理者等による費用負担を含めた手当ての要否、範囲を検討しておく必要がある。

　管路については、運営権者に運営を引き継ぐ際の設備の状況を全て把握することが難しいため、その維持管理・修繕を全て民間事業者の負担・責任とするのは民間事業者にとってはリスクが大きい。リスクの程度が判断できない場合もあり、民間事業者が二の足を踏む可能性が高い。従って、管路も事業範囲に含める場合は、現在の水道事業者における施設管理の状況を踏まえつつ、一定の瑕疵担保責任の負担や維持管理・修繕の費用分担などを検討する必要がある。

利用料金の改定

　水道の利用料金は各地方公共団体の給水条例によって定められ、供給契約の当事者でない運営権者は当該料金を変更する権限を有しない。他方、コンセッションが実施される場合、運営権者は原則として独立採算の下、当該水道事業を実質的に運営し、リスクを負担することから、その収入を決する利用料金の決定・変更について何ら関与できず、これを地方公共団体が一方的に決定できるとすると、民間資金の調達や民間の経営能力の発揮を制約しかねない。

　そこで、料金の改定方法としては、(1)一定期間ごと、または一定の事由に該当した場合、管理者等と運営権者が料金の改定協議を行い、条例に定める利用料金やその上限を改定する必要がある場合は都度、条例を改正する方法や、(2)条例であらかじめ料金やその上限の改定の計算式を定めておき、事業コストなどが変化した場合、当該計算式にのっとり自動的に料金やその上限が改定され

る方法が想定される[36]。

　上記（1）の方式では、利用料金の改定に議会の承認が都度、必要になるため、事業コストの増加を常に利用料金に転嫁できるとは限らない。従って、料金転嫁ができない場合に運営権者が事業計画の変更を行えるようにするなど、一定の手当てを検討しておく必要があると思われる。また、水道料金は原則として総括原価主義に基づいて設定されるが（水道法14条2項1号）、（1）の方式の制度設計がかかる水道法上の要求を満たしているのかは引き続き議論を要するように思われる。

　一方、上記（2）の方式は、自動的にコスト上昇分を転嫁することができる。ただし、市民の理解を得ることができるかどうかや、その計算式の見直しを認めるべきか否かなど、実際に導入する場合に議論すべき論点が残されている。

　なお、コンセッション導入によって効率的な運営管理が実現された場合の水道料金の変更については、給水規程にどのような附款が設定されているかによって対応が異なると思われる。前述の総括原価主義の下で、効率化によりコストカットされた部分を即時に価格に反映させなければならないとすると、運営権者の意欲を削いでしまう。逆に、反映しないでよいとする場合には、総括原価主義との整理が必要になると思われる。

利用料金の徴収方法

　2018年改正後の水道法の下では、運営権者が料金徴収権を有することが明記されている。他方、水道事業の一部のみがコンセッションの対象となる場合もあり、また、水道料金と下水道料金を一括して徴収している地方公共団体が多いところ、上下水道が一体でコンセッションの対象となるとは限らない。

　そのため、これまで地方公共団体が収受してきた料金について、コンセッションの実施後はその徴収権を有する者が地方公共団体と運営権者に分かれるケースが少なからず生じることが想定される。しかも、料金の徴収方法は窓口払いだけでなく、口座振替やクレジットカード払いなど多岐にわたるため、地方公共団体と運営権者がそれぞれ料金を徴収すると利用者の利便性を著しく害する

---

36 浜松市報告書52頁、2018年2月

ことになる。

　従って、運営権者か地方公共団体の一方が他方に料金徴収業務を委託し、いずれかが一括して料金を徴収する方法が考えられる。

災害などの不可抗力

　インフラ事業は常に自然との闘いであり、災害などによる不可効力事象発生のリスクの分担も重要な論点である。例えば、災害が発生した場合の緊急対応や物理的に被害を受けた施設の復旧について、業務や費用の分担をあらかじめ検討し、実施契約に規定しておく必要がある。さらに、実際に災害が起こった場合に迅速、適切に対応できるようにするためには、官民が緊密に連携した体制を構築しておく必要がある。

　災害後の施設復旧費用については、前述の水道料金の改定の仕組みとの関係で、水道料金の値上げが容易ではない場合は運営権者が当該費用負担を水道料金で賄えない場合もあり得る。公共側が一定の費用を負担するなど、運営権者の負担を軽減する方策の要否や内容を検討しておく必要がある。

　突発的な災害などでなくとも、長期的な気候変動や周辺地域の開発などに伴い、原水（水道水を作る元となる水）の水質や水量が変化する可能性がある。これらの事後的な変動事由については、事業開始前の予測が困難な部分があり得る。長期間にわたる事業運営のなかで、このような変動要因に係るリスクをどのように分担するのかという点も、検討が必要な事柄となろう。

モニタリング

　水道事業は高い公共性を有しており、とりわけ事業継続性と安全性の確保が欠かせない。このため、地方公共団体において運営権者の事業遂行に対するモニタリングを適切に行うことが重要である。モニタリングは、水道料金の適正な設定の前提としても不可欠である。他方で、民間委託の趣旨や性能発注の考え方に照らせば、管理者等による過度の介入が民間事業者による経営を阻害しないように留意する必要がある[37]。

---

37 PFI基本方針 四4（3）、モニタリング・ガイドライン 一1

実効性のあるモニタリングを実施するためには、そのための知識を有する担当職員を確保する必要がある。専門家を利用することが必要な場面もあろう。また、公平性の観点から第三者機関を設けることも考えられる。

　なお、長期の運営期間にわたって人材を育成・保持し続けたり、第三者へのモニタリングの委託費用を捻出したりするのは、特に中小規模の地方公共団体では容易なことではなく、地方公共団体同士の連携や国の支援の検討が必要と思われる。さらに、国の機関による監督機能[38]の活用・拡充なども議論されてよいかもしれない。

　独立採算型のコンセッションの場合、管理者等からのサービス対価の支払いがないため、モニタリングの結果、要求水準の未達などが判明した場合であってもサービス対価の減額という形でペナルティーを科すことができない。そのため、かかる場合における違約金の徴収などの手当てを実施契約に規定しておく必要がある[39]。また、管理者等においてはモニタリングの結果、実施契約を解除せざるを得ない場合における対応も検討しておく必要がある。

5 小括

　水道事業は、独立採算で事業を遂行してきたという経緯や生命に直結するという高い公共性から、運営権を民間に委ねることに対する抵抗感が存在している一方で、官民連携の必要性は高まっている。2018年のPFI法および水道法の改正を経て、コンセッションを含めた様々な形態の官民連携の活用が促進される可能性がある。

---

[38] 2018年改正後の水道法では、厚生労働大臣は、運営権者に対して報告徴収・立ち入り検査などを行うことができるものとされ（改正水道法24条の8、2項により準用される39条）、違反があった場合には運営権の取り消しを求めることができるものとされている（改正水道法24条の12）

[39] モニタリング・ガイドライン 三3（2）

4 下水道

1 日本の下水道事業を巡る動き

下水道事業の現状

　下水道は、雨水の排除と汚水の処理による浸水の防除、生活環境の改善および公共用水域の水質保全という機能を果たす市民の生活基盤の根幹を成す施設である。管渠、水処理施設、汚泥処理施設およびこれらを補完するためのポンプ施設や貯留施設などから構成される。その設置や管理のための法律として下水道法が1958年に制定され、今日に至るまでに数度の改正を経ている。

　下水道法に規定される主な下水道の類型と設置・管理の主体は、図表4-8に示す通りである。なお、本書では、主に下水道法上の公共下水道を念頭に論じることとし、「下水道」という用語を用いる場合、特に断りのない限り、下水道法上の公共下水道を指す[40]。

　下水道事業は、地方財政法上の公営企業とされており、後述する地方公営企業法の適用の有無に関わらず、下水道事業の経理は一般会計と区分して行い、独立採算が原則とされている。他方で、その性質上当該公営企業の経営に伴う収入をもって充てることが適当でない経費、および当該公営企業の性質上能率的な経営を行ってもなおその経営に伴う収入のみをもって充てることが客観的に困難であると認められる経費は別とされており（地方財政法6条）、これらの経費は一般会計などにおいて負担することが予定されている。下水道事業に係る経費の一般会計と特別会計の負担区分に関しては、実務上、総務省が示す一般会計からの繰り出し基準に従って行われている。

　下水道事業は、地方公営企業法の適用が各地方公共団体の任意とされており

---

[40] 下水道法上の「下水道」は流域下水道および都市下水路も包括した概念であって、「下水を排除するために設けられる排水管、排水渠その他の排水施設（かんがい排水施設を除く。）、これに接続して下水を処理するために設けられる処理施設（屎尿浄化槽を除く。）又はこれらの施設を補完するために設けられるポンプ施設、貯留施設その他の施設の総体」と定義されている。下水道法2条2号

図表 4-8　主な下水道の類型

下水道の種類	概要	設置・管理主体
(1) 公共下水道 (下水道法2条3号)	①主として市街地における下水を排除し、または処理するための下水道で、終末処理場を有するものまたは流域下水道に接続するもの ②主として市街地における雨水のみを排除するための下水道で、河川その他の公共の水域もしくは海域に当該雨水を放流するものまたは流域下水道に接続するもの	原則として市町村 (下水道法3条1項)
(2) 流域下水道 (下水道法2条4号)	①専ら地方公共団体が管理する下水道により排除される下水を受けて、これを排除し、および処理するための下水道で、二以上の市町村の区域における下水を排除するものであり、かつ、終末処理場を有するもの ②公共下水道(終末処理場を有するものまたは上記(1)②に該当するものに限る)により排除される雨水のみを受けて、これを河川その他の公共の水域または海域に放流するための下水道で、二以上の市町村の区域における雨水を排除するものであり、かつ、当該雨水の流量を調節するための施設を有するもの	原則として都道府県 (下水道法25条の10第1項)
(3) 都市下水路 (下水道法2条5号)	主として市街地における下水を排除するための下水道(公共下水道および流域下水道を除く)で、その規模が政令で定める規模以上のものであり、かつ、地方公共団体が下水道法27条の規定により指定したもの	原則として市町村 (下水道法26条1項)

（地方公営企業法2条3項）、2017年4月時点で下水道事業を経営する地方公共団体の23.8%が公営企業会計を適用済み、37.5%が適用に取り組み中となっている。国は、地方公営企業法を適用すると官公庁会計（現金主義・単式簿記）から公営企業会計（発生主義・複式簿記）に移行することなどにより、公営企業の経営成績や財政状態をより的確に把握することができるとして、下水道事業の経営健全化のため下水道事業の法適用・公営企業会計への移行を推進している。

　下水道事業に係る経費の一般会計と特別会計の負担区分については、「雨水公費・汚水私費の原則」が基本とされてきた[41]。これにより、雨水処理に要する資本費および維持管理費は、一般会計から下水道の特別会計への繰り出しにより賄われている。

---

[41] 雨水処理に要する経費を公費負担とする理由は、雨水は汚水と異なり自然現象に起因するものであり、一般にその原因者を特定することが困難であるばかりでなく、雨水の排除は都市の浸水防止など都市機能の保全に効果を発揮し、その受益が広く市民一般に及ぶためである。下水道事業経営研究会編「下水道経営ハンドブック 第30次改訂版」107頁、ぎょうせい、2018年

なお、状況の変化に応じ、高資本費対策費の繰り出しなどの修正が加えられており、汚水処理に関する資本費および維持管理費の一部も一般会計からの繰り出しにより賄うことが認められている。

下水道事業の課題

下水道事業に係る経費のうち、一般会計繰り出し基準に従って一般会計により賄われることが認められる経費以外の経費については、下水道事業の収入、すなわち主に利用者からの使用料により賄わなければならないはずである。

しかし、現状、かかる経費を下水道事業の使用料収入により賄うことができず、差額が一般会計からの繰り出しなどによって補填されている場合が少なくない。

さらに、下水道事業においては独立採算制の確保に加え、様々な今日的課題が指摘されており、事業の健全かつ継続的な運営に当たっては、そうした課題の克服が喫緊の要請となっている。その中でも、よく指摘される課題を以下に述べる。

改築更新需要の拡大

日本における下水道整備は1990年代に急速に進展し、下水道普及率は1985年には36％であったが、2000年には約60％、2016年度末には80％近くにまで上った。2017年末の管路延長は約47万km、処理場数は約2200カ所に及ぶ。

下水道管の標準耐用年数は50年とされており、2015年末の時点で標準耐用年数を超えた管渠は約1.3万kmである。施設拡大のピークが1970年代にあった上水道と比較し、現段階ではいまだ逼迫した問題として顕在化していないものの、現状のペースで管渠の更新がなされないままだと30年後には標準耐用年数を超えた管渠は約30万kmにまで拡大し、持続可能な下水道事業の運営に著しい困難を来すおそれがある。

現に管路施設の老朽化などに起因した道路陥没の発生件数は、2015年度において約3300カ所に上る。こうした事故の増加を未然に防止するためにも管路施設の適時の更新は必要不可欠である。

図表 4-9　管路施設の年度別管理延長

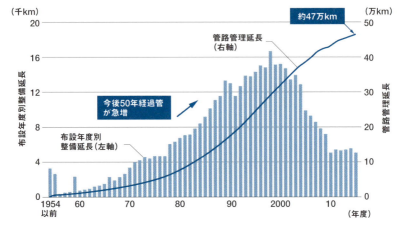

国土交通省の資料を基に日経BPが作成

人口減少・汚水量原単位の減少

今後、人口減少に伴って下水道事業における需要水量が減少し、下水道使用料による収入が減少することが予測される。また、節水意識の高まりや節水型家電製品の普及など節水技術の向上から、汚水量原単位（1日1人当たりの汚水処理量）も減少していく傾向にある。

人口減少や節水により排出汚濁量が減少し、処理コストも逓減することが見込まれるものの、処理コストの減少幅を下水道使用料の減少幅が上回ることは確実であり、将来の下水道事業の収益の低下要因の1つとなることが予想される[42]。

職員の減少・高齢化

下水道担当職員は1997年の4万3416人[43]をピークに減少し、2017年にはその60.5%である2万6274人にまで減少した[44]。また、下水道正規職員の年齢構

---
[42] 日本政策投資銀行「わが国下水道事業 経営の現状と課題」17頁、2016年
[43] 都道府県と市町村を合算した全団体の職員数
[44] 平成29年地方公共団体定員管理調査結果（2017年4月1日現在）に基づく数値

成に着目すると、維持管理に係る技術系職員については56 〜 60歳の年齢層が最も多く、35歳以下の若年層が少ない状況にある。従って、技術系職員の不足の問題や次世代への技術承継の問題が重要な課題となっている[45]。

こうした種々の問題点を解決し、下水道事業を効率的かつ持続可能なものとするため、民間企業の保有する技術やノウハウ、リソースの活用に期待が寄せられている。

2 下水道事業における官民連携

下水道分野においては、これまでも様々な業務が民間に委託され、民間の人的リソースやその技術、ノウハウが活用されてきた。しかし、民間委託は単年度ごとに個別業務の仕様発注によりなされることが多く、例えば施設の維持管理業務では、あらかじめ仕様に定められた施設の点検や、機能停止や事故が起こった場合の事後的な対応が中心となっている。

国土交通省は、将来増加するおそれのある下水道施設の機能停止や事故の発生を予防し、それらの事象に伴う補修費などを抑制するためには、予防保全型維持管理へと転換を図る必要があるところ、地方公共団体が限られた予算や人的リソースの中でこれを実施するためにはさらなる効率化が求められると指摘する。そのための手法の1つとして2014年3月、関連する複数業務のパッケージ化と複数年契約を行う包括的民間委託の導入を掲げ、「下水道管路施設の管理業務における包括的民間委託導入ガイドライン」を策定、公表した。

さらに、国土交通省は「下水道事業における公共施設等運営事業等の実施に関するガイドライン」(2014年3月策定、2019年3月改正、下水道コンセッションガイドライン)を、「下水道事業におけるPPP/PFI手法選択のためのガイドライン」(2017年1月策定)をそれぞれ公表している。

このような国の動きを受けて、下水処理施設の維持管理においては包括的民間委託の件数が増加しており、それによる事業の効率化、コスト削減など一定

---

45 国土交通省「下水道事業の事業管理に関する現状分析と課題」20頁、2014年

の効果が実現しているケースが多数存在する。また、下水汚泥有効利用施設については DBO 事業や PFI 事業の件数も漸増の傾向にある。さらに、浜松市公共下水道終末処理場（西遠処理区）運営事業がコンセッションにより運営を開始したのを始めとして、コンセッションによる民間委託の導入に向けての動きも増加しつつある。

　他方、管渠については地下構造物であり、かつ、管理エリアが広いが故に、その状況を常に把握することが困難といった特殊性があり、包括的民間委託の対象に含まれない例が多い。しかしながら、不具合が生じてから対応する発生対応型維持管理を中心とする従来の仕様発注では、予防保全を前提とした計画的な維持管理が不可能であり、管渠についても包括的民間委託の対象に含めることを推奨する提案もなされている[46]。

図表 4-10　下水道における官民連携事業の実施状況

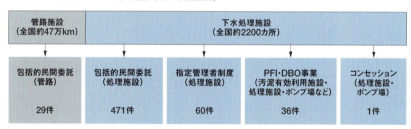

図中の数字は2018年4月時点。国土交通省の資料を基に日経BPが作成

　下水道事業においては、個別業務の仕様発注から包括的民間委託へと移行する動きが見られるが、近年では、包括的民間委託を含む従来型の民間委託における課題を克服するために、さらにコンセッションの導入を選択肢の1つとして検討する例が増えつつある。従来型の民間委託とコンセッションの典型的な違いとしてよく指摘される点は、次の図の通りである。

---

[46] 管路施設維持管理業務委託等調査検討会「下水道管路施設の包括的民間委託に関する報告書」2009年3月

図表 4-11　従来型の民間委託とコンセッションの違い

比較項目	従来型の民間委託	コンセッション
資金調達主体	管理者	運営権者
民間事業者の収入	サービス対価	利用料金＋サービス対価 （混合型の場合）
運営権対価の支払い	なし	あり
需要リスクの負担	管理者	運営権者
契約期間	3〜5年程度（包括的民間委託の場合。運営＋更新対応型DBOなどの場合はさらに長期）	長期
事業計画の策定	管理者	運営権者
改築・更新の負担	管理者	運営権者
改築・更新の瑕疵リスクの負担	管理者	運営権者
発注の方法	性能発注が基本	性能発注の徹底

　従来型の民間委託であっても、サービス対価の仕組みによっては需要変動リスクの一部を民間事業者に負担させたり、業務範囲を広げて事業計画の策定の補助を含めたり、契約期間を長期にすることは不可能ではない。また、コンセッションも業務範囲、リスク分担、契約期間などの設定の仕方には幅があり、理論的には上記の違いは多分に相対的である。

　しかし、コンセッションはPFI法やその他の法律、ガイドラインなどが整備されている。長期間にわたる契約によって運営権者に利用料金を自らの収入として収受させられるとともに、性能発注の考え方の下、民間事業者に幅広い裁量を与え、長期間の事業計画の策定や資金調達を自ら行わせ、改築・更新を自らの負担で行わせることにより、民間の経営ノウハウや創意工夫を発揮させ、事業を効率化するためのより強いインセンティブを働かせるための制度的なパッケージがそろっているといえる。

　なお、これらの制度はいずれかを選択しなければならないものではなく、各制度のメリット・デメリットを検討し、各地方公共団体の下水道事業の実情に適したものが選択されるべきである。また、コンセッション導入の前段階として、包括的民間委託を実施するというような場合もあり得る。

3 下水道コンセッションの基本的な仕組み

　ここからは、下水道コンセッションにおける重要な点について、必要に応じて先駆的事例である浜松市公共下水道終末処理場（西遠処理区）運営事業における取り扱いを紹介しつつ、主として下水道コンセッションガイドラインに依拠して概説する。

下水道法との関係

　水道法に基づく認可事業である水道事業と異なり、下水道事業については下水道法上許認可の規定はないため、下水道コンセッションの実施に当たり、許認可の廃止または取得の問題はない。下水道法については水道法とは異なり、従前の規定を改正しなくてもコンセッションの導入に当たって特段の支障はないと整理されている。なお、下水道法上、原則として下水道の管理は市町村が行うものとされており（下水道法3条1項）、コンセッションを導入した場合においても、下水道事業に関する最終的な責任の所在は変わらない。

事業スキーム

　下水道事業のコンセッションは、基本的に運営権を付与された運営権者が、一般的な意味での事業計画（収支計画や設備の改築更新計画）を策定し、下水道の利用者から下水道利用料金を収受し、下水道施設の運営、維持管理、改築更新などの業務を実施することとなる。ただし、事業管理の最終的な責任の所在は地方公共団体などの管理者に残存するものと整理されており、従って、下水道法4条に定める事業計画の策定や国庫補助金に係る手続き、その他公権力の行使などについても管理者が行うことが予定されている[47]。

　具体的なスキームについては、コンセッションが対象とする施設範囲（管渠を含むのか否かなど）や地理的範囲（都市部か農村部か、広域的か否かなど）、業務役割分担（施設の改築更新業務も含むのかなど）に応じて多様なスキームが考えられるが、下水道コンセッションガイドラインで想定されているスキーム

---

[47] 下水道コンセッションガイドライン 3.10.1 および 3.10.2

図表 4-12　想定される事業スキーム

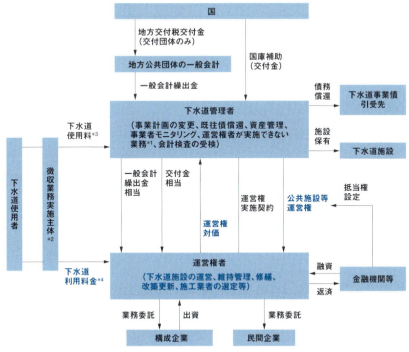

青字はコンセッション方式に特有の事項
*1 事業計画の策定や公権力の行使等、管理者側が行わなければならない業務
*2 水道管理者による上下一体徴収の場合が多い
*3 下水道管理者が下水道法20条1項により徴収する使用料
*4 運営権者がPFI法23条により収受する利用料金。下水道管理者との間の下水道使用料／下水道利用料金の按分も可能
国土交通省の資料を基に日経BPが作成

は図表4-12の通りである。

　なお、地方自治法上の指定管理者制度との関係については、下水道コンセッションガイドラインでは、下水道事業のコンセッションにおける運営権者は、公権力の行使に当たる公の施設の使用許可を行うことはないことから、指定管理者制度の利用は必要ないと整理されている[48]。

48　下水道コンセッションガイドライン3.11

運営権者の業務範囲

運営権者が行うべき業務としては、下水道施設の維持管理マネジメント（施設保全計画・管理、外注計画、労働安全衛生管理、危機管理など）、契約期間中の更新工事の時期や内容に関する企画などが想定されている[49]。

図表 4-13　運営権者が実施可能な業務範囲

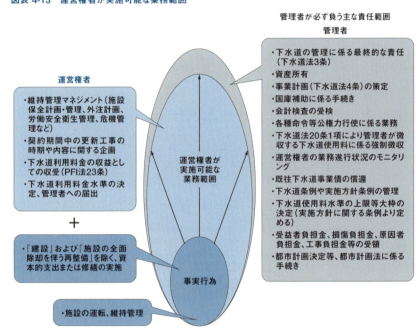

国土交通省の資料を基に日経BPが作成

具体的にどの範囲の業務を運営権者に委ねるべきかについて、当該業務を運営権者が実施することの難易度や許容性などを個別具体的に検討していくべきものと思われるが、下水道コンセッションガイドラインでは雨水に関する業務

---

[49] 下水道コンセッションガイドライン3.10.2

のみを対象としたコンセッションは想定されていない。これは、コンセッションが下水道利用者からの料金収受を伴う形での運営形態を想定しているところ、原則として公費負担により実施される雨水処理のみを対象としたコンセッションは理念になじまないからである[50]。

　また、管渠についてコンセッションの範囲に含むか否かも重要な課題といえよう。下水道コンセッションガイドラインにおいても管渠特有のリスク（点検困難、腐食、道路陥没など）や責任の明確化が困難であることは指摘されている。浜松市公共下水道終末処理場（西遠処理区）運営事業においても、リスク分担の困難性などを理由として対象から管渠が除外された[51]。他方で、下水道事業における更新需要はまさに管渠において特に重要視されている問題であり、また、管渠を含めることによって下水道事業全体の一体的管理による効率性の向上や更なるスケールメリットを享受することも期待できる。将来的には管渠も含めた包括的なコンセッションが検討されることもあり得る。

下水道利用料金と下水道使用料の設定

下水道利用料金

　運営権者は、下水道利用料金を収受することができる（PFI法23条1項）。下水道利用料金に関する事項は実施方針に関する条例および実施方針に定められることとなる（PFI法17条、18条）。具体的には、実施方針に関する条例には、その地域における下水道事業全体に共通する下水道利用料金の上限、幅、変更方法などに係る基本原則が規定され、個別事業における下水道利用料金の上限、幅、変更方法などは実施方針において具体化されるものと考えられる。運営権者は、実施方針に定められた基準の範囲内で下水道利用料金を定め、管理者に届け出ることとなる（PFI法23条2項）。

---

[50] もっとも分流式下水道の汚水排除・処理を対象とするコンセッション方式に雨水に関する業務の委託を付加するような場合に限り、雨水に関する業務を対象としてコンセッション方式を用いることが可能とされている。下水道コンセッションガイドライン3.3.1

[51] ただし、浜松市のコンセッションにおいては管渠のリスク分担の困難性のみならず、結果として地方公共団体が他の処理区と一括して管理した方が効率的であるとの判断が根底にあるものとうかがわれる。運営権の設定対象の範囲については、あくまでも個別の事例に応じた総合的な検討によるべきことに留意が必要である

運営権者が下水道利用料金を定めるにあたって留意すべき事項としては、下水道使用料についての定めである下水道法20条2項[52]の遵守が求められる点である。従って、運営権者は総括原価方式に則って適正な原価計算の下、下水道利用料金を設定しなければならない。この点、下水道コンセッションガイドラインにおいては、実際に下水道利用料金を算定した時点で想定されていた能率的な管理よりも、さらに能率的な管理を実施した場合において決算上利益が生じることは、適正な原価の範囲内であり許容されると考えられるとの指摘があるものの[53]、当初から利益を見込んでの下水道利用料金の設定がどの程度まで許容され得るのかについては言及がない。

　なお、下水道利用料金については、物価変動や当初の契約時に想定されていなかった法令改正などによる増加費用の発生により、当初契約の際に設定された上限を超える改定が必要となる場合がある。従って、管理者と運営権者が物価変動などに伴う下水道利用料金改定の協議条項を実施契約に規定するなど、あらかじめ手当てをしておくことも重要である。

下水道使用料

　下水道事業のコンセッションにおいては、管理者側の公共人件費（自ら実施する業務やモニタリングに要する費用）や既往債（下水道事業債）償還分を賄うために、後述する運営権対価のほかに、管理者が水道利用者から上述の下水道利用料金とは別に下水道使用料を徴収することが考えられる。なお、下水道使用料のみから管理者側のコストを賄うことにより、運営権対価を徴収しないというスキームも考えられる。

浜松市公共下水道終末処理場（西遠処理区）運営事業の場合

　浜松市では、コンセッションの対象となる西遠処理区と他の処理区との間で

---

[52] 同項では、下水道の使用料は次の原則によって定めなければならないとされている。（1）下水の量および水質その他使用者の使用の態様に応じて妥当なものであること、（2）能率的な管理の下における適正な原価を超えないものであること、（3）定率または定額をもって明確に定められていること、（4）特定の使用者に対し不当な差別的取り扱いをするものでないこと

[53] 下水道コンセッションガイドライン3.12.3（1）

格差が生じないように、下水道利用者が支払う総額については同額としたうえ
で、総額に利用料金設定割合（運営開始当初の数値は23.8％）を乗じて算出した
部分を下水道利用料金として運営権者が収受する設計としている。従って、管
理者たる浜松市が収受する下水道使用料は、運営開始当初の時点で総額の
76.2％となっている。

　運営権者は、下水道利用料金と下水道使用料に対する決定権限を持たない。
その代わり、運営権者には5年に一度の間隔で料金の改定に関する提案権限を
付与することとしている。また、収入の大幅な変動や物価変動があり、一定の
定量的な条件を充足した場合や、法令などの変更により運営権者の費用負担が
著しく増減した場合にも、利用料金設定割合の改定について運営権者または管
理者は改定協議を求めることができるとされている。

　下水道事業は地域独占である一方で、国民の生活基盤を担う重要な事業で
あって、低廉性と地域間の公平性が求められる。浜松市の下水道利用料金と下
水道使用料の設定方法は、こうした下水道事業における特殊性を考慮した結果
とされる。他方、PFI基本方針では、PFI法17条6号の規定により、実施方針
に運営権に関する公共施設等の利用料金に関する事項を定める場合、運営権者
の自主性と創意工夫が尊重されることが重要であることに留意すべきといった
旨が定められており、運営権者の裁量の余地を制限するような利用料金の設定
方法は、かかる理念との関係で問題になると思われる。もっとも浜松市の場合、
運営業者に改定協議の機会が付与されていることを重視するならば、利用料金
設定に関する運営権者の自主性は全く失われているわけではないと評価するこ
ともできる。

　なお、浜松市のコンセッションにおける実施契約では、「公益上の必要性」を
理由として利用料金設定割合の改定協議（当該協議が2カ月以内に成立しな
かった場合、市が一方的に利用料金設定割合を改定できる）を実施することがで
きる旨の規定や、「公益上やむを得ない必要が生じたとき」に市が実施契約を解
除できる旨の規定が存在する。ただし、「公益」が何を意味するのかは必ずしも
明らかではない。実際にリスクが発現した際に管理者と運営権者との間で疑義
が生じ得る抽象的な記載は避けるべきであり、解除事由などは可能な限り具体
的な規定としておくことが望ましい。

最後に、徴収・収受方法については、一体的な徴収・収受を採用している。すなわち、運営権者が浜松市との間で下水道利用料金徴収委託契約を締結して、下水道利用料金の徴収・収受を浜松市に委託し、浜松市は下水道利用料金と下水道使用料の徴収・収受を一括してそれまでの検針・徴収会社に委託するスキームを採用している。

利用料金などの徴収・収受方法[54]

　下水道使用料および下水道利用料金の徴収・収受方法としては、個別徴収・収受方法と一体的徴収・収受方法に大別される。

　個別徴収・収受方法は、下水道利用料金と下水道使用料をそれぞれ運営権者と管理者が個別に徴収・収受する方法である。他方、一体的徴収・収受方法は、運営権者による下水道利用料金の徴収・収受と管理者による下水道使用料の徴収・収受を運営権者もしくは管理者のいずれか一方またはその他の第三者（上水道管理者など）に委託することにより、一体的に徴収・収受する方法である。一体的徴収・収受方法には、下水道利用者側から見て、下水道利用料金と下水道使用料の徴収・収受の方法が従前と変わらないというメリットがある。

利用料金などの滞納者への対処方策[55]

　管理者は地方自治法231条の3第3項に基づき、下水道使用料の強制徴収を行うことができるのに対し、下水道利用料金については強制徴収を行う法律上の根拠がないことから、運営権者は下水道利用料金を強制徴収により収受することはできない。滞納者に対しては、民法上の通常の債権と同様に民事上の手続きによって回収を図るしかない。従って、下水道使用料の徴収と比較し、下水道利用料金の回収リスクは相対的に高くなることになる。

管理者から運営権者への補助金などの交付

　前述した通り、下水道事業は必ずしも完全な独立採算制をとっているわけで

---

54 下水道コンセッションガイドライン3.12.3（2）
55 下水道コンセッションガイドライン3.12.3（3）

はなく、国庫補助金や一般会計からの繰り入れなどに依存している状況にある。コンセッションが導入された場合にも、こうした体制に抜本的な変容が生じるわけではなく、国庫補助金や一般会計繰り出し額に相当する公的支出が運営権者に対して行われることが想定されている[56]。

　浜松市公共下水道終末処理場（西遠処理区）運営事業の場合、施設の改築更新費は交付金・繰入金相当額を市が負担することを前提としている。運営権者はその10分の1相当額のうち、事業期間終了以降に係る減価償却費相当額を除いた部分のみを負担するものとされている。

モニタリング

　下水道事業における最終的な責任は管理者が負っているため、管理者による適切なモニタリングの実施は極めて重要といえる。そのため、管理者側でも一定の技術水準を有する職員の確保、技術の承継、人材育成が必要になってくる。しかし、職員の減少・高齢化という問題を抱えるなかで下水道事業の運営を直接行うわけではない管理者が、そうした人材を確保または育成できるのかといった問題はコンセッションにおける1つの課題となっている[57]。

　従って、職員の運営権者への出向を有効に活用したり、外部の専門機関を利用したりすることによって[58]、管理者の内部での知見や知識の不足を補いつつ適切なモニタリング体制を構築することが望ましい。

　なお、民間事業者に対するモニタリングに関して、金融機関によるモニタリングに期待する議論がなされる場合がある。しかし、金融機関によるモニタリングは事業の健全性や継続性をチェックするもので、あくまで融資の返済可能性の観点が中心であることに留意が必要である。また、運営権対価がゼロまたは低廉であったり、分割払いとされたりする場合にはそもそも融資、特に厳格な契約条項を伴うプロジェクトファイナンスが組成されない場合もある。

---

[56] 下水道コンセッションガイドライン3.11、3.12.2
[57] 下水道コンセッションガイドラインでも、管理者の視点からのPPP/PFIの課題として公共側の技術維持を掲げている。下水道コンセッションガイドライン2.4.1 (2)
[58] 浜松市公共下水道終末処理場（西遠処理区）運営事業では、第三者機関によるモニタリングに加え、市および運営権者の間の紛争や意見の調整のために協議会が設置されている。協議会は市と運営権者が合意する学識経験者3人に、市と運営権者の代表者各1人を加えた計5人で構成される

リスク分担

基本的なリスク分担の考え方は他の公共施設と同様であるが、下水道事業に固有のリスクとして、流入水量の増減や流入水質の変動、管渠の老朽化に伴う陥没などが挙げられる。

また、下水道事業の特徴として、広大な範囲に広がる管渠の現状について地方公共団体では把握しきれていないことが多く、管渠についてはリスクの分析が難しいことが挙げられる。下水道事業においてコンセッションを実施する場合には、管理者ができる限り施設の現状を把握して開示するとともに、適切なリスク分担に関する十分な検討がなされる必要がある。

さらに、下水道事業は水道事業と同様、市民の生活に直結する公益性の高い事業であり、災害の発生時などにおいても復旧などの事業継続措置が極めて重要である。最終的な増加費用や損害の分担とは別に、災害などの発生時における初動対応や役割分担、連携体制について、官民の対話により明確に定めておくことが望ましい。

4 小括

これまでも下水道事業における民間の能力やノウハウの活用は様々な形で行われ、また、下水道コンセッションガイドラインや「下水道事業におけるPPP/PFI手法選択のためのガイドライン」の策定・改正過程における議論を通じ、下水道事業における官民連携の推進に関する議論は相当程度、成熟してきている。

2018年4月には、全国初の下水道コンセッションである浜松市公共下水道終末処理場（西遠処理区）運営事業において民間事業者による運営が開始された。さらに、複数の地方公共団体で下水道事業のコンセッションの検討が進められている。下水道事業と共通する点が多い水道事業でも、水道法の改正を踏まえてコンセッション導入の検討が進んでいる。宮城県は水道と下水道、工業用水を一体としてコンセッションを導入することを検討している。これらの動きとともに、下水道コンセッションを巡る議論がさらに深められるはずである。

他方、下水道事業におけるコンセッションの導入に当たっては、その事業採算性の低さをどのように補うかといった課題や、リスク分析、モニタリング体

制の構築の難しさといった課題などもある。これらについては、個々の案件の検討を通じて、解決に向けた議論が官民の間で真摯に行われることを期待したい。

　前述の通り、コンセッションは下水道事業における様々な経営課題に対する唯一の最上の解決策とは限らない。各公営企業の実情に合わせた解決方法が提供されるよう、コンセッションに関する議論のみならず、多様な官民連携手法について活発な議論が望まれる。

5 | 文教施設

1 日本の文教施設を巡る動き

文教施設の現状と課題

　PPP/PFIを巡る議論において、文教施設とは、スタジアム・体育館を含むスポーツ施設、博物館・美術館を含む社会教育施設、劇場・音楽堂を含む文化施設などを一般に指す。これらの施設はそれぞれスポーツ、社会教育および文化の振興などを目的とし、市民への開放や展示会・公演の実施、指導者・専門的人材の養成といった活動を実施するほか、地域コミュニティーの拠点としても機能している。

　しかしながら、現在の公立の文教施設はいわゆるバブル期までに整備されたものが多く、老朽化が進行しており、施設の維持管理や更新が課題となっている。中には過剰な仕様や機能を持ち、ニーズとマッチしていないものもあり、そもそも維持すべきかどうか議論となり得る施設もあろう。また、耐震化やバリアフリー化、IT化など、時代の変化に伴って対応が求められているという課題もある。

導入実績が多い指定管理者制度

　日本の2018年度時点における公立、私立を合わせた文教施設の数は、スタジアム・体育館などが約6万3370施設、博物館・美術館などが約5740施設、劇場・音楽堂などが約1830施設となっている。そのうち、公立のものはそれぞれ約4万6980施設（全体の約74％）、約4330施設（約77％）、約1730施設（約95％）を占める[59]。

---

[59] 2018年度社会教育調査結果（中間報告）などに基づく数値

文教施設における官民連携の手法として、これまでは主に指定管理者制度が利用されてきた。地方公共団体が設置する文教施設の約3〜4割において同制度が導入されている[60]。施設別の導入割合はスタジアム・体育館などが約4割、博物館・美術館などが約3割、劇場・音楽堂などが約6割となっている。

指定管理者制度以外では、北九州スタジアム（ミクニワールドスタジアム北九州）や神奈川県鎌倉市の鎌倉芸術館、東京都杉並区の杉並公会堂など、約30施設に従来型のPFIが導入されている。ただし、指定管理者制度をはじめとする従来の制度は官民連携の手法として不十分であるなどの問題が指摘されており、従前と異なる発想や手法で臨む必要性が認識されるようになってきた。

コンセッション導入の期待と動向

こうした背景の下、文教施設における官民連携の方策の1つとして期待されているのが、コンセッションの導入である。内閣府の民間資金等活用事業推進会議が2016年5月に決定した「PPP/PFI推進アクションプラン」では、コンセッション事業などの重点分野として文教施設が追加され、以降は2016年度から2018年度までの集中強化期間中に3件のコンセッション事業を具体化することが目標とされた。

コンセッションは運営期間が一般的に10年以上となることから、長期的視点からの積極的な運営や大規模増改築（ライフサイクルコストの最適化を実現できる更新投資および戦略的設備投資マネジメントなど）の実施に加え、専門的人材の継続的な確保・育成が期待できる。運営権者による付帯事業として、民間ならではの創意工夫を生かしたイベントの誘致や地域の活性化、にぎわいの創出につながる周辺の開発などが実施されることで、さらなる経済波及効果も期待できる。地域が活性化すれば、当該施設の利用者が増加するという相乗効果も生じ得る。

---

[60] 総務省自治行政局行政経営支援室による「公の施設の指定管理者制度の導入状況等に関する調査結果」（2019年5月）によれば、同調査の対象である「レクリエーション・スポーツ施設」または「文教施設」のうち、指定管理者制度が導入されている施設は全体の40.0%である。また、文部科学省による2018年度の「社会教育調査（中間報告）」によれば、同調査の対象である「社会教育関連施設」のうち、指定管理者制度が導入されている施設は全体の30.6%である

コンセッションにおける民間事業者の選定においては、長期的かつ包括的な運営の委託を見据え、運営権対価の多寡のみではなく多様な視点からの選定基準に従って審査を行うことで、単なる価格競争に陥ることを回避しやすい。さらに、マーケットサウンディングや競争的対話などの官民対話の機会が従来型のPFI事業の入札と比べて多く設定される傾向にあることから、リスク分担やその他の実施条件について、より公平で適切なものにするための検討が進むと期待できる。

文部科学省は2016年4月に「文教施設における公共施設等運営権の導入に関する検討会」を設置し、2017年3月には「文教施設（スポーツ施設、社会教育施設及び文化施設）における公共施設等運営権制度の可能性と導入について」と題する最終報告を取りまとめた。最終報告では、文教施設にコンセッション方式を活用するメリットや、導入に当たっての論点などが示されている。

最終報告などを踏まえて2018年3月には、文教施設におけるコンセッション事業を円滑かつ効果的に導入・実施するための実務的な解説書として「文教施設におけるコンセッション事業に関する導入の手引き」が作成・公表されており、国内におけるコンセッション事業の検討・導入事例のほか、海外における類似事例なども紹介されている[61]。文部科学省では、2019年度以降も引き続き「文教施設におけるコンセッション事業に関する先導的開発事業」の選定などPPP/PFI事業導入検討の支援を行い、またPPP/PFI事例集の作成を予定している。

2 文教施設コンセッションの実務上の論点

文教施設へのコンセッション導入が期待されているものの、既に具体化している案件は、図表4-14に掲げたものに限られる。

---

[61] http://www.mext.go.jp/a_menu/shisetu/ppp/1406650.htm

図表 4-14　コンセッションが導入された主な文教施設

国立女性教育会館

事業主体	独立行政法人国立女性教育会館
事業所在地	埼玉県比企郡嵐山町
事業内容	資産の有効活用と利用者の立場から見たサービス水準の向上の実現を目的に、国立女性教育会館の施設等に関し、宿泊・研修施設等の管理運営を分離し独立採算事業としての運営事業(PFI法に基づく公共施設等運営権制度の活用)および施設・設備に係る長期維持管理業務を一体的に行う
事業期間	10年間
方式	独立採算型 また、収益の50%相当額を独立行政法人国立女性教育会館に支払う内容のプロフィットシェアリングを採用
選定事業者	有限会社戸口工業
SPC社名	株式会社ヌエックベストサポート

旧奈良監獄

事業主体	法務省
事業所在地	奈良県奈良市般若寺町
事業内容	希少な遺構として歴史的価値が高く、重要文化財の指定も受けた旧奈良監獄の保存および資料館の運営を効果的に実施するため、独立採算により旧奈良監獄の耐震改修を行うとともに、旧奈良監獄の保存、史料館の維持管理および運営を行う。重要文化財の保存に支障がない範囲でホテルや賑わい施設等の設置がなされる予定
事業期間	30年間
方式	独立採算型
選定事業者*	(代表企業) ソラーレホテルズアンドリゾーツ株式会社 (構成企業) 清水建設株式会社、日本診断設計株式会社、株式会社東急コミュニティー、株式会社小学館集英社プロダクション、近畿日本ツーリスト株式会社、株式会社セイタロウデザイン、JAG国際エナジー株式会社
SPC社名	旧奈良監獄保存活用株式会社

＊旧奈良監獄保存活用株式会社は2019年3月、旧奈良監獄内のホテル運営に係る協力事業者として星野リゾートを選定した

有明アリーナ

事業主体	東京都
事業所在地	東京都江東区有明
事業内容	有明アリーナの運営に関し、施設の特性を踏まえ、長期にわたり民間事業者に公共施設等運営権を設定し、民間のノウハウと創意工夫を最大限活用できるコンセッション（公共施設等運営権）方式による管理運営を行う
事業期間	25年間
方式	独立採算型
選定事業者	（代表企業） 株式会社電通 （構成企業） 株式会社NTTドコモ、日本管財株式会社、株式会社アミューズ、Live Nation Japan合同会社、株式会社電通ライブ、アシックスジャパン株式会社 （協力会社） 株式会社NTTファシリティーズ、クロススポーツマーケティング株式会社、株式会社三菱総合研究所
SPC社名	株式会社東京有明アリーナ

大阪中之島美術館

事業主体	地方独立行政法人大阪市博物館機構
事業所在地	大阪市北区中之島
事業内容	2021年度中の開館をめざし、大阪市北区中之島に新たに設置する大阪中之島美術館を、PFI方式により、民間事業者が各業務を取りまとめ、効率的な美術館の維持管理・運営を行う。新美術館は、民間事業者が経営に直接携わることで創意工夫を最大限発揮できる手法である、PFI法における公共施設等運営事業（コンセッション方式）の導入を想定している。地方独立行政法人から館長・学芸員をPFI事業者に出向させ公共性を担保
事業期間	15年間
方式	混合型 利用料収入と、「事業運営に必要と想定する年間総費用及びPFI事業者の利益水準の合算額から、本事業で得られると想定する年間収入を控除した額」としてのサービス対価
選定事業者	―
SPC社名	―

以下では、今後の普及を目指すに当たり、留意すべき5つの点を挙げ、検討を加えたい。

「公の施設」と特定の第三者による利用

文教施設の多くは、観客など不特定多数の市民による利用のみならず、特定の第三者（スポーツチーム、イベント主催団体、展覧会主催団体、実演芸術家団体、市民団体などのほか、ミュージアムショップやカフェなどの事業に係るテナントなど）に施設を利用させることを予定している。文教施設には地方自治法上の「公の施設」に該当するものが多い中、「公の施設」に該当する文教施設を運営権者以外の特定の第三者に使用させる方法として、以下の3つの方式が考えられる[62]。

指定管理者制度併用による目的内使用許可方式

「公の施設」に該当する文教施設を行政財産（国有財産法3条2項および地方自治法238条4項）のまま維持し、コンセッション制度と指定管理者制度を併用し、運営権者を指定管理者としても指定したうえで、施設目的の範囲内の使用に供する目的で[63]、運営権者が特定の第三者に使用許可を与える[64]

行政財産の目的外貸付け方式

「公の施設」に該当する文教施設を行政財産のまま維持し、地方公共団体が運営権者に対してPFI法69条6項または地方自治法238条の4第2項などに基づき同施設の貸付けを行い、かつ、施設目的の範囲外の使用に供する目的で、運営権者が特定の第三者に対して使用貸借、賃貸借（転貸）する

普通財産化による貸付け方式

「公の施設」に該当していた文教施設を普通財産（国有財産法3条3項および

---

[62] 運営権者は、運営権を権原として公共施設等を第三者に貸付けることはできない。運営権ガイドライン6（1）2.（3）、（4）

[63] 指定管理者は行政財産の目的外使用許可を行う権限は認められていない。「地方自治法の一部を改正する法律の公布について（通知）」総行行第87号、2003年7月17日付

[64] コンセッション制度と指定管理者制度の重畳適用に関しては、本書第3章第1節を参照

地方自治法238条4項)化したうえで[65]、地方公共団体が運営権者に対して同施設を使用貸借または賃貸借し、かつ、運営権者が特定の第三者に対して使用貸借または賃貸借(転貸)する

　上記のほか、2017年9月に施行された「国家戦略特別区域法及び構造改革特別区域法の一部を改正する法律」では、コンセッション事業者がその運営する公共施設等を特定の者に利用させることができるよう具体的な方策について検討し、その結果に基づいて必要な措置を講ずる旨を規定した(同改正法附則2条1項)。さらに、2018年のPFI法改正では、PFI法に基づくコンセッション制度と地方自治法に基づく指定管理者制度の併用という法的構造は維持したうえで、地方自治法の特例を設けることで一定の手続き負担の軽減を図った[66]。

文教施設の設置目的との関係

　文教施設は、一定の公共性を有する目的のために設置されており、文教施設の運営方法は各施設の設置目的に沿ったものである必要がある。設置目的を達成するために、運営方法などの規制や指針を定めた文教施設もあり、これらを遵守する必要がある。

　また、文教施設は地震、台風、豪雨などの災害発生時に避難場所などの防災拠点としても機能することが期待されているものが多い。その場合、非常時における施設運営の在り方についても検討が必要となる。

　さらに、年齢や性別などの属性に制限されない多様な市民の利用を促すため、現在多くの施設において一定の属性の市民(高齢者、障がい者、青少年など)について利用料金の減免制度が導入されている。こうした減免制度がコンセッション導入時にどの程度維持されるべきか、行政サービスの継続性との関係でも論点となり得る。

　他方で、民間事業者の立場からは、文教施設の設置目的を達成するための規制に基づく運営方法についての条件が過度に制約的、硬直的なものとなり、自

---

[65] 具体的に普通財産化するためには、地方自治法244条の2第1項の条例の改正、廃止を行うこととなる
[66] 本書第3章第1節に示した「公共施設等運営権及び公共施設等運営事業に関するガイドライン」の「指定管理者制度との関係」を参照

由な創意工夫を妨げてしまうことが懸念として指摘されている[67]。選定基準や要求水準、料金設定に関するルール、事業開始後のモニタリングの内容などの条件を検討するに当たっては、単に「公共性」という場合によっては曖昧、多義的な用語で民間事業者による行為を一律に制約するのではなく、当該文教施設の目的を明確化し、目的に照らした現状と課題の分析を踏まえ、運営権者に求める公共性の内容を具体化、詳細化したうえで、民間事業者の自由な創意工夫と両立を図ることが望ましい。

これらの両立を実現するためには、企画・立案の早期段階からの官民対話が望ましいことに加え、民間事業者への様々な側面におけるインセンティブの確保が重要である。文部科学省が2017年3月に取りまとめた「文教施設（スポーツ施設、社会教育施設及び文化施設）における公共施設等運営権制度の可能性と導入について」の最終報告や、2018年3月の「文教施設におけるコンセッション事業に関する導入の手引き」でも指摘されている通り、具体的には、(1)民間事業者などからの提案の受け入れを通じた創意工夫を引き出す仕組み、(2)バンドリングなどによる複合的な運営も視野に入れた設計、(3)施設の財産価値に関わる情報の徹底的な開示を通じた民間事業者による無用な参入断念や運営権対価低額化の抑止、(4)施設設備の老朽化に伴う潜在的リスクなどについて官民のフェアなリスク分担——などが求められる[68]。

施設の特徴とコンセッション導入目的との関係

各文教施設には、規模や立地、地域特性などにおいてそれぞれ特徴があり、コンセッション導入に当たってはこれらの特徴に留意する必要がある。

施設が小規模であったり、郊外に立地していたりと、将来の集客力向上があまり期待できない場合、または、文教施設の公共性の維持や市民の理解のために、今後も国や地方公共団体が一部事業の運営・管理をすることが望ましい場

---

[67] 指定管理者制度において料金減免が民間事業者の参入障壁となっている問題を指摘し、PPP事業推進上の課題として挙げるものとして、文教施設コンセッション導入検討会第4回議事要旨を参照

[68] 国立女性教育会館の事例では、プロフィット・シェアリングが採用されている。公共による需要変動リスクの一部負担（混合型）や、公共による周辺地域の活性化措置の実施など、プロフィット・シェアリングを正当化する事情が存在する場合もあり得るが、民間の創意工夫を通じた収益の確保・拡大に対するインセンティブを阻害することがないよう慎重な検討や配慮が求められる

合などもあり得る。しかしながら、このような場合であっても、収入の増加や経費節減による経営改善、行政サービスの質・量の向上など、当該施設の抱える課題を改善できるのであれば、コンセッション導入の意義を見いだすことができる。

　この場合、例えば、付帯事業の自由度を広げて民間事業者のインセンティブを高めたり、一定程度の公費を措置する「混合型」を採用したりすればよい。また、運営業務（本体業務・付帯業務）と維持管理業務を切り分けたうえで、運営業務に関してはコンセッション型、維持管理業務に関してはサービス購入型とする「分離・一体型」の導入なども考えられる[69]。

多様なステークホルダーとの関係

　文教施設には多様なステークホルダーが関与していることが多い。例えば、施設の使用者としての住民・団体、博物館・美術館などへ寄託・寄付を行っている住民・団体、ボランティア支援を行ってきた住民・団体などである。事業の継続性を確保するために、これらのステークホルダーの立場と意向を考慮した運営が必要になる場合がある。従前からの使用者は、利用料金に変更があるのか、どの程度の変更があるのかなどについて不安を抱くことが予想される。

　また、前述の通り、文教施設が防災拠点としても機能していることから、地方公共団体内の各部局や議会、関係団体、地域住民など多くの関係者の理解なしでは、コンセッションの導入が難しいことも考えられる。早い段階から、これらステークホルダーとの間で文教施設の現状と課題、コンセッションを導入する目的、文教施設のあるべき姿、地域の将来像などを議論し共有する必要がある。

専門的人材の確保

　文教施設には、専門性を持った人材が必要であることが多い。要求される専

---

[69] 国立女性教育会館の事例では「分離・一体型」が、大阪中之島美術館の事例では「混合型」がそれぞれ採用されており、本体事業に係る利用料金徴収による独立採算が見込めない文教施設におけるコンセッション導入の先例となる

門性が他の同種の文教施設一般に必要な汎用性のあるものであれば、外部からの調達は可能であろう。他方で、博物館・美術館などにおける特定のテーマに関する専門性などが求められる場合、運営権者にとっては長期の運営期間の中で徐々に人材の雇用・育成を図ることは可能であるとしても、運営開始初期の段階においては専門的人材を自ら確保することが困難である場合もある[70]。

この点、専門的人材が公務員として当該文教施設に従事している場合には、以下の各派遣の方法で確保することも可能であると、文部科学省の「文教施設におけるコンセッション事業に関する導入の手引き」では示されている。ただし、それぞれ派遣期間や派遣先についての制約などがあり、実際に公務員派遣を検討する場合には留意が必要である[71]。

(a) PFI法[72]に基づく退職派遣
(b) 公益的法人等への一般職の地方公務員の派遣等に関する法律に基づく派遣
(c) 条例の規定に基づく休職派遣

また、上記に該当する場合のほかに、再度公務員として復職することを予定せず、退職した地方公務員を運営権者の職員として雇用することが考えられる。

3 施設の種類ごとに見た実務上の論点

ここからは、文教施設の種類ごとの法規制などを踏まえた論点や留意点について、具体的に説明する。

---

[70] 例えば、大阪中之島美術館に関する現地意見交換会において、市の学芸員と同等程度のノウハウやネットワークを持った学芸業務を担当可能な民間事業者が少ないとの指摘がなされており、同事業における実施方針（案）では、館長および学芸員について地方独立行政法人大阪市博物館機構側が直接給料を支払う在籍出向の形態がとられた

[71] 大阪中之島美術館の例では、地方独立行政法人所属の学芸員をSPCに出向させることを検討するに当たって、在籍か転籍かにより、指揮命令ルートや税金・社会保険などが異なることから、地方独立行政法人、学芸員、運営権者の各視点からの得失評価が必要であることが指摘されている。「文教施設におけるコンセッション事業に関する導入の手引き」151頁、2018年3月

[72] PFI法79条に基づく地方公務員の派遣をいう。なお、国家公務員の派遣はPFI法78条に基づく

スタジアム・体育館など

スポーツ施設を特有に規律する個別の法規制などは存在しない[73]ものの、設置目的（公共性）の観点からは、「観る」スポーツ施設（スタジアムのような多くの観客席を有するプロスポーツ興行を前提とした施設）と、「する」スポーツ施設（市民体育館のような市民が日常のスポーツのために利用する施設）の区別が重要である。

「する」スポーツ施設の場合には、市民の健康で文化的な生活の向上、心身の健全な発達などを目的として、比較的低廉な料金により公共サービスとしてのスポーツの場を市民に継続的に提供することが前提となっており、利用料金の上限など運営方法において一定の制約が必要な場合がある。これに対して、「観る」スポーツ施設の場合、スポーツの振興や市民相互および地域間の交流などを目的としており、「する」スポーツ施設と比べてある程度、柔軟な運営方法が認められる場合もあると思われる。

まず、「観る」スポーツ施設[74]については、大規模で多くの駐車場を保有するなど集客力のある立地であることが多いため、コンサート、コンベンションなどのスポーツ以外のイベントにも活用できるものもある。こうした特徴を生かして当該施設単体での収支の黒字化が期待できる場合があり、独立採算型のコンセッションも検討の対象とし得る。また、ネーミングライツの導入のほか、スタジアム・アリーナを他の公共施設や商業施設などの複合的機能を組み合わせた施設の中核的拠点とし、全体として収益力を確保することも考えられる[75]。

これに対して、「する」スポーツ施設は、比較的小規模であるケースがあることや、使用料などについて一定の制約もあり得ることから、コンセッションを導入するに当たっては、独立採算型を採用するのが難しく、混合型となるケースも多くなると推察される。もっとも混合型や分離・一体型など、国や地方公

---

[73] なお、スポーツ基本法において国および地方公共団体によるスポーツ施設の整備などの義務が規定されている

[74] 「観る」スポーツ施設に関連して、スタジアム・アリーナ推進官民連携協議会の下で「スタジアム・アリーナ改革指針」や「スタジアム・アリーナ改革ガイドブック」が公表された。運営権制度の導入に当たっても、これら改革指針などの方向性に沿ったものとなることが予想される。なお、「スタジアム・アリーナ」とは数千人から数万人の観客を収容し、スポーツを観ることを主な目的とする施設を意味する

[75] 新国立競技場の整備に関連して設置された「大会後の運営管理に関する検討ワーキングチーム」が2016年9月に公表した「大会後の運営管理に関する論点整理」では、PPP/PFIによる事業可能性が検討対象とされ、関係者からのヒアリングとして、スタジアム単体での経営の困難性と商業施設の連携の重要性が指摘されている

共団体による一定の公費負担が行われる場合、独立採算で事業を行っている地域のスイミングスクールやスポーツジムなどの民間事業者との競合（いわゆる「民業圧迫」）の問題[76]が考えられる。このような施設にコンセッションを導入するに当たっては、周辺地域における同種民間事業者との意見交換などを行うことや、場合によっては民間事業者と連携しつつ、事業範囲を当該施設の設置目的に照らして必要性の高いものに集中させることも考えられる。

これに加えて、特に「観る」スポーツ施設の場合、当該施設のステークホルダーとしてのプロスポーツチームとの連携の有無が運営の成否のカギを握っていることもある。スポーツチームとホームスタジアムが近接していることは重要なポイントの1つとされ得ることから、特に当該スポーツ施設の周辺に所在するプロスポーツチームが1つである場合などには、競争の公正性確保の観点から、地方公共団体とスポーツチームが一体で運営権者を公募することが望ましい場合もあろう[77]。

その他、スポーツ施設で必要な施設マネジメントやイベントディレクター、スポーツ指導者などの専門的人材の確保も必要となる。もっともこれらの人材は、スポーツビジネスを行っている事業会社などの民間から確保できるように思われる。

博物館・美術館など

博物館には、総合博物館、科学博物館、歴史博物館、美術（博物）館、野外博

---

[76] 政府においても、2000年3月29日付自治事務次官通知「地方公共団体におけるPFI事業について」（自治画第67号）は、「『民間と競合する公的施設の改革について』（2000年6月9日付自治事務次官通知）の趣旨も踏まえて適切に対応すること」としており、当該「民間と競合する公的施設の改革について」においては、公的施設（会館、宿泊施設、会議場、結婚式場、健康増進施設、総合保養施設その他これらに準ずる施設）の新設および増築の禁止、並びに官民のイコール・フッティングの観点から施設ごとの独立採算制の原則化、民営化などの合理化を実施する旨が規定されている。なお、既存・新設を問わず、民間の競合施設が存在し得るという点は、当該施設を取り巻く事業環境に大きな影響を与え、将来の事業収支を左右し得る事由となる。このことは、空港や上下水道、道路といったインフラとは異なる文教施設の特徴といえる。「文教施設におけるコンセッション事業に関する導入の手引き」72頁、2018年3月

[77] 「スタジアム・アリーナ改革指針」の「要件10　民間活力を活用した事業方式」においても、「地方公共団体とスポーツチームが協力してスタジアム・アリーナの整備・管理を行う場合、公募方法等における競争の公平性の観点から、幾つかの懸念が生じる可能性もあるが、スポーツチームが発注者側のパートナーであることの説明責任を果たす方法として、例えば、協定の締結やPFI事業の実施方針等におけるスポーツチームとの連携の明記等が考えられる」との指摘がある

物館、動物園、植物園および水族館などがある。社会教育調査上の分類としては、(1)博物館法10条に基づく登録を受けた登録博物館、(2)博物館法29条に基づく博物館相当施設、(3)博物館法上の根拠がないものの博物館相当施設と同程度の規模を持つ施設としての博物館類似施設——がある。

　登録博物館と博物館相当施設に関しては、これらを特有に規律する個別の法規制として博物館法がある[78]が、施設数として大半を占める博物館類似施設に関しては、その根拠となる個別の法規制などが存在しないという状況にある。この点で博物館登録制度と実態との乖離が問題となっており、コンセッション導入に当たっても一定の留意が必要と思われる。例えば、登録博物館に関しては博物館法23条が入館料を原則として無料にすべきとしているが、登録博物館へのコンセッション導入に際して係る規定との調整が課題として残っているように思われる。

　また、博物館・美術館などの目的には、単に資料の収集・保管・展示を行うことのみならず、調査研究や教育普及活動などを含め、地域文化の中核を担うという点が含まれていることを踏まえることも重要である。このような観点から、コンセッションの導入に当たっても、経済性・効率性の偏重の結果、学芸員などによる調査研究や教育普及活動などがおろそかになることがないように、運営方法を構築する必要がある。例えば、公共性の高い学芸業務に関しては地方公共団体が引き続き行い、独立採算が見込める業務についてはコンセッション事業、その他の維持管理業務については委託業務とするような「分離・一体型」の導入も検討に値しよう。

　また、博物館・美術館などの目的が施設ごとに多様かつ複合的でもあり得ることを踏まえるとともに、観光客をターゲットとする付帯的事業の実施による利用者の増加など、観光業と密接に関係するという視点も必要となる。当該博物館・美術館などの建物自体が文化的な価値を保有している場合には、それ自体について保存を図ったり、観光の対象として運営したりすることも検討の対

---

[78] そのほか、登録博物館に関しては「博物館の設置及び運営上の望ましい基準（2011年12月20日文部科学省告示第165号）」において、博物館の設置者と管理者が異なる場合の相互の緊密な連携、当該博物館の事業の継続的かつ安定的な実施の確保などに努めるものとされている

象となる[79]。

　ステークホルダーの観点からは、博物館・美術館に対して市民などから作品や資料が寄託・寄贈されるケースも多いため、民間事業者による運営になることについて市民などから不安や懸念を持たれる場合も考えられる。そこで、寄託・寄贈資料をどのように取り扱うのか、学芸部門をコンセッション事業に含めるのかなど、明確な議論が必要となる。

　博物館・美術館などに必要な専門的人材については、博物館の種類ごとに若干、法制度が異なる。登録博物館には学芸員（博物館法4条3項）を置かなければならず、博物館相当施設にも学芸員に相当する職員（学芸員有資格者）が必置である（博物館法施行規則20条3項）のに対して、博物館類似施設には特段の制限はなく、学芸員類似の職員（学芸員有資格者）を置いている施設は少ない[80]。

　学芸員またはこれに相当する専門的職員は、博物館・美術館の目的の1つである調査研究を担う人材として重要であり、特に地域特性の強い博物館・美術館などについては、専門性が高く、代替が困難である場合も多いと考えられる。そこで、調査研究を含む学芸業務をコンセッション事業の範囲内とした場合には、初期の段階において地方公務員たる学芸員の派遣制度を採用しつつ、長期的な視点からは、運営権者が学芸員などの専門的人材の育成[81]を行うことも考えられる。

劇場・音楽堂など

　劇場・音楽堂などに関しては、これらを特有に規律する個別の法規制として「劇場、音楽堂等の活性化に関する法律」（劇場法）が存在し、また、劇場法16条に基づき、2013年3月に告示された「劇場、音楽堂等の事業の活性化のための取組に関する指針（平成25年文部科学省告示第60号）」（劇場指針）において、劇

---

[79] 旧奈良監獄の事例では、その19棟が重要文化財に指定されているが、当該文化財の保存に支障がない範囲でホテルやにぎわい施設等の設置がなされる予定である

[80] 文部科学省による2015年度の「社会教育調査」によれば、国公立の博物館類似施設のうち86.8%で学芸員有資格者が1人もいない状況となっている

[81] 博物館法では、国および都道府県教育委員会が学芸員などの研修を行う努力義務規定があり、また、「博物館の設置及び運営上の望ましい基準」（文部科学省告示第165号）では、博物館はその職員を都道府県教育委員会が主催する研修やその他必要な研修に参加させるよう努めるものとされている

場・音楽堂などの運営の在り方について方向性が示されている。

これら劇場法および劇場指針の趣旨に照らし、コンセッションの導入に当たっても経済性・効率性のみを追求するのではなく、文化芸術の発展（継承・創造・発信）への貢献および地域文化の振興の観点からも、運営方法などが構築される必要がある[82]。

劇場・音楽堂に関しても、博物館・美術館などの場合と同様に、その建物自体が文化的な価値を保有している場合があり、保存を図ったり、観光の対象として運営したりすることも検討対象となる。

また、ステークホルダーとしては、実演芸術団体など（劇場法5条）との関係性も重要である。劇場法や劇場指針では、劇場・音楽堂などの設置者・運営者が、実演芸術団体を含む関係機関との連携・協力を積極的に進め、当該劇場・音楽堂などの設置目的および運営方針との整合性に留意しつつ、長期にわたり相互に利点を享受できる効果的な関係を構築するよう努めるものとされている。当該劇場・音楽堂などの目的に照らして、市民や他の団体の平等な利用にも留意しつつ、特定の実演芸術団体などとの間で友好提携やフランチャイズ契約[83]などを締結することも考えられる。

劇場・音楽堂などでは、企画制作スタッフや舞台技術者などが必要となる。しかしながら、現状において専門的な人材が確保できていない劇場・音楽堂が多く、人材育成のための事業や職員研修を実施していない施設もある[84]。コンセッションの導入に当たっては、専門的な人材を運営開始の初期段階において、どこから確保するのかという点が検討事項となるものと思われる。

---

[82] 劇場・音楽堂などに求められる地域貢献や社会的包摂に関する考え方や概念、事例について紹介するものとして、公益社団法人全国公立文化施設「劇場・音楽堂等地域貢献ハンドブック2016」がある。劇場指針第10項では、指定管理者制度の運用に関する事項として、創造性や企画性が劇場・音楽堂などの事業の質に直結するという施設の特性に基づき、事業内容の充実、専門的人材の育成・確保、事業の継続性などの重要性を踏まえるべきとしており、こうした趣旨は運営権者によるコンセッションの場合にも同様に当てはまるものと思われる

[83] ここでいうフランチャイズ契約とは、劇場・音楽堂などと特定の実演芸術団体などとの間において、当該実演芸術団体などが一定程度、継続的かつ独占的に劇場・音楽堂などを利用するとともに、当該劇場・音楽堂などにおいて定期的に公演を提供することなどを約する契約を指す

[84] 全国公立文化施設協会「平成28年度　劇場、音楽堂等の活動状況に関する調査報告書」によれば、専門的人材について「十分に確保されている」と回答した公立の劇場・音楽堂などは21.6%であり、「十分に確保されていない」との回答は78.4%と示された。また、20.5%の施設のみで人材養成事業が実施されている。他方で23.8%の施設では職員研修を実施しておらず、その最大の理由は「人手や予算不足で研修会に参加させられない」（57.6%）である

4 小括

　文教施設のコンセッションは、その種別や設置目的、特徴など個別に注意を要するものが多いため、その運営権者となり得る主体について一概に予想することは難しい。しかしながら、これまでのコンセッションと同様に不動産系や商社系の企業がスポンサーとなって行われるケースに加え、例えば、スタジアムなど当該文教施設の主な運営ノウハウが汎用的なものについて、メーカーやスポーツクラブ運営企業を含むスポーツ関連企業などの参入も考えられる。他方で、地域に根付いた専門的なノウハウが必要な文教施設については、地域密着型の団体により運営が行われるということもあり得る。

　いずれにせよ、文教施設については他の公共施設に比して、収益性が必ずしも高くなく、公共性などの設置目的を踏まえた運営が必要であることから、民間資金の活用を実現するためには多くの工夫が必要と考えられる。

　一方で、指定管理者制度の下でコンセッションと同様の効果を本当に実現できないのか、検討する価値がある[85]。

　指定管理者制度に関する指定期間についての法令上の制約は特段存在しないのであり、コンセッションで予定しているような長期の指定を行うことも法制度上は可能である[86]。指定期間を長期に設定することで、長期的視点からの運営や専門的人材の確保・育成を実現することも可能と考えられる。また、民間事業者による自由な投資活動や創意工夫が生かされるように、使用料などについての制約を緩和することは指定管理者制度の下でも可能であり、民間事業者の創意工夫が実現できるスキームの下であれば、単なる低価格競争は回避できるであろう。リスクの適正な官民分担についても、コンセッションと同程度に

---

[85] 「文教施設におけるコンセッション事業に関する導入の手引き」37頁では、コンセッション事業と指定管理者制度は事業目的に応じて使い分けることが重要であるとされている。また、2017年度の先導的開発事業として選定された京都府（京都スタジアム（仮称））の事業は、コンセッション方式も検討されたが、最終的には2019年1月に指定管理者制度を導入する方針となった

[86] 例えば、大阪府吹田市の市立吹田サッカースタジアムに関して、株式会社ガンバ大阪が指定管理者に指定されているが、この指定管理期間は47年6カ月となっている。京都スタジアム（仮称）では、10年程度の事業期間とする予定とされている。また、三菱総合研究所「図書館・博物館等への指定管理者制度導入に関する調査研究報告書」（2010年3月）では、指定期間を5年よりも長期とすることの有効性について触れている

詳細な基準を設けることで明確にすることができる。

　この点、コンセッション事業の場合には、運営権対価を徴収することによって運営権設定段階で公共施設等への投下資金を回収できるという地方公共団体側のメリットが指摘されることがあるが、独立採算が見込めない、または規模の小さな文教施設のコンセッションの場合には運営権対価の初期一括支払いの形態を取らないこととなる場合も少なくないと思われ、この場合にはかかるメリットは文教施設には当てはまらない。同様に、運営権を「みなし物権」とすることにより金融機関などからの資金調達が容易となるという点も、規模の小さな文教施設の場合には借り入れを行わないことも考えられ、そうであるとすると、このメリットも大きくないように思われる。

　ただし、指定管理者制度の場合には参照し得る先例は多く存在する一方で、コンセッションの場合にはガイドラインなどの整備が指定管理者制度よりも充実しており、政府の方針の下で国などからの重点的な支援が期待できる。むしろコンセッション事業として行った方が実務上、進めやすいという場合もあろう。

COLUMN

インフラ運営を通じて地域活性化に一役

「今日から中部国際空港連絡道路の料金が半額になる。知多半島道路は平日の通勤時間帯が3割引きだ」。

2016年10月、愛知県有料道路の運営事業を新たに担うことになった民間会社の本社前で開かれた記念式典。国内初となる道路コンセッション事業の実現に向けて旗を振ってきた同県の大村秀章知事は、民営化の成果をこう強調した。

これまで県の道路公社が管理してきた8路線、計72.5kmの運営権が特別目的会社(SPC)の愛知道路コンセッション(ARC)に移った。同社は前田建設工業が50%、森トラストが30%、大和リースが10%、料金徴収などを手掛けるセントラルハイウェイ(愛知県半田市)が8%、大和ハウス工業が2%それぞれ出資する。

図表4-15　道路コンセッション事業の対象路線

愛知県道路公社の資料を基に日経BPが作成

COLUMN

知多半島道路と知多横断道路をつなぐ半田中央ジャンクション(写真:愛知道路コンセッション)

　運営期間は、道路整備特別措置法に基づく建設費や改築費などの償還期間に応じて、路線ごとに異なる。1日10万台が通る知多4路線(知多半島道路、南知多道路、知多横断道路、中部国際空港連絡道路)が最も長く、2046年までの30年間だ。運営権対価は1377億円。ARCは一時金として150億円を支払い、残りは運営期間に応じて分割で支払う。対価を受け取った公社は、建設費の償還などに充てる。

　通行料収入は官民の配分ルールが決まっている。公社が事前に予測した料金収入に対して±6％の範囲であればARCの帰属、負担となり、±6％を超える増収や減収は公社の帰属、負担となる。ARCは大儲けできない代わりに、大損するリスクを回避できる。

　ARCの2018年3月期の売上高は156億6000万円と、期初の予想よりも4億円ほどアップ。営業利益も36億2500万円を確保した。2017年度の通行台数は8路線で延べ6700万台と、2016年度よりも2.9％伸びた。公社の予測を上回る水準である。

　県の試算によると、公社が自ら運営した場合の30年間の収支は1169億円。

コンセッション方式を導入したことでARCから運営権対価が受け取れるので、約200億円の収支改善効果があったと評価する。

司令塔は「地域連携推進部」

ARCが利益を生み出すための方法の１つは通行台数を増やし、通行料収入を増やすことだ。ARCはパーキングエリア（PA）などでのイベントを繰り返し実施。沿道の観光協会や商工会議所、農協などと連携して、地域の魅力発信に努めている。このことが、知多半島などへの来訪者を増やすことにつながり、結果的に地域経済の活性化にも貢献している。

地域の名産である知多牛や米菓子の試食・販売、夏遊びのPRなど、イベントの内容は幅広い。ARCの社内に設けた「地域連携推進部」が企画の司令塔だ。土日祝日に１日1000円で乗り放題となる「1DAYチケット」も用意して、需要の開拓に取り組む。冬場にかけて落ち込む通行台数のてこ入れが狙いで、2017年から2018年にかけての実績では同チケットの利用者のうち県外からの来訪者が約１割を占めた。

PAで開催した愛知県美浜町による「夏遊びPR」のイベント（写真：愛知道路コンセッション）

COLUMN

　さらに、2カ所あるPAの改修工事も実施して、2018年7月にリニューアルオープンした。付帯事業や任意事業としてARCが改修費を負担する代わりに、PAの店舗などから得た利益は全額がARCの取り分となる。改修後は床面積を約2倍に広げ、有名シェフやパティシエ監修のレストランなどを設けた。今後、PAに隣接する10万m²の敷地に35億円を投じて宿泊施設などを併設した大型商業リゾート施設を整備する計画もある。

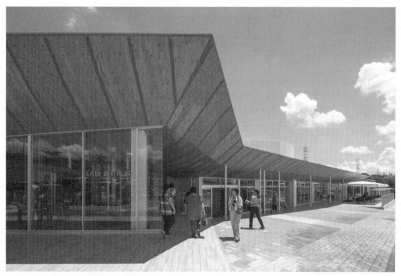

建築家の隈研吾氏のデザイン監修でリニューアルした阿久比PAの外観。日本をイメージさせる木を多用した空間にすることで、中部国際空港からのインバウンド客も意識した。2018年7月撮影（写真：車田 保）

仙台空港を東北周遊の拠点に

　2016年2月からターミナルビル、同年7月から滑走路を含む全体の運営権が民間に移った仙台空港。東京急行電鉄と前田建設工業、豊田通商、東急不動産などが出資したSPCの仙台国際空港は、運営権対価として国に22億円を一括で支払ったほか、旅客と貨物のターミナルビルをそれぞれ運営する2つの第三セクターの株式を宮城県などから約57億円で取得した。引き換えに、航空機の着陸料や旅客ターミナルビルのテナント賃料、直営店舗の売り上げ、駐車

場利用料、貨物手数料などを自らの収入にできる。

　SPCが掲げたのは、運営を担う30年間で旅客数を1.7倍、貨物量を4.2倍に伸ばすという目標だ。実現できればSPCの収益拡大に直結するだけでなく、国や自治体が期待する空港の活性化にもつながる。

　2018年度の旅客数は国内線330万人、国際線31万人、貨物量も7000tと民営化前に比べて順調に増加している。従来はほぼ一律だった着陸料を搭乗率

仙台空港の旅客ターミナルビル。JR仙台駅から鉄道で20分足らずと近い(写真:日経コンストラクション)

図表4-16　仙台空港の将来目標

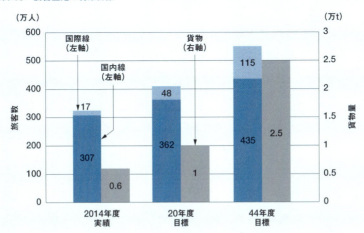

(資料:仙台国際空港)

COLUMN

に応じて変動させる制度を導入したり、約20億円を投じて格安航空会社(LCC)向けの搭乗施設を増築したりすることで、新規路線の誘致や増便に成功した。

さらに、地元のバス会社や自治体とともに観光ルートの開拓に注力。仙台空港から松島や平泉、花巻、会津若松、鶴岡、酒田などの観光地を結ぶ高速バス路線を開設することで、東北地方を周遊するインバウンドを含む観光客の拠点として存在感を高めている。

五輪の競技会場にもコンセッション

2020年東京五輪の会場でも、大会後の後利用を活発にするため、運営権を民間に売却するコンセッション方式の導入が検討されている施設がある。

その1つがメイン会場となる新国立競技場だ。文部科学省などのワーキングチームが2017年11月にまとめた基本方針によると、五輪後に陸上トラックを撤去して、サッカーやラグビー、アメリカンフットボールなどの球技専用スタジアムに改修。2020年秋ごろに優先交渉権者を選ぶ。今後、ボックス席の設置など収益につながる具体的な改修計画について、民間事業者の意見を聞きな

2019年11月の完成に向けて工事が進む新国立競技場。2019年7月撮影(写真:日経アーキテクチュア)

第4章　セクター別コンセッション事業の動向と論点

施工中の有明アリーナ。組み上げた屋根架構を9回に分けてレールでスライドさせる「トラベリング工法」で工期を短縮した。2019年7月撮影（写真：日経アーキテクチュア）

がら詰める。

　文部科学省は、五輪後の新国立競技場で少なくとも年間30試合を開催できると見込む。残りの300日程度をいかにして運用できるかが、収益上の鍵となる。収益性の高いコンサートなどの開催も有力だが、天然芝の保護や屋根がなく天候に左右されやすい環境など、検討すべき課題は多い。

　東京都が新設する6会場のうち、大会後も唯一、黒字で運営できると見込まれるのがバレーボール会場となる有明アリーナだ。1万5000席以上の観客席を備え、スポーツ大会だけでなくコンサートやイベントなどにも活用しやすい。都は大会後の年間収支を3億5600万円とはじく。

　都は2019年3月、有明アリーナの運営を手掛ける候補者として電通を代表とする企業グループを選定。同グループは2021年から2046年まで25年間の運営権対価として約94億円を提示した。

（日経コンストラクション2016年10月24日号、2018年6月11日号の特集の一部を大幅に加筆、再構成）

191

第5章

インフラ投資の契約と実務

1 事業実施プロセスと事業者選定手続き

　「民間資金等の活用による公共施設等の整備等の促進に関する法律」(PFI法)などに基づいて、コンセッションを含むPFI事業の事業構想から契約締結までの手続きを中心に解説する。

　PFI法に基づくPFI事業の実施プロセスについては、PFI法に規定があるほか、PFI法4条に基づき策定された「民間資金等の活用による公共施設等の整備等に関する事業の実施に関する基本方針」(PFI基本方針)にも記載があり、さらに、内閣府が公表している「PFI事業実施プロセスに関するガイドライン」(プロセス・ガイドライン)にその手続きや留意点が概説されている。また、公共施設等運営事業(コンセッション)に特有の点については、内閣府が公表している「公共施設等運営権及び公共施設等運営事業に関するガイドライン」(運営権ガイドライン)に記載がある。

　地方公共団体が実施するPFI事業については、自治事務次官(当時)通達「地方公共団体におけるPFI事業について」[1]がある。

　さらに、PPP事業の実施プロセスにおける官民対話や事業者選定については、2016年10月に内閣府、総務省および国土交通省により「PPP事業における官民対話・事業者選定プロセスに関する運用ガイド」(プロセス運用ガイド)が策定されている。

1 官民による事業の構想と検討

　PFI事業のプロセスは、まず、公共施設等の管理者等[2]が施設の整備や運営に関する事業を構想・検討する段階から始まる。PFI事業の検討に当たっては、各

---

[1]　2000年3月29日付自治画第67号。なお、その後のPFI法改正などに合わせて通知も改正されている
[2]　国の各省各庁の長、大臣、地方公共団体の長、独立行政法人、特殊法人その他の公共法人などが該当する。PFI法2条3項

種領域の専門知識を要することから、この段階から外部のコンサルタントやアドバイザーが起用されることもある[3]。

PFI事業の検討は、当初よりPFI方式で実施することが想定されている場合もあれば、様々な事業手法を検討した結果としてPFI方式が選択される場合もある。事業手法の選択について、PFI法は、民間の持つ資金、経営能力および技術的能力を活用することにより効率的かつ効果的に実施されることが可能な事業であって、民間事業者に行わせることが適切なものについては、できる限りその実施を民間事業者に委ねるものと定めている[4]。

さらに、国は、2015年12月に「多様なPPP/PFI手法導入を優先的に検討するための指針」を策定し、国、公共法人および人口20万人以上の地方公共団体に対して、それぞれの管理する公共施設等について優先的検討規程を定めたうえで、公共施設の整備・運営などの方針の見直しに当たって従来型手法に優先して多様なPPP/PFI手法の導入が適切かどうかを検討することを求め、管理者等が優先的検討規程を定める場合によるべき準則を定めた[5]。

なお、この段階における管理者等の判断は、行政内部の技術的・行政的な検討に基づきなされる部分もあるが、最終的には多分に政治的な判断を伴う。また、関係機関からの意見聴取や同意などを要する場合もある。

構想・検討段階における官民対話

事業の構想・検討段階において、管理者等の内部での検討のみならず、民間事業者からの情報収集や民間事業者とのコミュニケーションが図られる場合がある。多様な事業手法の中から実現可能性の高い仕組みを選択するためには、このような官民対話が十分に図られることが望ましい。この段階の官民対話としては、管理者等がウェブサイトで事業構想を公表するなどの情報提供をすることに加え、次のような手法がある[6]。

---

[3] プロセス・ガイドライン1-1 (7)
[4] PFI法2条2項、3条1項、基本方針一1、プロセス・ガイドライン1-1 (2)
[5] さらに、2016年3月には内閣府民間資金等活用事業推進室が「PPP・PFI手法導入優先的検討規程策定の手引」を公表し、「多様なPPP/PFI手法導入を優先的に検討するための指針」のポイントおよび解説、優先的規程の例、簡易な検討の計算表などを示している
[6] プロセス運用ガイド8〜9頁

まず、マーケットサウンディングを実施して、民間事業者の意見を募集したり、民間事業者と面談して情報交換したりすることが考えられる（マーケットサウンディング型官民対話）。近時は、行政や民間事業者、金融機関で構成する地域プラットフォームを設置して、様々な関係者からの意見を聴く取り組みもなされている。なお、マーケットサウンディングは後述の民間提案の募集と異なり、通常はあくまで管理者等が主体的に事業の構想を行う前提で実施されるものであって、参加した民間事業者にその後の選定手続きで優位な地位を付与するものではない。しかし、民間事業者にとってこの段階で実施されるマーケットサウンディングは、管理者等の初期段階の方針や問題意識を知る機会であるだけでなく、その後の段階における官民対話に比べて、自らの意見などを踏まえて管理者等の構想や事業スキームが変更される余地が大きいため、貴重な機会といえる。

　また、民間事業者から事業スキームなどに関する提案を募集し、その際に、その後の事業者選定手続きにおける評価において提案者に加点を行うなどのインセンティブを付与する場合もある（提案インセンティブ付与型官民対話）。この場合、インセンティブが低いと提案が集まりにくい一方、インセンティブが高いと公平性や競争性を害するおそれがあるため、インセンティブの設定方法（加点割合の調整など）や選定手続きの方法（第三者機関の設置など）を工夫する必要がある。

　上記のほか、潜在的な案件を公表して民間事業者の提案を募集のうえ、提案があった場合にはその提案内容を審査して優先順位付けを行い、事業内容について競争的対話による協議を行い、協議が整った者と契約する方法もある（選抜・交渉型官民対話）。この場合、管理者等が主導的に実施方針などを策定してから事業者選定手続きが実施されるのではなく、初期段階で提案した民間事業者との協議を通して事業化を検討し、協議が整った時点で当該民間事業者との随意契約が行われる。創造的なアイデアを募集し、契約条件を柔軟に検討できるため、管理者等に事業手法のアイデアが無い場合や比較的小規模な案件に適すると思われる。他方で、提案募集を広く周知したり、審査のために第三者委員会を設置したりするなど、公平性や競争性を確保する観点からの工夫も必要である。

PFI法における民間提案制度

従来、PFI事業は管理者等の発意で実施されてきたが、2011年にPFI法が改正され、民間事業者が管理者等に対してPFI事業の提案を行う場合の規定が追加された（PFI法6条）。すなわち、PFI事業（PFI法上の特定事業）を実施しようとする民間事業者が、管理者等に対して当該事業に係る実施方針を定めることを提案することができる旨を明記し、提案を受けた管理者等は当該提案に検討を加え、遅滞なくその結果を当該民間事業者に通知しなければならないものとされた。

また、基本方針やプロセス・ガイドラインにおいても、民間事業者からの活発な提案を促すため、管理者等は実施可能性のある事業の一覧を公表するなど、情報公開に努めるべきこと、民間提案について業務に支障のない範囲内で可能な限り速やかに検討を実施すること、検討に相当の時間を要する場合は時期の見込みを通知することなどが記載されている[7]。

民間提案の取り扱いについては、プロセス・ガイドラインのほか、内閣府が2014年9月に「PFI事業民間提案推進マニュアル」を定め、実施手続きや事例などを取りまとめて公表している。管理者等はこれらを踏まえて民間提案の受け付け体制を整えておく必要がある。また民間提案については、提案に含まれる知的財産の保護についても注意が必要である[8]。

2 事業化に向けた検討

管理者等が、公共施設の整備等に関する事業をPFI法上のPFI事業として実施するのが適当と判断した場合、実施方針の策定と特定事業の選定の手続きが行われる。

7　基本方針二3、プロセス・ガイドライン1-2
8　基本方針二3（4）、プロセス・ガイドライン1-2（5）

実施方針の策定・公表

PFI事業の検討により、事業内容や民間事業者の選定方法などが一定程度具体化し、特定事業の選定や民間事業者の選定といったPFI事業の実施に向けた手続きを行おうとするとき、管理者等は実施方針を策定・公表することとなっている[9]。実施方針の策定・公表は、管理者等が実施を予定するPFI事業の概要を公表し、これにより民間事業者に対して準備期間を提供し、住民やその他の関係者にPFI事業の実施を周知するために行われる。また、実施方針には特定事業の選定に関する事項や民間事業者の募集および選定に関する事項などが記載される[10]。実施方針には、選定事業におけるリスクやリスクの官民分担についての考え方も示されることが望ましい[11]。

なお、民間事業者の検討のための情報公開の観点から、管理者等は毎年度、当該年度の実施方針の策定の見通しに関する事項を公表しなければならないとされている[12]。実施方針の策定の見通しは、その見通しがない場合は公表する必要がない[13]。逆に、年度の途中で見通しが立った場合は遅滞なく公表することが望ましいとされている[14]。

さらに、コンセッションで管理者等が地方公共団体の場合は、民間事業者の選定手続き、運営等の基準および業務の範囲、利用料金などの基本的な事項を条例に規定したうえ[15]、当該条例の規定に従って実施方針を定めるものとされているため（PFI法18条）、当該条例を定めるために議会の議決が必要となる。当該PFI事業の実施や運営権の設定に当たって、許認可の取得や関係行政機関との協議が必要となる場合もある。

他方、民間事業者はこの段階において実施方針を精査し、管理者等が想定している事業スキームや官民のリスク分担を分析したり、意見募集や質問募集が実施される場合は公募条件の修正を求めたり、不明点を解消したりしつつ、事

9　PFI法5条1項、基本方針二1、プロセス・ガイドライン2-2
10　PFI法5条2項、17条、プロセス・ガイドライン2-3
11　プロセス・ガイドライン2-3
12　PFI法15条、プロセス・ガイドライン2-1
13　倉野泰行、宮沢正知「改正PFI法の概要（6）」金融法務事情1931号85頁、2011年
14　プロセス・ガイドライン2-1
15　例として、静岡県の「静岡空港の設置、管理及び使用料に関する条例」28～30条、浜松市の「浜松市下水道条例」27～36条、愛知県の「愛知県国際展示場条例」8～13条などを参照

業者選定手続きに参加するか否かの検討を進める。事業者選定手続きの開始が近づくと、コンソーシアムの形成に向けた協議を開始する場合もある。

特定事業の選定

　管理者等は実施方針の策定後、当該PFI事業の実施可能性を勘案し、これを実施することが適切かどうか判断する。

　判断に当たってはいわゆるVFM（Value For Money）評価を行い、PFI事業として実施する場合の事業期間全体を通じた公的財政負担の見込み額の現在価値であるLCC（Life Cycle Cost）が、公共が自ら実施する場合の事業期間全体を通じた公的財政負担の見込み額の現在価値であるPSC（Public Sector Comparator）を下回るかどうかを判定する。VFM評価については内閣府から「VFM（Value For Money）に関するガイドライン」（VFMガイドライン）が公表されており、VFM評価の方法や留意点がまとめられている。

　VFM評価を通して、公共施設の整備などに関する事業をPFI事業として実施することにより当該事業が効率的かつ効果的に実施できると判断された場合、当該事業は「特定事業」（PFI法2条2項）として選定され（PFI法7条）、「選定事業」（PFI法2条4項）となる。

　なお、VFMは事業手法間の効率性を比較するものであり、VFMがありさえすればPFI事業を実施してよいわけではなく、VFMを評価する以前に当該事業自体の必要性が十分に認められなければ事業手法に関わらず当該事業を実施してはならないことを忘れてはいけない[16]。

債務負担行為の設定

　PFI事業において国や地方公共団体は通常、複数の会計年度にわたって債務を負担することとなるため、これを債務負担行為として予算に定め、国会や議会の議決を経なければならない（財政法15条1項、地方自治法214条）。一般競争入札の場合は入札公告前までに、公募型プロポーザル方式やその他の随意契

---

16 基本方針二2（4）、VFMガイドライン一1（9）

約の場合は契約締結までに、債務負担行為を設定する必要がある。

公募条件検討段階における官民対話

管理者が事業手法などをある程度固めた段階において、実施方針や公募の条件を整理するために官民対話が実施される場合がある。

例えば、基本スキーム案や実施方針案が公表されたうえで、マーケットサウンディングを実施して民間事業者から意見を募集する。この段階の官民対話は、民間事業者の意見を受けて事業の基本的な仕組みが変更されることはまれであるが、民間事業者にとっては技術的な観点や採算性の観点などから管理者等に意見を述べ、不明点を明確にする貴重な機会となる。管理者等にとっても、内部検討において気付いていなかった点を補完し、より多くの民間事業者による応募を確保するために有益なプロセスといえる。

なお、管理者が実施方針などについて民間事業者から意見を募集する場合、意見募集だけでは管理者等の考え方が民間事業者に十分に伝わらないことがあるうえ、民間事業者の疑問が解消されないままとなってしまうおそれもある。管理者等はできる限り質問も受け付けて回答を作成し、公表することが望ましい[17]。

プロセスが進むほどスキームや公募条件などの修正が難しくなる。そのため民間事業者は、できる限り早期に検討を開始し、官民対話に参加することが求められる。

③ 民間事業者の募集と評価・選定

実施方針の策定と公表、特定事業の選定に続いて、これを実施する民間事業者の募集、評価・選定が行われる。民間事業者の選定は原則として公募の方法で行われる（PFI法8条1項）。民間事業者の募集、評価・選定に当たっては、一方で公平性・競争性および透明性を確保しつつ、他方で官民対話の機会を増や

---

17 プロセス・ガイドライン2-3（4）

し、幅広い事業者から技術やノウハウ、創意工夫を生かした提案が可能となるように選定方法や選定プロセスを選ぶことが重要である[18]。

　また、PFI事業における民間事業者の募集に関して、いわゆる「性能発注」の考え方がある。これは民間事業者の創意工夫を発揮させるため、管理者等は民間事業者が提供すべきサービスの水準（性能、機能、結果、アウトプット）を必要な限度で示すことを基本とし、具体的な仕様やサービスの手段などを指定することは必要最小限にとどめるべきという考え方である[19]。性能発注の考え方は、民間事業者がその能力を発揮するために重要な概念であり、要求水準書などを作成する場面のみならず、事業開始後において要求水準書などに照らして行われるモニタリングやそれに基づき行われる指導の場面においても尊重されるべきである。

事業者選定の方法

　PFI案件における民間事業者の選定方式としては、主に「総合評価一般競争入札」と、公募型プロポーザルなどのいわゆる「競争性のある随意契約」がある[20]。

総合評価一般競争入札

　国または地方公共団体である管理者等が民間事業者と契約する場合、国については会計法、地方公共団体については地方自治法の規定の適用があり、原則として一般競争入札によらなければならず[21]、後述の公募型プロポーザルなどの随意契約によることができるのは、法律が定める一定の場合に限られる（会計法29条の3第1項、4項、5項、地方自治法234条1項、2項）。

　一般競争入札とは、会計法または地方自治法やその下位法令である政令や条例に定める手続きに従って、契約の条件などを入札公告に示し、法令に定める

18　基本方針三1 (1)、プロセス・ガイドライン4-1 (1)、(2)
19　基本方針三1 (6)、プロセス・ガイドライン4-1 (3)
20　プロセス・ガイドライン4-1 (11)
21　基本方針三1 (2)

欠格者以外から広く参加者を募り、原則として価格により落札者を決定する方式をいう。なお、一般競争入札では入札公告で示した条件をその後に変更することはできない[22]。ただし、PFI事業は民間の経営資源や創意工夫を活用することに意味があるので、それを実施する事業者はサービス対価などの金額のみならず、民間事業者の能力・経験や予定するサービスの提供方法、資金調達方法なども考慮して選定されるべきである。そこで、いわゆる総合評価一般競争入札が利用されている[23]。

総合評価一般競争入札とは、一般競争入札の手続きにのっとりつつ、契約の性質または目的から価格のみにより決めることが難しいときに、予定価格の範囲内で申し込みをした者の中から、価格だけでなく維持管理・運営のサービス水準や技術力といったその他の条件を総合的に勘案して落札者を決定する方式をいう[24]。なお、一般競争入札による場合は、確かに後述する「競争性のある随意契約」より制約が多いものの、発注者の能力のみでは要求水準書などを作成することが困難なPFI事業において一定の官民対話を行うことや、性能発注の考え方を踏まえ、資格審査を通じた絞り込み、入札前の実施方針・契約書案の変更といった工夫が可能である[25]。

競争性のある随意契約

随意契約とは、競争入札の手続きによらず、選定した特定の相手方と締結する契約をいう。随意契約には当初から単独の者を相手方とする場合（いわゆる「競争性のない随意契約」）と、公募などにより参加者を募り、複数の参加者から相手方を選定する場合（いわゆる「競争性のある随意契約」）がある。国などにおいては、随意契約による場合でも競争性および透明性の確保の観点から、でき

---

[22] プロセス・ガイドライン4-1（11）2-1-2キ
[23] プロセス・ガイドライン4-1（11）2-1-1および2-1-2、前掲「地方公共団体におけるPFI事業について」第5（契約関係）2
[24] 会計法29条の6第2項、予算決算及び会計令91条2項、地方自治法234条3項但書、地方自治法施行令167条の10の2
[25] 「PFI事業に係る民間事業者の選定及び協定締結手続きについて」（2003年3月20日、民間資金等の活用による公共施設等の整備等の促進に関する関係省庁連絡会議幹事会申合せ）、「PFI事業に係る民間事業者の選定及び協定締結手続きについて」（2006年11月22日、同関係省庁連絡会議幹事会申合せ）

る限り後者の競争性のある随意契約によるべきものとされている[26]。

　競争性のある随意契約のうち、PFI事業の事業者選定において用いられる代表的な契約手法として公募型プロポーザルがある。公募型プロポーザルとは、公募により契約を希望する者から事業の内容や価格などについて提案書類の提出を求め、提案内容や履行能力が最も優れた者と契約を行う契約方式である。法定の競争入札の手続きによらないため、参加資格や選定基準、選定手続きを競争入札に比べて柔軟に定めることができる。また、後述の競争的対話を行うなどして、募集要項公表後の官民対話の結果を反映し、契約条件や要求水準などを変更することも可能である。

　PFI事業においては、管理者等のみでは事業目的やニーズを満たすことのできる事業手法や要求水準を設定することが困難であるため、事業スキームや資金調達スキーム、運営方法など多面的な観点から幅広い提案を求める必要がある場合が少なくない。そのような場合、一般競争入札の枠組みではなく、競争性のある随意契約の方式による方がニーズに沿った対応が可能となる場合もある。そこで、プロセス・ガイドラインにおいても、上記のようなニーズがある場合で、かつ、会計法令に従って一般競争入札によらず随意契約が許される場合は、競争性のある随意契約の方式によることが選択肢の1つとして掲げられている[27]。前掲「地方公共団体におけるPFI事業について」第5（契約関係）2においては、一般競争入札が原則であることが強調され、民間事業者の選定に当たって様々な要素を総合的に勘案する必要がある場合も、総合評価一般競争入札の活用が掲げられているが、その後の記述に鑑みると、競争性のある随意契約の方式によることも、その要件を満たす限り、これを排除する趣旨ではないと思われる。

　なお、上記の「会計法令に従って一般競争入札によらず随意契約が許される場合」に関しては、かかる場合のうち「性質又は目的が競争入札に適しないものをするとき」（地方自治法施行令167条の2第1項第2号）の解釈について、判例

---

[26] 「公共調達の適正化について」（2006年8月25日、財計第2017号、財務大臣通知）1.（2）、「公共調達の適正化に関する関係省庁連絡会議」による「公益法人等との随意契約の適正化について」（2006年6月13日）
[27] プロセス・ガイドライン4-1（11）1-1 ア

（昭和62年3月20日最高裁判決）は、地方公共団体において当該契約の目的、内容に照らし、それに相応する資力、信用、技術、経験などを有する相手方を選定し、その者との間で契約を締結するという方法を取るのが、当該契約の性質に照らしまたはその目的を究極的に達成するうえでより妥当であり、ひいては発注者の利益の増進につながると合理的に判断される場合も、これに当たると解すべきとしている。これは、随意契約の長所も踏まえ、競争入札によることの不都合のみならず、随意契約による必要性を考慮して随意契約を選択する余地を認めたものといえる。前掲「地方公共団体におけるPFI事業について」第5（契約関係）3では、PFI契約についても上記判例を踏まえて判断するものとされている。

政府調達協定

　会計法の適用を受ける国の機関、都道府県および政令指定都市、並びに、世界貿易機関（WTO）の政府調達に関する協定（政府調達協定）附属書I付表3に掲げるその他の機関（独立行政法人、特殊法人など）については、政府調達協定やこれに関連する市場開放のための自主的措置の適用がある。これらが適用対象として定める契約については、一般競争入札以外の方法による契約がより厳しく制限され、入札手続きについても一定の条件が課せられていることに留意が必要である。政府調達協定上の調達手続きについては、「国の物品等又は特定役務の調達手続の特例を定める政令」、「地方公共団体の物品等又は特定役務の調達手続の特例を定める政令」のほか、関係省庁の省令などが制定されている。

　なお、2014年4月に発効した政府調達に関する協定を改正する議定書による改正後の政府調達協定においては、PFI法に基づくコンセッション事業は、政府調達協定の適用対象外とされている。

入札説明書や募集要項の公表

　民間事業者の選定手続きや選定後に締結される契約の内容は、入札・選定手続きの開始時に公表される入札説明書や募集要項などに記載される。

　プロセス・ガイドラインは、この際、管理者等の意図が応募者に的確に伝わるように、契約書案を添付すること、または入札説明書などにおいて契約条件

の基本的な考え方をできる限り具体的に示すことが必要であるとしている[28]。さらに、要求水準書案や民間事業者の選定基準などが提示される場合があり、民間事業者にとっては応募の際の貴重な判断材料となる。また、入札説明書や募集要項などの公表後、管理者等と民間事業者との間で考え方の齟齬を来さないように、可能な限り複数回、質問・回答の機会を設けることが望ましいとしている[29]。

一般競争入札の手続きによる場合も、このような官民対話は一定程度可能[30]であるうえ、PFI法10条の規定に基づく技術提案制度も活用できる[31]。

民間事業者は公表された契約書案などを分析し、民間事業者にとってのリスクや対応策、管理者等に質問して趣旨を明確化すべき箇所や、修正・変更を求めるべき箇所（変更が可能な範囲・程度は、採用される事業者選定手続きによって異なる）を検討することが必要である。

管理者等は、民間事業者から提起された質問や意見を踏まえ、必要があると認める場合は契約書案や入札説明書などの内容を修正・変更する[32]。

資格審査

選定手続きに先立って、予定しているPFI事業を遂行する能力が不足する者や選定するのに適さない者を除外し、その後の選定手続きにおける管理者等と民間事業者の無駄な労力を省くため、資格審査が行われる場合がある。なお、多段階選定の第一段階において資格審査を併せて行う場合もある。

資格要件は、当該PFI事業により調達しようとするサービスの種類や内容に応じて適切に設定する必要がある。ただし、参加者の資格要件の設定に際して

---

[28] プロセス・ガイドライン4-1 (7)
[29] プロセス・ガイドライン4-1 (8)。質問・回答の機会が1回のみであると、質問の趣旨を回答者が十分に理解しないで回答がなされる場合（回答者に落ち度がなく質問自体が趣旨不明という場合もある）や、回答の趣旨が不明の場合に再質問の機会がなく、双方の理解が不十分なままに手続きが進行してしまうおそれがある
[30] 一般競争入札を前提とした入札前（入札公告前、入札公告後）の官民対話については、「PFI事業に係る民間事業者の選定及び協定締結手続きについて」(2006年11月22日、民間資金等の活用による公共施設等の整備等の促進に関する関係省庁連絡会議幹事会申合せ)別紙第3項「発注者側と民間事業者との意思の疎通について」
[31] プロセス・ガイドライン4-1 (11) 2-3、運営権ガイドライン3 (2)
[32] 「PFI事業に係る民間事業者の選定及び協定締結手続きについて」(2003年3月20日、民間資金等の活用による公共施設等の整備等の促進に関する関係省庁連絡会議幹事会申合せ)本文 (2)

は、意欲のある応募者の参加機会を制限しないためにも、資格要件として応募者の実績などを過度に評価しない工夫が必要である[33]。

応募者またはコンソーシアム構成員としての絶対的な資格以外に、コンソーシアムの構成に関わる要件が課される場合がある。例えば、関西国際空港・大阪国際（伊丹）空港のコンセッションにおいて、代表企業として日本企業を想定した要件が設定されるとともに、海外で経験を有するオペレーターを想定した要件が設定され、両者をコンソーシアムに含むことが実質的に求められた例がある。また、空港コンセッションにおいて、取引上の利益相反を回避するため、航空会社と一定の資本関係を有する者を排除する資格要件が設定された例もある。

地方公共団体が管理者等となる案件においては、地域要件（本支店所在地など地域との一定のつながりを参加要件とすること）が設けられる場合がある。地域産業の保護や緊急時の即応性の確保といった観点から地域要件を設けることは一律に禁止されるものではないが、当該地方公共団体における潜在的な競争参加者数の状況を踏まえつつ、競争性が十分に確保されるよう適切に判断しなければならない[34]。

また、政府調達協定の適用がある入札においては、同協定にも留意が必要である。すなわち、政府調達協定は、内国民待遇および無差別待遇の考え方（3条）に基づき、「入札の手続きへの参加のためのいかなる条件も、供給者が当該入札に係る契約を履行する能力を有していることを確保するうえで、不可欠なものに限定されなければならない」（8条b）と定めており、明確に日本企業であることを要件とするものでなくても、外国企業を事実上、排除することとなる要件は、政府調達協定に違反すると解される可能性がある。

競争的対話

従前の公募手続きにおいても官民の対話を図る試みは行われてきたが、一般的に対話の結果を受けて公募条件が変更されることはなかった。しかし、コン

---

[33] プロセス・ガイドライン4-1 (11) 2-1-2 ア
[34] 総務省自治行政局長・国土交通省総合政策局長通達「地方公共団体における入札及び契約の適正化について」
1. (2)、2007年3月30日

セッションをはじめとして、事業スキームが複雑な場合や事業目的を達成するための様々な方法があり得る場合においては、管理者等があらかじめ適切かつ具体的な要求水準などを設定することが難しい。このような場合は、公募手続き開始後にも官民が対話し、民間事業者のノウハウや実務を取り入れて、要求水準書などを作成、調整することが望まれる。このようなニーズから欧州連合（EU）の「Competitive Dialogue」を参考に、2013年改定のプロセス・ガイドラインに導入されたのが競争的対話である。

競争的対話とは、公募手続き開始後に当局と応募者との対話により、提案内容の確認・交渉を行い、要求水準書など（基本協定書案や運営権実施契約案を含む）の作成や調整を行う手続きである[35]。競争的対話の中では、提案内容が管理者等の意図や関連する法令・規制との関係で実現可能か否かを確認するほか、基本協定書案や運営権実施契約案の修正についての協議が行われる。競争的対話において交わされた質問・回答は、特定の応募者のノウハウに関わる質問などを除き、原則として全応募者に共有される[36]。また、競争的対話の結果を受けて要求水準書などを修正する場合、全応募者に対し共通の修正がなされる。

一般競争入札においては、入札公告後の内容変更は再度の公告が必要となるといった制約があるため、競争的対話は公募型プロポーザルなどの競争性のある随意契約による場合に実施可能である[37]。競争的対話における交渉や準備には、官民双方とも相応の労力と時間を要するため、必要に応じて対話参加者を三者程度に絞り込んだうえで競争的対話を実施する場合もある。なお、競争的対話は、対話が実施される間は原則として非公開であるが、契約締結後に原則としてその内容が公表されることとされている[38]。

競争的対話は、既に複数のコンセッション案件の事業者選定手続きにおいて実施されており、より良い提案書の作成や運営権実施契約案の修正のために役立てられている[39]。

---

[35] プロセス・ガイドライン4-1（11）1-2-1イ
[36] 運営権ガイドライン3（3）2.（2）
[37] プロセス・ガイドライン4-1（11）1-2-1ウ
[38] プロセス・ガイドライン4-1（11）1-2-2キおよびク
[39] コンセッション案件における競争的対話については、運営権ガイドライン3（3）に留意事項が記載されている。なお、同ガイドラインを2018年3月に改正した際に、具体的な対応策が大幅に加筆された

提案書類の作成・提出に向けた検討

　民間事業者は、募集要項や管理者等から開示された事業に関する情報を踏まえ、応募するか否かを判断し、応募する場合は選定されることを目指して提案書類を作成する。選定手続きの段階において民間事業者が行う主な作業としては、以下のようなものがある。

入札説明書・募集要項などの分析

　まずは、管理者等から公表される入札説明書や募集要項をはじめ、要求水準書、各種契約書案を精査する。選定手続きや対象となる事業を理解し、当該事業に伴うリスクや想定されるリスク分担を分析し、応募に向けた意思決定や判断を開始する。

　これらの書類に不明な点があれば、質問を提出する必要がある。公募手続き中は質問の機会・回数が限られる一方、提案書類の作成を始めてから疑問が湧くことも多いため、提案書類の作成に向けた具体的な検討にできる限り早く着手することが望ましい。

コンソーシアムの形成

　事業規模や内容、それに必要とされる技術・ノウハウ・実績に照らし、複数の事業者で共同して応募する必要がある場合は、複数の事業者によりコンソーシアムを組成し、コンソーシアムとして応募する。コンソーシアムの形成に当たっては、構成員の間の役割分担、代表企業[40]、特別目的会社（SPC）への出資割合、費用分担、責任関係、守秘義務、知的財産に関する取り決め、脱退の際の条件などを定めたコンソーシアム契約を締結することが多い。

デューデリジェンス

　いかなる種類のPFI事業でも、民間事業者が応募するか否かの判断や提案書作成を行う前提として、当該事業に関する精査が必要となる。コンセッション

---

[40] 代表企業は、選定手続きにおける窓口となるだけでなく、選定において特別な資格要件が課せられたり、契約において特別な責任が課せられたりする場合がある

のように既に対象となる事業・資産などが存在し、選定された場合にこれらを承継する場合は、その必要性が特に高い。

民間事業者は必要に応じて、管理者等が公表する資料のほか、管理者等が実施する見学会や現地視察、ヒアリングを通じて、当該事業やこれに関連する資産、負債、契約その他の権利義務関係について、法務、財務・会計、税務、技術などの様々な観点から調査（デューデリジェンス）を行う。調査の手法や程度は、応募者の考え方、事業の規模・内容、多段階選定の場合の段階などによって異なる。

デューデリジェンスに関して、コンセッションの選定手続きを経験した民間事業者からは、管理者等の情報開示の在り方への不満が聞かれる場合がある。

民間事業者から見て管理者等による情報開示が十分でないと感じられる理由としては、管理者等の経験不足に加え、民間事業者と管理者等との間で目的や業務の在り方の違いもある。すなわち、民間事業者は投資判断の前提としてリスクを洗い出し、分析するためにデューデリジェンスを実施するのに対し、管理者等はあくまでも良い提案書を提出してもらうために情報を提供しているのであって、その観点から開示する資料を選んでいる。また、国や地方公共団体の業務や財産管理の方法は民間企業の実務とは異なっており、民間企業には通常存在する資料が管理者等にはそもそも存在しなかったり、別の形で作成・管理されていたりする場合がある。

従って、管理者等においてできる限り民間の応募者が必要としている資料の準備・開示に努めること望ましい。さらに、管理者等において、公募前にいわゆるベンダー・デューデリジェンスを行い、その結果を応募者に提供することで、応募者のコストや労力の負担が軽減されるであろう[41]。また、過去の同種案件の質問事項などを踏まえて、案件横断的なものや当初から想定されるものなどについては、事前に質疑応答（想定問答）を開示することによって、負担軽減に資するものと考えられる[42]。他方、民間事業者においても、上記のような違いを踏まえてデューデリジェンスの手法を工夫する必要がある。

---

[41] 運営権ガイドライン3（4）2.（2）
[42] 国土交通省・空港コンセッション検討会議「とりまとめ報告書」（以下「空港コンセッションとりまとめ報告書」という）5頁、2018年12月19日

官民対話への対応

民間事業者は入札説明書や募集要項、その他の開示資料を分析した結果を踏まえ、これらに関する質問や意見を提出する。やりとりの回数が限られているうえ、書面のみによる場合が多いため、民間事業者の質問・意見、管理者等の回答ともにできる限り趣旨を明確にし、場合によっては背景などの説明も記す必要がある。

また、競争的対話が実施される場合には、デューデリジェンスの結果や提案書類の作成に向けた検討を踏まえ、要求水準書案や契約書案について修正を要望する箇所や修正案を検討する必要がある。

金融機関との交渉

民間事業者は、選定されて事業を実施する場合に必要な資金調達のめどをつけておく必要がある。必要に応じ、最終的な提案書類を提出する前に、融資条件などについて金融機関と協議しておく場合もある。協議の中で関係当事者間でのリスク分担について、金融機関やその他の資金提供者（資金調達スキームによってはメザニンファイナンスなどを通じて投資を行う者も含まれる）から要望を受けた場合には、官民対話の中で管理者側との契約上の補償スキームを適切に修正するよう求める必要が生じる可能性もあるため、早い段階から金融機関などを関与させることが重要となる。

また、提案の実現可能性を担保する観点から、提案書とともに金融機関からの融資確約書などを提出することが応募の条件とされる場合もある。

提案書類の作成

以上の作業を踏まえて、管理者等に提出する提案書類を作成する。

公募に当たっては、優先交渉権者選定基準などの形で評価項目や評価基準、配点などが示されるため、これに沿ってできる限り高得点が得られるよう提案書類の内容を練り上げていくことが求められる。

多段階選定においては、後の段階での提案が前の段階での提案から内容を変更しても許容されるかどうか、募集要項などを確認したり、管理者等に質問したりしておく必要がある。変更が許容される場合であっても、多くの場合は変

更の合理的な理由を説明できる必要がある。

審査

前述した資格審査とは別に、具体的な提案内容を審査する「提案審査」がなされる。

PFI事業においては、提案に係る民間事業者の負担、特に提案書類の作成にかかる負担が大きい。そこで、2段階選定や多段階選定が行われることが多い。例えば、2段階選定では提案審査を2段階に分け、「1次審査」において簡易提案により当該事業の理解度などを審査し、これを通過した民間事業者に対してのみ「2次審査」で詳細な事業経営・管理能力と提案内容を審査する。

管理者等における提案審査に当たっては、外部のコンサルタントを活用したり、外部の有識者などを含めた審査委員会を設けてその意見を参考にしたりする場合もある[43]。

4 事業者選定後の手続き

選定結果の公表

管理者等は、民間事業者の選定を行ったときは、その結果を速やかに公表するものとされている[44]。その際に、透明性の確保のため、評価の結果や評価基準などの資料を公表するものとされている[45]。特に、審査委員会を設けて審査を行った場合には、その議事録の公開が望まれる[46]。また、選定されなかった応募者に対して非選定理由の説明機会を設けることが望ましい[47]。

---

[43] プロセス・ガイドライン4-1（12）。なお、空港コンセッションとりまとめ報告書5頁では、公平性の観点から、審査委員は競争的対話などに参加しないことが望ましいとされている
[44] プロセス・ガイドライン4-2（1）
[45] プロセス・ガイドライン4-2（2）
[46] 運営権ガイドライン3（5）2.（2）。なお、これまでの国管理空港のコンセッションにおいては、審査委員会の議事録は公表されていないが、類似の事業である東京国際空港国際線地区貨物ターミナル整備・運営事業、同地区旅客ターミナルビル等整備・運営事業（BOT）においては、事業者選定手続き後、事業者選定委員会の議事録が公表されている
[47] プロセス・ガイドライン4-2（3）。また、空港コンセッションとりまとめ報告書5頁では、応募者が希望した場合には、公平性に配慮しつつ、1次審査の提案内容についても2次審査終了後に個別のフィードバックを行うことが望ましいとされている

このような選定経緯および結果の公表は、当該案件での手続きの透明性や公平性を確保するうえで必要となるだけでなく、将来のPPP/PFI手法に係る実務の発展に資するという観点からも重要である。というのも、先例に関する情報へのアクセスが容易になれば、その経験が広く共有されるとともに速やかに蓄積されていくことになり、新規参入しようとする事業者、あるいは新たにPFI事業に取り組もうとする地方公共団体などにとっての障壁が軽減され、ひいては裾野の拡大や多様なプレーヤーの関与によるイノベーションの誘因につながるためである。その一方で、個別の応募者による提案内容のうち、当該事業者が独自に有するノウハウなどに関する部分については、詳細に公開することが適切でないこともあるため、公開の範囲および方法に関しては案件ごとに慎重な検討が必要となる。

契約の締結

事業者選定後、管理者等および選定された事業者は、最終的な契約内容の調整を行い、それぞれの内部手続きを経て、契約を締結する。

事業者選定手続き後においては、契約の内容は変更されないのが原則である。ただし、PFI事業においては、個々の事業者の事業提案内容が必ずしもあらかじめ発注者が契約書案や入札説明書などを作成する段階で想定し得る範囲内のものとは限らない。落札者決定後の契約書案や入札説明書などの内容の変更は、一切許容されないものでなく、非選定事業者との公平性といった競争性の確保に反しない場合に限り可能である[48]。

PFI事業においては、事業者選定後にまず、管理者等とコンソーシアムの構成企業との間で基本協定が締結されることが多い。基本協定は選定事業に関し、当該コンソーシアムが落札者として決定されたことを確認し、管理者等および当該コンソーシアムの義務について必要な事項を定める契約である[49]。

---

[48] 「PFI事業に係る民間事業者の選定及び協定締結手続きについて」（2003年3月20日、民間資金等の活用による公共施設等の整備等の促進に関する関係省庁連絡会議幹事会申合せ）本文（3）、「PFI事業に係る民間事業者の選定及び協定締結手続きについて」（2006年11月22日、民間資金等の活用による公共施設等の整備等の促進に関する関係省庁連絡会議幹事会申合せ）別紙4項（1）

[49] 内閣府「契約に関するガイドライン―PFI事業契約における留意事項について―」3頁

そして、契約内容の詳細を調整し、PFI事業を実施するためのSPCを設立する場合は当該事業用のSPCを設立した後、PFI事業契約（コンセッションの場合は、運営権実施契約）が締結される。なお、地方公共団体においては一定の種類・金額の事業契約を締結する場合、契約の締結前に議会の承認を得る必要がある（PFI法12条）。実務的には、仮契約を締結したうえで議会の承認を得て、その後に本契約を締結するか、議会の承認をもって本契約とする取り扱いがなされていることが多い。

新規に建設される公共施設等について運営権を設定する場合には、運営権の設定や運営権実施契約の締結は、当該建設の後となる。この場合には、建設に係る事業契約の締結と同時に、停止条件付きの運営権実施契約または運営権実施契約の仮契約を締結することが可能である [50]。

これらの管理者等と民間事業者との間の契約に加え、民間事業者側においては、事業開始までに事業関連契約（業務委託契約、業務請負契約など）、融資金融機関との間の融資関連契約、コンソーシアム構成員間のSPCの株主間協定などの交渉、契約締結手続きが行われる。また、管理者等と融資金融機関との間で直接協定が締結される場合もある。

運営権の設定

コンセッションにおいては、事業者選定後、SPCに運営権が設定される（PFI法19条1項）。なお、地方公共団体がコンセッションを実施する場合、運営権の設定前に議会の議決が必要となる（PFI法19条4項）。

---

[50] 運営権ガイドライン9（1）2.（2）

2 | PPP/PFIの事業スキーム

　国内外のPPP/PFIの実務では、異なる特徴を有する多種多様な事業スキームが開発・実施されており、分類や呼称の仕方も多岐にわたる。多数のスキームを分類・比較するための切り口は様々あり得るが、なかでも官民のリスク分担というPPP/PFI事業の本質に直接関わるという意味で、需要変動リスクの分担の在り方は最も重要な視点の1つといえよう。

　以下では、需要変動リスクの分担という切り口を中心として、その他の関連する観点も交えつつ、主要なPPP/PFIの事業スキームを整理、比較する。

1 サービス購入型

　日本における伝統的なPFI事業は、民間事業者がプロジェクトごとに特別目的会社（SPC）を設立し、当該SPCを通じて資金調達を行い、公共施設の設計、建設、維持管理、運営などを手掛けるとともに、国や地方公共団体がその対価としてSPCに一定のサービス購入料を支払うスキームが典型的に用いられる。「サービス購入型」と呼ばれる。

　このスキームでは、対象となる公共施設が利用可能な状態で建設・維持管理される限り、国や地方公共団体がサービス購入料を支払うことが義務付けられる。民間事業者は公共施設に係る需要変動リスクを負担せず、利用者からの料金を収受する公共がこれを負担することになる。プロジェクトへの融資を行う金融機関は、国や地方公共団体の信用に相当程度、依拠して与信判断を行うことになる。

　日本ではPFI法が1999年に施行して以来、公共施設の建設を伴う「ハコモノPFI」と呼ばれる事業の大半において、サービス購入型のスキームが採用されてきた。ただし、民間事業者は施設の運営状況に関係なくほぼ一定のサービス購入料が受け取れるうえ、公共側にとっても施設の建設費用をサービス購入料という名目で割賦払いしているだけだという指摘もあった。実際、個別案件によっ

ては、民間の資金やノウハウを積極的に活用してVFM (Value For Money)を実現するというPFIの本来の目的が必ずしも達成されていないケースも見られた。

図表 5-1　サービス購入型の基本的スキーム

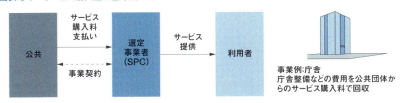

選定事業者のコストが、公共部門から支払われるサービス購入料により全額回収される類型
民間資金等活用事業推進機構HPを基に日経BPが作成

　欧州を中心に勃興した海外のPPP/PFI事業に目を向けると、その黎明期においては民間側が需要変動リスクを負担する独立採算型のスキームが中心であったところ、当初に想定した車両の通行台数を確保できなかった有料道路事業などで行き詰まる事例が相次いだ。そこで、近年は需要変動リスクを公共側に残し、道路の維持管理の状況などに応じて公共側が支払うサービス対価を増減させる「アベイラビリティ・ペイメント」と呼ぶスキームが増えている。

2 独立採算型

　サービス購入型とは逆に、民間事業者が需要変動リスクを全面的に負担するスキーム、すなわち、民間事業者が資金調達と公共施設の設計、建設、維持管理、運営などを行うだけでなく、住民に公共施設を用いたサービスを提供し、利用者から利用料金を直接収受するスキームも存在する。「独立採算型」と呼ばれる。
　2011年のPFI法改正によって導入されたコンセッション方式は、独立採算型スキームの1つである。同方式は、公共が保有する既存の公共施設を対象として、その所有権を公共に残したまま、当該施設の運営権を一定の対価の支払い

と引き換えに民間事業者に設定、付与するものである。

なお、独立採算型スキームは必ずしもコンセッション方式に限定されるものではない。新規の公共施設の建設を伴うプロジェクトであっても、建設コストを公共からのサービス購入料ではなく、利用者からの利用料金収入により回収する仕組みが採用される場合には、それも独立採算型である。ただし、これまで日本ではそのようなタイプのPPP/PFI事業はほとんど見られなかった。

図表 5-2　独立採算型の基本的スキーム

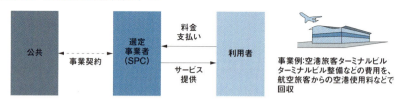

選定事業者のコストが、利用料金収入などの受益者からの支払いにより回収される類型
民間資金等活用事業推進機構HPを基に日経BPが作成

なお、従来から無料で開放されていた一般道路など、そもそも利用料金を徴収することに対する利用者の抵抗感が強いセクターにおいては、民間事業者が利用者から料金を徴収せず、別途、実際の交通量などに応じた仮想の料金の支払いを公共から受ける「シャドー・トール」というスキームも存在する。

このスキームを用いることにより、料金収入が十分に見込めない事業についても、民間事業者に対して需要変動リスクの相当部分を移転した形で効率的な事業運営を期待することができる。日本では道路分野のコンセッションの先例として愛知県の有料道路事業が存在するのみであるが、将来的には各地の道路事業についてもシャドー・トールのスキームを用いることで、PPP/PFI事業の対象範囲がより広がる可能性があるといえる。

3 混合型

混合型スキームは、民間事業者が資金調達と公共施設の設計、建設、維持管

理、運営などを行うと同時に、住民に公共施設を用いたサービスを提供して利用者から利用料金を収受しつつ、他方で、国や地方公共団体からも一定のサービス購入料も受け取る。サービス購入型と独立採算型を組み合わせたスキームである。これは、対象となる公共事業に独立採算を確保するだけの収益性が見いだせない場合に、なお民間事業者による事業参加を可能にするため、利用料金などの収入を補填する目的で公共が一定のサービス購入料を民間事業者に支払うものである。

図表 5-3　混合型の基本的スキーム

選定事業者のコストが、公共部門から支払われるサービス購入料と、利用料金収入などの受益者からの支払いの双方により回収される類型

民間資金等活用事業推進機構HPを基に日経BPが作成

　例えば、少子高齢化などによって収入減少が避けられないといわれる地方公共団体の上下水道事業や、長期にわたって安定的なキャッシュフローを見込みにくい競技場・スタジアムなどにおいては、利用料金収入だけでは民間事業者にとって事業参画へのインセンティブが十分でないケースも考えられる。そのような場合に、混合型スキームが有用な選択肢の1つになり得る。

　なお、上下水道事業などのように事業採算性の確保が問題となるセクターについては、公共による補助金の利用も考えられる。これも経済的には混合型スキームの1つと位置づけることができる。

　ただ、そもそも個別の案件において民間事業者が利用可能な補助金制度（地方公共団体が利用する国庫補助金制度を含む）が存在するか、あるいは新設できるかという入り口の問題がある。さらに、コンセッションのように事業期間が20年や30年といった長期にわたるプロジェクトにおいて、複数年度にわたる補

助金の交付を法制上どのように確保するか、また、債務負担行為の設定といった予算の裏付けのために議会の継続的な協力を確保できるかといった点が、事業者と事業に資金を供給する金融機関などの双方にとって実務上の課題となる。

4 最低収入保証とレベニュー・シェアリング

　需要変動リスクの見極めが難しい事業において、公共が民間に対して最低収入保証を提供する場合がある。例えば、韓国では最低収入保証の仕組みを導入することにより、民間事業者がコンセッション方式のプロジェクトにおいて需要変動リスクを負担しやすい環境を整え、大規模交通事業の早期実現を可能にしたといわれている。

　最低収入保証は、需要変動リスクが顕在化して収益が一定のラインを超えて悪化した場合に、公共が補填を行うことになる。逆に、収益が想定以上に向上する可能性もあり、この場合には公共が一定のラインを超えた超過収益を享受できる仕組みとするのがフェアといえる。

　余剰収益の官民間の共有は、レベニュー・シェアリングやプロフィット・シェアリングと呼ばれる[51]。日本でもかかる方式が採用された実例として、愛知県の有料道路コンセッション事業がある。同事業の運営権実施契約においては、道路料金収入が計画値より6％を超えて悪化した場合は愛知県道路公社が損失の補填を行う一方で、道路料金収入が計画値より6％を超えて向上した場合には愛知県道路公社が超過収益を享受する仕組みが採用されている。

5 所有権の移転に着目した分類

　以上は、主として官民間での需要変動リスクの分担という視点から、PPP/

51　先述したシャドー・トールの仕組みにおいて、公共が民間に支払う仮想の料金の金額を交通量などの増加に応じて段階的に減額する方式を採用する場合がある。こうした方式は、経済的には最低収入保証とレベニュー・シェアリングの双方の要素を併せ持っているといえる

PFI事業のスキームを解説したが、それとは別に、民間事業者が設計・建設した公共施設の所有権がどのタイミングで公共に移転するかという点に着目した事業スキームの分類方法もある。主なものは以下の通りである。これらは、もともとプラント建設などの多様なプロジェクトファイナンスにおけるスキームの分類方法として用いられてきた概念であり、必ずしもPPP/PFI事業に特有のものではないことに留意が必要である。

BTO

民間事業者が自ら資金を調達して公共施設を建設（Build）し、完工時点で当該施設の所有権を公共に移転（Transfer）したうえで、その後、当該施設の運営（Operate）を行う方式

BOT

民間事業者が自ら資金を調達して公共施設を建設（Build）し、完工後そのまま当該施設の運営（Operate）を行ったうえで、事業期間の終了時に当該施設の所有権を公共に移転（Transfer）する方式

BOO

民間事業者が自ら資金を調達して公共施設を建設（Build）し、完工後そのまま当該施設の運営（Operate）を行ったうえで、事業期間の終了後も当該施設の所有権を公共に移転せずに保持（Own）する方式

これらの分類は、いずれも「建設」を伴う事業のスキームに関するものであり、典型的には途上国におけるインフラ整備のためのPPPスキームとして用いられるものである[52]。

日本でも、公共施設の建設を伴うPFI事業においてこれらの分類が用いられているが、いわゆる「ハコモノPFI」では公共施設の「建設」に主眼があり、完

---

[52] なお、日本国内の現状と異なり、欧州のコンセッション事業では建設を伴うものが多い

工後の公共施設の「運営」は、施設の維持管理にとどまるものが多かった[53]。他方で、民間事業者が既存の公共施設の運営のみを独立採算型の事業として担うコンセッション方式においては、逆に「建設」が存在せず、「運営」に特化することになる。PFI法上で認められた「公共施設等運営事業」に公共施設等の「運営」と「維持管理」は含まれるものの、「建設」と「改修」は含まれないためである[54]。

6 建設・運営を統合したコンセッションの可能性

日本においては、公共施設の新設工事または既存施設の全面除却を伴う再整備から、独立採算ベースでの運営までを一気通貫のプロジェクトとして民間事業者に担わせるスキームを直接想定したフレームワークは必ずしも用意されていない。公共施設やインフラの整備が既に行き届いており、新たなインフラ整備よりも高度経済成長期に整備された既存のインフラを人口減少社会の中でどのように維持・更新していくかという点が重要な課題となっているため、運営に特化したコンセッション方式が導入されたことは自然な流れともいえる。

しかし、社会や時代の変化に応じて、相当規模の公共施設やインフラを新規に整備する必要が生じる機会はそれなりにあるとみられる。従来の「ハコモノPFI」とは異なり、独立採算ベースでの運営を見越したうえで、施設の建設を民間事業者に担わせるというニーズをどのように実現するかという点が議論されてもよいように思われる。

現行制度の下で、公共施設の新設・整備から運営までを一気通貫のプロジェクトとして民間事業者に担わせるスキームを実現するための1つの方法としては、建設フェーズを従来型のPFI事業としていったん実施したうえで、施設の完工後に別途、コンセッション事業として当該施設を対象とする運営権を設定することが考えられる。この場合、公共施設の建設代金と運営権の対価の関係をどのように処理するかを含め、建中ローン返済の原資や担保設定をどのよう

---

[53] 日本のPFI事業では、公共が施設を所有したまま、当該施設の改修（Rehabilitate）と運営（Operate）のみを民間事業者に委託する「RO方式」と呼ばれるスキームも実施されている
[54] PFI法2条2項および7項、運営権ガイドライン12（1）2.2-1（1）

にアレンジして確保するかといった点で、事業契約やプロジェクトファイナンスのストラクチャーにおいて工夫を要するだろう。なお、公共施設の建設代金と運営権の対価を相殺することで、公共の負担なしに施設を整備することも1つの可能性として考えられる。

7 バンドリングで事業規模を拡大

　バンドリングとは、単独では事業採算性を確保することが困難な事業について、複数の施設の建設・運営を一括して事業化することにより、リターンの向上とリスクの低減を実現し、民間事業者が参画可能なPPP/PFI事業を実現するためのスキームをいう。

　一般的にPFI事業は、官民双方にとって案件組成のための様々なコストがかかる一方で、対象とする単独の施設だけでは収益力が不足し、民間事業者が参入するだけの事業採算性やVFMを確保することが困難な場合がある。例えば、中小規模の地方公共団体における小中学校の新設・更新や耐震化・空調整備事業、公営住宅の整備事業などについて、単体の事業では採算性の確保が困難であっても、バンドリング方式により複数の事業をまとめて運営することにより、事業規模を拡大し、PFI事業として成立する可能性が高まる。

　伝統的なPFIの分野でバンドリング方式を採用した先駆け的な案件としては、千葉県市川市の市川市立第七中学校校舎・給食室・公会堂・保育所整備等PFI事業（公立中学校の整備に加え、保育園、高齢者施設、公会堂などの一体的な整備・維持管理・運営を民間委託した事例）、三重県四日市市の四日市市立小中学校施設整備事業（複数の異なる小中学校の改築・維持管理を一括して民間委託した事例）、香川県まんのう町のまんのう町立満濃中学校改築・町立図書館等複合施設整備事業（整備した公共施設の他にも町内にある多数の既存施設の維持管理を一括して民間委託した事例）などが知られている。また、バンドリング方式は、不採算路線を含む合計8路線の有料道路をコンセッションの対象とした愛知県有料道路運営等事業や、新千歳空港や旭川空港など合計7空港を対象とする北海道の空港コンセッション事業などのように、大規模なコンセッション案件でも採用されている。

こうしたバンドリングのスキームは、少子高齢化による人口減少が避けられない大半の地方公共団体にとって、PPP/PFI事業の拡大・普及を実現するための有効な手段の1つとして、今後、積極的に活用されることが期待される。

8 民間資金を伴わない官民連携

　上記以外にもPPP/PFIのスキームとして位置づけることができる3つの制度を示す。

　ただし、これらのいずれについても、資金調達は公共側が一般財源、起債または補助金により確保することが想定されており、民間資金の活用は想定されていないことに留意が必要である。すなわち、これらはPPP/PFIの一類型であっても、民間資金を用いない点でPFIとは本質的に区別されるべきものである。

民間委託

　民間委託とは、民法上の請負契約または委任契約に基づき、公共が公共施設の維持管理や運営等を民間事業者に担わせる方式を意味する。典型的には、単年度ベースで細分化された業務を分離発注し、要求水準は仕様規定によることが多い。ただし、上下水道など一部の事業分野においては、複数の業務を包括的に対象として、複数年度にわたって性能規定による包括的な民間委託が行われる場合もある。

　民間委託の対象業務は、基本的に民間事業者が担った方が効率的・効果的に実施でき、かつ民間委託が法令上可能な業務として、主には清掃、警備、保守管理などの事実行為が想定されている。民間事業者による利用料金の直接収受や施設の使用許可といった公権力の行使などに係る業務は、コンセッション以外の伝統的なPFI事業を含め対象とならない。

指定管理者制度

　2003年9月の地方自治法の改正によって導入されたのが指定管理者制度である。

従来型の民間委託では対象とできなかった業務を「公の施設」[55]に係る指定管理者として指定された民間事業者に委ねることが可能となった。

　もっとも法令上、地方公共団体に専属的に付与された行政処分は指定管理者であっても行えないものとされ、また、各事業分野において指定管理者が行える業務範囲は各公物管理法の規定により事業分野ごとに異なる。さらに、指定管理者制度では、(1)利用料金の直接収受が可能ではあるが、利用料金の設定は公共の事前承認が必要である点（なお、コンセッションの場合は事前届出制となっている）、(2)指定管理者の指定は行政処分行為により付与されるものであり、指定を受けた民間事業者側の権利が弱い点（例えば、包括的・抽象的な基準により指定の取り消しが可能であり、また、コンセッションの運営権のように譲渡や登録もできない）、(3)管理・運営の内容は条例で定める必要があり、公共が担ってきた「管理」の代行という側面が強いこともあって、民間事業者による自由な投資活動や創意工夫を生かした契約による柔軟な対応を行うことができない点、(4)包括的な民間委託の場合と同様に、典型的には3～5年程度の指定期間が想定されており[56]、長期にわたって資金調達を伴う投資行為を行うことや長期的視点からの運営や専門的人材の確保・育成が困難である点、(5)前回の実績ベースで予定価格が積算される傾向や最低価格落札方式の採用に起因した価格競争によって、経費節減の偏重による行政サービスの質の低下に陥りやすい点、(6)経年劣化による施設の潜在的リスクの分担が不明確である点──などが制度に内在する限界として指摘されている。

---

[55] 「公の施設」とは、「住民の福祉を増進する目的をもってその利用に供するための施設」（地方自治法244条1項）であり、(1)住民の利用に供するためのものであること、(2)当該地方公共団体の住民の利用に供するためのものであること、(3)住民の福祉を増進する目的をもって設けるものであること、(4)地方公共団体が設けるものであること、(5)施設であること──の5つの要件を満たすものと解されている。典型例としては、地方公共団体が設置する体育館、競技場、福祉施設、公園、図書館、美術館といった各種の文教施設が挙げられる。「公の施設」に該当すると、その設置および管理に関する条例の制定が必要となり（地方自治法244条の2第1項）、正当な理由なく住民の利用を拒めず（同法244条2項）、住民の利用について不当な差別的取り扱いをしてはならないものとされる（同法244条3項）

[56] 指定期間に関して法令上は上限など具体的な定めは存在しないものの、総務省自治行政局行政経営支援室「公の施設の指定管理者制度の導入状況等に関する調査結果」（2016年3月）によれば、指定管理者制度を導入した「公の施設」の指定期間は5年が最も多く（65.3％）、次いで3年（17.8％）となっている。なお、指定期間は長期化の傾向にあるものの、10年以上の指定期間が設定されている施設は5.7％のみである

223

DBO

　民間委託や指定管理者制度とは似て非なるスキームとして、DBOというものがある。これは、廃棄物処理事業や浄水場などを典型例として、民間事業者が公共施設の設計（Design）、建設（Build）、維持管理・運営（Operate）などの業務を一括して長期間にわたって受託する方式をいう[57]。契約期間は10〜30年と長期にわたることが一般的であり、設計・建設・運営の各段階で個別に入札を行う必要がなく、一気通貫での効率的なプロジェクトの遂行やトータルコストの低下などを期待できる点にメリットがあるといわれている。

---

[57] 必ずしも運営がパッケージに含まれるとは限らず、公共施設の設計（Design）、建設（Build）のみを民間事業者に委託するDB方式も存在する

3 官民のリスク分担

　コンセッション事業をはじめとするインフラ投資において、リスクの把握は不可欠といえる。どのようなリスクがどの程度の頻度で発生し、事業収支にどれほどの影響を及ぼすのか、評価しておかなければならない。リスクが顕在化した場合、官民のどちらが負担するのかも重要な問題となる。

　内閣府がまとめた「PFI事業におけるリスク分担等に関するガイドライン」（リスク分担ガイドライン）は、リスクについて以下のように説明する[58]。

　「協定などの締結の時点では、選定事業の事業期間中に発生する可能性のある事故、需要の変動、天災、物価の上昇等の経済状況の変化等一切の事由を正確には予測し得ず、これらの事由が顕在化した場合、事業に要する支出または事業から得られる収入が影響を受けることがある。選定事業の実施に当たり、協定等の締結の時点ではその影響を正確には想定できないこのような不確実性のある事由によって、損失が発生する可能性をリスクという」

　リスクが顕在化することにより事業に生じる損失としては、想定外の設備投資や運営コストなどの増加費用・損害のほか、本来得られるはずであったサービス対価や利用料金などの事業収入の喪失（または逸失利益）が考えられる。このようなリスクについて、官民間または関係当事者間でどのように管理し、分担するかが事業成功のために不可欠の検討課題となる。なお、官民間のリスク分担に関して、従来型のPFIは主にPFI事業契約で、コンセッション方式の場合は運営権実施契約で、それぞれ具体的なルールが定められることになる。

　リスク分担を検討するうえで基本的な原則となるのが、「リスクを最もよく管理することができる者が当該リスクを分担する」という考え方である。ここで、民間事業者が管理することが難しいリスクまで負担を強いられると、民間

---

[58] リスク分担ガイドライン―1

事業者の参入意欲をそぎ、あるいは、民間事業者が公共に提示する条件の劣化につながり、最適なVFM（Value For Money）の実現を困難にするおそれがある。これでは、民間事業者の創意工夫を生かすというPPP/PFIの本来の理念からかけ離れることになろう。

なお、リスク分担の検討に関しては、事業者にファイナンスを提供するレンダーや投資家の利害関係についても留意しなければならない。PFI事業においては、事業に必要な資金を事業から生じる収入（サービス対価や公共施設の利用料金など）を引き当てとしたプロジェクトファイナンスで調達することが多い。同様の資金調達は、施設の整備・建設を主とする従来型のPFI事業だけでなく、運営権対価を公共側に支払うことが求められるコンセッション方式でも必要になる場合がある。従って、リスク分担を検討するに当たっては、このような資金調達方法やレンダー、投資家の利益も視野に入れる必要がある。また、各業務の受託先や再委託先、さらにコンセッション方式を含む独立採算型の事業の場合は、利用料金の調整を通じた利用者へのリスク転嫁、保険によるリスクの軽減といった観点も重要である。

従来型のPFI事業については、リスク分担ガイドラインや「契約に関するガイドライン─PFI事業契約における留意事項について─」（契約ガイドライン）に加え、豊富な先例により、議論の蓄積がなされている。他方、コンセッション方式特有の論点については、具体的な事例の数は比較的限られ、いまだ実務形成の途上にあるといってよい。そこで以下では、従来型のPFI事業における議論を踏まえつつ、コンセッション方式のPFI事業に関するリスク分担の在り方に重点を置いて、官民間のリスク分担について検討する。

様々な種類の「リスク」があるなか、特に関心を集めることの多い「不可抗力リスク」と「法令変更リスク」、そしてコンセッション方式において議論の多い「提供情報リスク」および「既存施設の瑕疵リスク」を中心に、契約の実務を念頭に置いて具体的に論じることとする。コンセッション方式は収入をサービス対価に依拠しない独立採算型を原則とするところ、需要変動リスクの分担についても重要な論点であるが、様々な事業スキームにおける需要変動リスクの分担について本章第2節に、事業不振時における契約解除の可否について本章第4節にそれぞれ論じており、それらを参照されたい。また、対象事業のセクター

別の留意点については、第4章も併せて参照されたい。

1 不可抗力リスク

　一般に「不可抗力」とは、天災などのように契約当事者の行為とは無関係に外部から生じる障害で、通常必要と認められる注意や予防方法を尽くしてもなお防止し得ないものと考えられている[59]。不可抗力リスクとは、このような不可抗力に起因して、契約に従った事業遂行が困難または不可能となることに基づき発生するリスクである。

　不可抗力によって施設などが損壊した場合、事業者はPFI事業契約や運営権実施契約に従った義務の履行ができなくなるだけでなく、設備修繕などに関する増加費用や損害が発生し、また、コンセッション方式を含む独立採算型の事業においては、公共サービスが提供できない期間中は施設の利用料金収入を得る道が閉ざされてしまう。従って、PFI事業契約や運営権実施契約において、このような不可抗力リスクをどのように管理、分担するかを定めておかなければならない。

　「不可抗力」といってもその具体的内容は様々であり、例えば、契約ガイドラインは「管理者および選定事業者のいずれの責めにも帰しがたい天災など、具体的には暴風、豪雨、洪水、高潮、地滑り、落盤、落雷、地震、火災、有毒ガスの発生などの自然災害に属するものと、騒乱、暴動、戦争、テロ行為などの人為災害に属するものとに分類できる」とする[60]。事象の発生が一定期間に限られ、また、その影響も施設自体に対する物理的損害や復旧までの営業損害などの形で見積もり可能であり、保険によるリスク軽減措置を行うことが比較的容易な一部の自然災害などと、事業に与える影響や期間が予測しにくく、保険による対応が難しい戦争などとを比べた場合、おのずからリスク分担の考え方も異なり得るため、「不可抗力」の定義を検討するに当たっては留意が必要となる。

---

59 リスク分担ガイドライン二6（1）、契約ガイドライン3-6・1.、2、6-9・3.
60 契約ガイドライン2-2-9・2.、6-9・1.

このような観点から、海外のPPP/PFI事業契約には、リスク発現時の効果として契約上の義務の免責のみを認める事由（Relief Eventsなどと定義される）と、契約の解除まで認める事由（Force Majeure Eventsなどと定義される）とを区別するものもある[61]。これに対し、日本のこれまでのPFI実務においては、事象の分類によりリスク発現時の契約の取り扱いを区別することまではしないケースが多い[62]。以下では、不可抗力リスク発現時の契約上の手当てについて、具体的に検討する。

義務の免責

　不可抗力が生じた場合、それがどのような事象であっても、事業者はPFI事業契約や運営権実施契約に従った業務の遂行が不可能または著しく困難になる可能性がある。民法上、契約当事者は原則として自らの責めに帰すべき事由によるものでない限り、契約違反（債務不履行）の責任を負担しないとされ（民法415条など）、例外的に、金銭の支払い（金銭債務）に関してのみ不可抗力による免責は認められていない（民法419条3項）。PFI事業契約や運営権実施契約においては、このような民法のルールも念頭に置きつつ、事業者の義務や責任の範囲を明確にする観点から、不可抗力の発生期間中における事業者の義務の免責に関する規定を設けておくことが望ましく、実務上もそのような規定が設けられることが一般的である。

　従来型のPFI事業において、施設の設計や建設中に不可抗力が発生した場合、事業者は当初合意されたスケジュール通りに施設の引き渡しや運営の開始を行うことができなくなるため、引き渡し日や運営開始日が変更され得ることがPFI事業契約に規定される。また、従来型かコンセッション方式かに関わらず、施設の運営・維持が行われている期間中に不可抗力が発生した場合、これによる義務の不履行が事業者の損害賠償責任や解除事由を構成しないように、影響が及ぶ範囲でこのような運営・維持に関する事業者の義務が免責される必要が

---

[61] 英国財務省（HM Treasury）「Standardisation of PFI Contracts Version 4」5.3、5.4
[62] 海外のPPP/PFI事業契約においては、不可抗力発生時の契約上の具体的な効果としては、義務の免責および契約の終了のみが定められ、経済的な損失をも公共側に負担させる補償事由（Compensation Eventなどと定義される）と明確に区別されることが多い。これに対し、日本のPFI事業契約の実務においては、不可抗力による増加費用や損害なども公共側に負担させることがある

ある。PFI事業契約や運営権実施契約にこれらの免責規定を定める場合、「不可抗力」の定義のみならず、免責期間の始期と終期も明らかになるよう、通知などの手続きをできる限り明確に定めるべきである。

金銭債務については、前述の通り民法上も不可抗力免責を認めておらず、別途の考慮が必要となるところ、コンセッション方式の場合には、事業者が負担する運営権対価の支払い債務（とりわけ運営権対価が分割払いとされた場合の分割金の支払い債務）の取り扱いという形で問題となり得る。運営権対価が公共施設等から生じる利用料金を収受する権利の対価であることからすれば、利用料金の収受ができない期間中は、運営権対価の支払い債務も免責されるべきという考え方もあり得よう。しかし、これまでのコンセッション方式における実施契約の実務においては、民法上の金銭債務に関する規律と同様、不可抗力が発生した場合であっても、運営権対価の支払いについては免責されない取り扱いとされている[63]。

経済的損失の填補

保険の活用

前述の通り、不可抗力によって設備修繕などの増加費用や損害、事業収入を得られないことによる損失が発生するおそれがある。不可抗力の中でも、火災、暴風雨、洪水などのように、一般に保険による対応が可能と考えられているものについては、保険（保険料の支払いなど）を通じてリスクを事業者側に負担させることが合理的である。付保内容としては第一に財物保険が考えられるが、コンセッション方式を含む独立採算型の事業を中心に、不可抗力の発生期間中の事業収入を填補するための利益保険の付保も重要な検討事項となろう。

なお、PFI事業の事業期間は相当程度、長期にわたることが想定されるため、保険の活用については以下のような点も念頭に置かなければならない。

---

[63] ただし、例えば、空港コンセッションにおいては、不可抗力により事業が停止した場合などにおいては、自動的に運営権対価の支払い債務が免責されることにはなっていないものの、不可抗力による障害（事業の停止等）が一定期間以上継続する場合などにおいては、運営権者は運営権実施契約の見直しの協議を国に申し入れることができるものとされており、このような規定がある場合、運営権対価の支払い債務について支払いスケジュールを変更するなどの余地が一応残されているといえる

- 事業期間中、保険の更新に際して保険料が増減した場合（または免責金額などの保険契約の条件が変更された場合）の対応
- 事業期間中に保険会社が保険の更新に応じなかった場合や、これまで付保の対象になっていた事象が（合理的な保険料で）付保できなくなった場合[64]の対応
- 逆に、これまで付保の対象外であった事象が、新たに（合理的な保険料で）付保できるようになった場合の対応
- 保険金が支払われる場合の対応（レンダーが保険金請求権について担保権を設定することが想定され、また、支払い保険金について借入金の期限前弁済を求めることも考えられるため、調整を要する）
- 業務の委託先企業に対する付保義務付けの要否

保険で対応できない場合のリスク分担

　不可抗力の中には、地震、噴火、津波、テロ行為、戦争、内乱、放射能汚染などのように、保険で対応することが制約され、または不可能であるものも存在し、事業者に全面的にリスクを負担させることが適切でないものもある。また、付保の対象となるリスクであっても、実際に発生した損害などが保険でカバーできる範囲を超える事態も想定され、この場合に官民いずれにリスクを負担させるのかも問題となる。

　従来型のPFI事業の実務においては、例えば、発生した増加費用および損害などの100分の1までは事業者側が負担し、これを超えるものについては公共側が負担するというように、事業者側・公共側双方に負担を求めるものの、公共側の負担割合が大きい場合が多い。事業者側に負担を求めるのは、事業者に対し不可抗力による損害を最小限にとどめる経済的動機づけを与えるためと説明されている[65]。

　コンセッション方式のこれまでの実務においては、空港コンセッションを中

---

[64] 海外のPPP/PFI事業契約においては、これまで付保の対象であったリスクが保険により対応できなくなった場合に、公共側がリスク発現時の保険金相当額の支払いをする（併せて、事業者側が公共側に対して保険料相当額を負担する）旨を定め、また、一定の場合に契約が終了する旨を定めることがある。日本のPFI事業契約や運営権実施契約の実務においては、このような詳細な規定を定めることはされていない

[65] 契約ガイドライン3-6・4.、5-3・4.、6-9・3.（2）、6-9・4.（3）

心に、運営権実施契約において保険で対応できない事態に陥った場合に、公共側の費用負担による事業継続措置（施設の復旧など）が行われる旨が定められる例がある。一方、空港コンセッション以外においては、一定の規模[66]以上の損害や増加費用について、公共側が負担する旨を明記する運営権実施契約も存在する。

不可抗力による損失には、不可抗力が生じていなければ事業者側が得られたであろう逸失利益も含まれる。従来型のPFI事業の運営・維持段階において、不可抗力により事業の遂行が不可能になった期間も事業者にサービス対価が支払われるかどうかについては、ケース・バイ・ケースのようである[67]。

これに対し、コンセッション方式を含む独立採算型の事業においては、不可抗力により事業遂行が不可能な期間中は施設の利用料金などによる事業収入を得る途が閉ざされることになる。そのため、運営権実施契約などにおいて利用料金の定め方に一定の制限がある場合に、当該制限を変更することにより、事業者が負担するリスクを軽減することも検討すべきであろう。

また、独立採算型の事業においては、事業期間の延長による対応も考えられる。すなわち、施設の引き渡しや運営開始の遅延、不可抗力により事業遂行が不可能になった期間に応じて事業期間を延長することで、当該期間中のサービス対価や利用料金などの収入によって、不可抗力による損失を回復するということである。

事業の終了

従来型のPFI事業およびコンセッション方式のいずれの場合であっても、自然災害などのように不可抗力事由の継続が一定期間に限られるような場合は、施設の復旧が完了次第、事業を再開することができると考えられるため、原則として事業の終了（契約解除）を認めるべきでない。コンセッション方式においては、不可抗力により対象施設が全壊するなど、管理者である公共側が対象施

---

[66] 公共土木施設の災害復旧事業費を国の負担とする公共土木施設災害復旧事業費国庫負担法6条1項の適用除外に該当しないものなどとして定められる例がある
[67] 不可抗力により事業遂行が不可能な期間についてもサービス対価の支払いが保証される場合、事業者から事業立て直しのためのインセンティブを奪うことになりかねないため、留意が必要となる

設の所有権を有しなくなったときは、運営権は自動的に消滅するものとされている（PFI法29条4項）。しかし、施設が全壊しても事業再開が可能である場合に、再建された施設に運営権の再設定を行うことを当事者間であらかじめ合意できないか、といった点も検討されるべきであろう。

一方、戦争などのように事象の継続期間が予想できず、事業者において保険などを通じた損害の予防や軽減が著しく困難または不可能な事由については、官民双方でリスクを負担すべきである。従って、不可抗力事由が長期間継続し、事業の再開自体が困難であるような場合には、事業の終了を認めることが考えられる[68]。なお、契約の終了時における補償の考え方については、本章第4節において検討する。

2 法令変更リスク

法令変更リスクとは、事業開始時に予期できなかった法令などの変更に起因して、事業の継続が困難になり、または損失が発生するリスクである[69]。法律、命令・告示、条例および規則・規程の制定・改廃のみならず、行政機関が定める審査基準、処分基準および行政指導指針の制定・改廃や都市計画などの決定・変更・廃止を含む政策一般の変更なども含まれることがある。地方公共団体が施設を管理する場合には、当該地方公共団体レベルにおける条例などと国レベルの法令などとを区別して検討することも必要となろう。法令変更リスクは不可抗力リスクと同様に、事業者によるコントロールが必ずしも期待できないリスクの1つであり、リスク分担の方法を慎重に検討する必要がある。

法令変更リスクについても不可抗力と同様、リスク発現時の調整措置として、事業者の義務の免責や事業の終了を契約で定めることが考えられる。しかし、典型的に問題となるのは、法令変更に対応するための施設の改修費や運営費用の増加といった経済的損失の負担であるため、以下ではこの点を念頭に置いて

---

[68] 契約ガイドラインは、「選定事業者の履行不能が永続的であると判断されるとき、又は事業継続に過分の費用を要するときには、管理者等は、選定事業者と協議の上、PFI事業契約の一部又は全部を解除できる。なお、管理者等と選定事業者の双方に解除権を与えることも考えられる」とする。契約ガイドライン3-6・3、5-3・2、6-9・3、(1)、6-9・4、(1)

[69] リスク分担ガイドライン二6 (3)

検討する。

法令の内容に応じたリスク分担

従来型のPFI事業であるかコンセッション方式であるかを問わず、法令変更リスクの分担に関しては、一般に問題となる法令などの内容や性質に応じてリスク分担の場合分けがされることが多い。

対象となっている特定の事業や施設のみに適用される法令などの変更については、原則として公共側がリスクを負担すべきと考えられている[70]。これに加えて、対象事業や施設だけでなく、同種・類似のサービスを提供する事業・施設に適用される法令やPFI事業全般に適用される法令などの変更についても公共側がリスクを負担すべきかどうかは、当該事業分野の性質なども考慮のうえ、案件ごとに検討されるべきものといえよう[71]。

例えば、空港コンセッションにおいて、運営権が設定された空港にのみ適用される法令の変更に関するリスクのみを公共側に負担させるのか、それとも、このような公共側によるリスク負担の範囲を、運営権設定の有無を問わず空港全体に適用される法令（例えば、空港法や航空法）などの変更にまで広げるべきかという問題である。この点、コンセッション方式を含む独立採算型のPFI事業においては、法令変更によるリスクをサービスの利用者に転嫁できるかどうかという観点からの検討も必要になろう。

一方、特定の事業分野に向けられたものではなく、広く民間企業や事業者一般に影響を与える法令変更に関するリスクは、事業者にこれを負担させることもやむを得ないといえる[72]。事業者として想定、管理すべきリスクの範囲と考えられ、特に事業期間が長期にわたる場合などにおいて、このような法令変更が一切発生しないことを前提とするのは合理的ではない。しかし、PFI事業の場合には、一般の事業と異なり、事業者は事業の選択および撤退によってリス

---

[70] 契約ガイドライン5-3・5。このような法令などはあらかじめ契約書において特定すべきである。なお、入札の時点で明らかになっている法令の変更については、運営権対価の内容に織り込むべきであるため、事業に直接関連する法令の変更であっても、管理者等に全面的にリスクを負担させるのは適切ではない。PFI標準契約44条脚注
[71] 従来型のPFI事業においては、これらの法令変更も公共側に負担させることがあった
[72] 契約ガイドライン5-3・5

クを回避することができないため、一般に適用される法令などであっても、対応のために資本的支出が必要である場合には、そのリスクの全部または一部を公共側が負担することも検討すべきであろう[73]。

3 提供情報リスクと既存施設の瑕疵リスク

コンセッション方式のPFI事業では、施設の整備・建設を中核的な事業内容とする従来型のPFI事業と異なり、公共側が所有権を有する既存の公共施設に運営権が設定される。運営権の設定を受けようとする事業者は、当該施設のサービス需要や設備投資額などを予測するために、当該施設に関する資料を精査し、必要に応じて実査を行う。

このような、いわゆるデューデリジェンスは、運営権対価を適切に算定するために必須の手続きであるとともに、既存施設の瑕疵によるリスクを最小化するうえでも重要なものとなる。そこで、デューデリジェンスの対象となった情報の正確性や十分性に関するリスク（提供情報リスク）や、デューデリジェンスによっても発見することができなかった既存施設の瑕疵リスクの分担が問題になる。

なお、従来型のPFI事業であってもデューデリジェンスは必要な手続きであり、また、公共側から提供される事業用地や場合によっては既存の施設などにおいて事業が行われるため、程度の差はあろうが同じリスクは従来型のPFI事業においても問題となる。

情報の正確性と完全性

PFI事業において、デューデリジェンスの対象となる情報の多くは公共側から提供されるものであるため、事業者としてはPFI事業契約や運営権実施契約において、これらの情報の正確性や十分性が確保されることが望ましい。他方、これまでのPFIの実務を見る限り、例えば情報の正確性に関する表明保証を行

---

[73] 契約ガイドライン 5-3-5

う（違反時の補償義務を定める）などの方法によりリスクを負担することについて、公共側は慎重な態度を示してきたといえる。

しかしながら、「リスクを最もよく管理することができる者が当該リスクを分担する」との原則によるのであれば、管理者等が唯一の情報源であり、運営権者においてその正確性が検証できない情報や検証に過大なコストがかかる情報、管理者等において容易に正確性が確認できる情報については、提供された情報の正確性について管理者等がリスクを負担するという考え方が合理的である。厚生労働省がまとめた「水道事業における官民連携に関する手引き」は、この点について「事業者選定段階で地方公共団体が提供した資料と現況が異なった場合のリスク」は「地方公共団体が負担することが原則だが、提供した資料の精度の確保方法の検討が必要」と整理しており[74]、上記の考え方に整合する立場をとる。

既存施設の瑕疵リスク

既存施設においてデューデリジェンスによっても発見できない瑕疵があった場合のリスクに関しては、公共側が当該施設の所有者であり、リスクを最もよく管理することができる立場にある以上、公共側がリスクを負担することが合理的である。この点について、これまでのコンセッション方式の実務においては、一定期間に限定して公共側が瑕疵担保責任を負う事例が見られるところである。運営権ガイドラインも、これまでの実務例を踏まえて「・・・瑕疵リスクについては、事業の性質等に応じて、管理者等が一定期間（瑕疵を発見するために必要な期間）責任を負うよう実施契約に規定することが望ましい（実施契約時点において予算措置は不要であり、支払い決定時までに予算措置がされていれば足りる）」（地方公共団体が管理者等の場合も同様）との考え方を示している[75]。

もっとも既存施設の瑕疵の中には、問題の発覚と確認までに時間がかかるものもあるため、瑕疵担保期間を施設の種類に応じて適切に設定する必要がある。

---

[74] 厚生労働省「水道事業における官民連携に関する手引き」IV3.1.6.3.
[75] 運営権ガイドライン4（1）2.（3）

さらに、瑕疵の種類によっては汚染物質の存在のように期間制限による画一的な取り扱いが適切ではない場合も考えられ、そのような瑕疵については期間制限の対象外にするといったきめ細やかなリスク分担を検討することが望ましい。

リスク発現時の措置としては、事業者の義務の免責や事業の終了も考えられるが、ここでも典型的に問題となるのは、施設の修繕費などの経済的損失の負担である。

4 リスク分担の具体的な方法としての補償措置

ここまでは、具体的なリスク項目ごとに官民におけるリスク分担の在り方を論じてきた。リスクが発現した場合に経済的損失を公共側が負担する場合、公共側から事業者に対する補償を行うことになる。

そこで以下では、このような補償措置についての契約上の規律を検討する。なお、公共側による補償が必要な場面はリスクに限定されるものではなく、公共側による契約違反や公共側の都合による要求水準の変更なども含まれ得るところ、以下の検討はこれら補償事由一般に妥当するものである。また、補償は契約の終了時においても問題になるが、この点は本章第4節でまとめて論じることとし、ここでは契約の終了を伴わない補償に焦点を当てる。

補償の内容と支払い方法

補償の具体的な範囲としては、まず、補償事由に起因して発生した増加費用や損害が挙げられる[76]。例えば、法令などの変更や既存施設の瑕疵に対応するための設備改修費用や運営費用の増加分が典型的なものである。また、補償の対象には、サービス対価や利用料金による事業収入の減少に基づく逸失利益も含まれる必要がある。コンセッション方式を含む独立採算型のPFI事業の場合、逸失利益の算定が困難な場合もあり得るため、契約においてあらかじめ一定の

---

[76] 従来型のPFI事業契約や公共工事請負契約においては「増加費用」「損害」の2つの表現を用いることが多く、本文の記載もこれに倣っているが、「増加費用」と「損害」との間で法的な性格に差異はない。建設業法研究会「公共工事標準請負契約約款の解説 改訂4版」203頁、大成出版社、2013年

ルールを定めておくことが望ましい。

補償の支払い方法については、設備改修費用などのように即時の金銭補償が必須のものが想定される一方で、継続的な運営費用の増加分や逸失利益のように支払い時期や方法をどのように定めるかが問題となるものもある。従来型のPFI事業においては、サービス対価の支払いに上乗せするという形を取ることができるが、コンセッション方式を含む独立採算型の事業においては同様の方法を取ることができない点に留意する必要がある。

事業期間の延長による補償

コンセッション方式を含む独立採算型のPFI事業においては、事業者の主な事業収入は、利用者から収受する公共施設等の利用料金で構成される。そのため、補償事由が発生した場合における損失を回復させるための方法として、事業期間の延長により、延長期間中に収受された利用料金による収益を通じて損失を補填するという考え方も取り得るところである。

しかし、例えば、短期間に多額の設備投資を要する場合や、プロジェクトファイナンスによる資金調達がされていた際に元利金の返済を要する場合など、即時の金銭補償が必要であり、事業期間の延長による損失補償が適切ではないこともある。他方、補償事由の発生により事業のキャッシュフローが受ける短期的な影響が限定的である場合には、損失が帰属するのはスポンサーあるいはエクイティ投資家、劣後ローンのレンダーであるため、事業期間の延長により当該損失の回収を図るという発想も取り得ないわけではない。従って、管理者等による補償の方法については、運営権者の資金調達手法も考慮し、検討すべきといえよう。

損害軽減義務

PFI事業契約や運営権実施契約では、公共側の補償事由が生じた場合などにおいて、事業者が損害軽減義務を負う旨が明記されることが多い。具体的にどのような損害軽減措置を取ることが想定されているかは、これまで必ずしも議論が深まっているとはいえない。

もっとも外部からの資金調達が前提となっている事業においては、当該事由

発生時に増加費用や損害を手当てするための資金調達を行う努力義務を運営権者に課し、そのような資金調達が奏功した場合には、管理者等による補償の範囲は金融費用に限られるというような取り決めを行うような事例が、マーケットが確立している海外において見られるようである。

また、コンセッション方式を含む独立採算型のPFI事業において、事業者はリスクの顕在化による増加費用や損害を利用料金に上乗せし、利用者に一定程度のリスクを転嫁することにより、自らの損失を軽減することが可能である。従って、他に同種・類似のサービスを提供する事業や施設がある場合に、当該の他の事業や施設で同じリスクに起因した利用料金の増額が行われているにもかかわらず、運営権者が同様の対応を行わない場合、運営権者が損害軽減義務を怠ったと評価される場合もあり得る。

4 | 事業期間満了前の終了手続き

PFI事業において、事業者はPFI事業契約または運営権実施契約であらかじめ定められた事業期間の終了に至るまで、公共施設の運営などをすることが予定されている。しかし、事業期間の途中で事業を維持できない一定の事由が生じた場合、予定された事業期間満了前であっても事業を終了する必要性が生じるため、PFI事業契約や運営権実施契約においては事業期間満了前の終了（解除）事由が定められることになる。

このような事業の終了事由について検討し、併せて事業が終了する場合における補償措置や対象施設の取り扱いなどについて検討する。

1 終了事由

予定された事業期間満了前において事業が終了する場合は、大きく分けて、(1)公共側の事由による終了、(2)事業者側の事由による終了、(3)不可抗力による終了——がある[77]。これらはPFI事業契約や運営権実施契約において、当事者による解除事由などの形で定められることになる。

なお、コンセッション方式においては、事業の実施方法を規律する運営権実施契約と、公共側の設権行為により発生する運営権は別の概念と整理されるため、運営権実施契約が終了する場合であっても、別途、運営権の取り消しまたは放棄の手続きが必要となる[78]。もっとも実務的には、いずれか片方のみが存続することは基本的に想定されず、運営権実施契約が解除される場合には必ず運営権の取り消しまたは放棄の手続きが行われることになる。

---

[77] 海外のPFI事業契約においては、付保対象であった一定のリスクが付保できなくなった場合において、一定の要件を満たした場合に不可抗力に準ずるものとして契約を終了する取り扱いが多く見られるが、日本では一般的ではない
[78] 運営権ガイドライン15(1)2.(1)

公共側の事由による終了

　PFI事業契約および運営権実施契約においては、公共側による契約違反などに基づく事業者の解除権が定められる。契約の終了は提供される公共サービスに重大な影響を与えることから、公共側の契約違反については、重大な違反のみを解除事由としたうえで、一定の治癒期間[79]が設けられ、当該期間が経過しても違反が治癒されない場合に限り、事業者は解除権の行使を認められるとされることが多い。

　また、PFI事業契約および運営権実施契約においては、公共側が一定期間前に通知することにより、契約を終了することができる旨の任意解除の規定が設けられることが一般的であり、これも公共側の事由による終了の場合の1つである。かかる規定は、公共側の政策変更や住民要請の変化などにより、事業を実施する必要がなくなった場合や施設の転用が必要となった場合を想定したものである[80]。それゆえ、かかる規定に基づく公共側からの任意解除は、いかなる場合においても一切の制約なく行えるわけではなく、その規定の趣旨にのっとった場面に限定されると解する余地もあろう。

　なお、PFI法29条1項2号は、「公共施設等を他の公共の用途に供することその他の理由に基づく公益上やむを得ない必要が生じたとき」に公共側からの運営権の取り消しを認める。実務上はコンセッション方式によるPFI事業に係る運営権実施契約において、公共側による任意解除時にPFI法に基づき運営権の取り消しまたは放棄を行う旨を定めることが多い。

事業者側の事由による終了

　事業者に債務不履行などの一定の事由が発生した場合、PFI事業契約および運営権実施契約において、公共側の解除権が認められる。

　具体的な解除事由はケース・バイ・ケースではあるものの、一般的には(1)従来型のPFI事業において、建設工事への着手の遅延および対象施設の完成や引き渡し、事業の運営開始の遅延、(2)コンセッション方式のPFI事業において、

---

[79] 公共側に帰責事由がある場合なので、従来型のPFIにおいては治癒期間中も公共側にサービス対価の支払い義務が発生するものとすべきである。契約ガイドライン5-2・3.
[80] 契約ガイドライン5-1・7.

事業の運営開始の遅延、(3)施設の維持、管理または事業運営に関する債務不履行、(4)事業者における倒産手続き開始、(5)事業者による事業放棄——などが定められる[81]。

コンセッション方式に関しては、PFI法29条1項1号が運営権者の帰責事由に基づく運営権の取り消し事由[82]を列挙する。もっとも実務的には、同法29条1項1号よりも広汎かつ詳細な内容で運営権実施契約の解除事由が定められ、当該解除に基づき運営権実施契約が終了する場合には、同法29条1項1号(ホ)に定める「重大な違反」があったものとして、行政手続法に基づく聴聞手続きを経たうえで、運営権の取り消しが行われる。

事業者の帰責事由に基づく契約の終了は、提供される公共サービスの利用者のみならず、事業に対するファイナンスを供与するレンダーや投資家に対しても重大な悪影響を及ぼすものである。そのため、解除事由の内容はできる限り客観的かつ明確に定めることが望ましく、また、軽微な契約違反も含めて解除事由とすることは適切ではない。治癒可能な契約違反などに関しては、一定の治癒期間などを設けることも検討すべきである。

日本のこれまでの実務では、単に「重大な」契約違反があった場合に、「一定期間」の催告の後に公共側による解除を認める旨のみを定める例が多かったが、事業者やレンダー、投資家の予測可能性を確保する観点からは、解除事由の明確化について検討の余地があるといえよう。

なお、海外のPPP/PFI事業契約においては、サービス対価支払い型の事業においてサービス対価の減額があらかじめ定めた一定の基準値に達した場合は、解除事由に該当する旨を定めることがあり、治癒期間についても事由の内容に応じて具体的な日数を設定することが多い。日本でもモニタリングの結果、運営権者による施設の維持管理や運営が要求水準を満たしていないことが判明した場合は、公共側が運営権者にペナルティーポイントを付与のうえ、それに応

---

[81] 契約ガイドライン5-1・3.
[82] 具体的には、(イ)偽りその他不正の方法により運営権者となったとき、(ロ)PFI法9条に定められている欠格事由のいずれかに該当することとなったとき、(ハ)所定の期間内に事業を開始しなかったとき、(ニ)事業を実施できなかったときまたは実施できないことが明らかになったとき、(ホ)運営権実施契約について重大な違反があったとき、(ヘ)PFI法28条に基づく公共側の指示などに従わないとき、(ト)事業に関する法令に違反したとき——が挙げられている

じて違約金を課し、あるいは当該業務の実施企業の変更を求める。さらに、それらの措置にもかかわらず、なお要求水準を満たしていないと公共側が判断した場合には、運営権実施契約を解除できるとしたものがある。

不可抗力による終了

本章第3節(1)で述べた通り、一定の不可抗力事由については、事由が長期間継続し、事業の再開自体が困難であるような場合に、事業の終了を認めることが考えられる。また、不可抗力だけでなく、法令などの変更により事業の継続が不可能または著しく困難になった場合も、同様の規律により契約の解除事由とされることが多い。契約ガイドラインは、「選定事業者の履行不能が永続的であると判断されるとき、または事業継続に過分の費用を要するときには、管理者等は選定事業者と協議のうえ、PFI事業契約の一部または全部を解除できる。なお、管理者等と選定事業者の双方に解除権を与えることも考えられる」とする[83]。

なお、コンセッション方式に関して、PFI法29条4項は公共側が公共施設等の所有権を有しなくなったときに、運営権が自動的に消滅することを定めている。これは天災による対象施設の滅失などの場合を想定したものであると考えられる。

2 終了に伴う補償

公共側の事由による終了に伴う補償

公共側の事由により予定された契約期間の途中で事業が終了する場合、事業者が損失などを被ることのないように、公共側から補償がされる必要がある。

従来型のPFI事業において、公共側の事由により事業が終了した場合には、公共側は、施設の出来高に相当する金額(施設の完工前の場合)または建設工事費・既履行業務に係るサービス対価[84]の未払い額(施設の完工後の場合)を支払

---

[83] 契約ガイドライン3-6・3.、5-3・2、6-9・3.(1)、6-9・4.(1)

[84] BOT方式の場合には、サービス対価ではなく施設の買い取り価格という構成になるが、実質的な考え方の差異はない。事業者の事由または不可抗力による終了に伴う補償に関しても同様である

う旨がPFI事業契約に規定される。対価支払いの対象は、要求水準を充足する
ものであることを要する。これに加えて、公共側は解除により事業者に発生し
た損害を賠償する旨が規定されるのが通例であり、当該損害にはレンダーに対
して支払うべき期限前弁済費用などの金融費用も含まれると考えられている。

　海外のPPP/PFI事業契約において、公共側の事由により事業が終了した場合
の補償内容については、(1)従業員に対する解雇手当や業務委託先に対する補
償金などの費用相当額、(2)シニアローンの残債務、(3)エクイティまたは劣後
ローンの想定リターン──が定められることが多い。(2)および(3)は、プロ
ジェクトファイナンスによる資金調達がされていることを前提としたものであ
るが、エクイティの想定リターンの計算方法などが交渉のポイントとなり得る。

　日本のPFIの実務においては、このような損害項目を列挙する形のPFI事業
契約が見られないわけではないが、「損害を賠償する」旨の概括的な規定のみが
定められ、具体的な損害の内訳まで規定しない例も少なくない。しかし、プロ
ジェクトファイナンスによる外部からの資金調達の便宜を考えると、公共側の
事由により事業が終了した場合に、事業者やレンダー、投資家がリスクを負担
しないことを明確にすることが望ましいといえる。

コンセッション方式におけるPFI法上の補償

　PFI法30条1項は、公益上やむを得ない必要が生じたときの公共側による運
営権取り消しにより運営権者が損失を受けた場合に、「通常生ずべき損失」の補
償義務を公共側に課す。運営権ガイドラインによれば、当該補償は公共用地補
償基準の考え方に従うものとされ、運営権者は公共施設等の所有権を保有せず、
当該施設などの運営を行う権利のみ保有することから、営業補償の基準を用い
ることが想定されている[85]。加えて、運営権ガイドラインは「運営権が取り消
された時点において、既に運営権者が支払った運営権対価のうち残余の存続期
間に対応する部分については、運営権者に対して支払う必要があると考えられ

---

[85] 運営権ガイドライン15(3) 2.(1)〜(3)。具体的には、一定期間の営業上の逸失利益、従業員の休業補償、運営権者が設置・保有する施設などの売却損、のれんなどが想定されているようである。運営権ガイドライン15(3) 2.別表

る」とする[86]。

　補償金額の算定根拠を公共用地補償基準の営業補償基準とすることについては、運営権ガイドライン策定の検討段階から、基準として不十分ではないかとの疑問が呈されている[87]。例えば、営業廃止補償の場合、「運営権者の転業を前提として、転業までの期間中に営業をしていれば得られたと見込まれる収益」が補償の対象とされているが[88]、一般の民間事業と異なり、事業者が事業終了に際して他の取引先を探すことや転業を検討することは想定されず、プロジェクト単位で設立されるSPCによるPFI事業において、上記のような考え方が妥当するか議論の余地があろう。

　もっとも運営権ガイドラインは、運営権が取り消された場合の措置をPFI法30条1項に基づく上記補償に限定しない[89]。既述の通り、従来型のPFI事業においても、資金調達方法を念頭に置いた検討がされてきた。コンセッション方式においても、運営権対価や事業資金を外部から調達した場合に、レンダーや投資家が投下資本を回収できないという懸念が生じないよう、運営権実施契約において合理的な補償規定が定められることが望ましい。

事業者側の事由による終了に伴う補償

　従来型のPFI事業であるか、コンセッション方式であるかを問わず、事業者の事由に基づき事業が早期に終了した場合、事業者は公共側に生じる損失（再公募にかかる費用や要求水準未充足状態を治癒するために要する費用など）を補償しなければならない。事業者およびレンダーや投資家のリスク評価という観点からは、例えばサービス対価[90]や運営権対価の100分の10というように、PFI事業契約または運営権実施契約において賠償額の予定をあらかじめ定めておくことや、上限金額を合意しておくことが望ましい。しかし、実務的にはあ

86　運営権ガイドライン15（3）2.（6）
87　内閣府「民間資金等活用事業推進委員会」（PFI推進委員会）第31回総合部会議事録16 〜 17頁
88　運営権ガイドライン15（3）2.別表
89　運営権ガイドライン15（3）2.（5）
90　施設の完工前においては、施設整備に係るサービス対価であり、完工後においてはケース・バイ・ケースではあるものの、工事費残額に相当する額、維持管理・運営に係るサービス対価のうち残存期間に相当する額、解除された事業年度1年分の維持管理・運営に係るサービス対価に相当する額、維持管理・運営に係るサービス対価総額などが考えられる。PFI標準契約56条2項および同条の脚注3

らかじめ定められている違約金を支払うとともに、公共側に生じた損害がこれを超える場合には超過額の支払いを要するとするものが多いように見受けられる。

従来型のPFI事業において、事業者の事由により事業が終了した場合も、公共側は施設の出来高に相当する金額（施設の完工前の場合）または建設工事費・既履行業務に係るサービス対価の未払い額（施設の完工後の場合）を支払う旨がPFI事業契約に規定される。対価支払いの対象は、要求水準を充足するものであることを要する。施設の完工前における出来高部分の買い取りについては、公共側が買い取り義務を負担する場合と買い取り権を有するにとどまる場合があり、後者において買い取り権が行使されない場合、事業者は事業用地の原状回復義務を負担することとなる。公共側において、原則として買い取り義務を負担するものの、工事の進捗状況を考慮して事業用地の原状回復が社会通念上、合理的であると認められる場合などに、事業者に対し事業用地を原状回復するよう請求することができる旨を定める場合もある[91]。

コンセッション方式のPFI事業において、運営権者の事由により事業が終了に至った場合であっても、公共側は運営権取り消しの時点で既に支払い済みであった残存事業期間分に対応する運営権対価相当額を利得する理由はないため、運営権者に対しこれを返還するのが合理的である[92]。

不可抗力による終了に伴う補償

従来型のPFI事業においては、不可抗力により事業が終了した場合[93]も、公共側は施設の出来高に相当する金額（施設の完工前の場合）または建設工事費・

---

[91] 公共側の事由や不可抗力による終了の場合にも、原状回復が求められる場合があるが、原状回復費用を公共側に負担させるなどとして、事業者の事由による終了の場合と区別されることもある

[92] 内閣府「公共施設等運営権に係る会計処理方法に関するPT研究報告（中間とりまとめ）」2（2）も、運営権実施契約の解除に伴う運営権対価の返還義務について、公共帰責、運営権者帰責および不可抗力の場合を区別していない。実務上は、この点の扱いは案件によって区々に分かれており、運営権者に帰責事由がある場合であっても当該返還義務を定めるもの（例えば、関西国際空港・大阪国際（伊丹）空港、愛知県有料道路、福岡空港の各コンセッション案件）、定めのないもの（例えば、仙台空港、高松空港の各コンセッション案件）の両方の事例が存在する。下水道コンセッションガイドラインは「管理者が返還することが適切と判断した場合は、運営権者に返還する旨を実施契約に規定することが望ましい」としている。下水道コンセッションガイドライン3.13.3（1）

[93] これまでのPFI実務においては、法令などの変更による終了の場合の規律も、不可抗力による終了の場合と同一の条項で規定し、同様のルールを及ぼすものが一般的である

245

既履行業務に係るサービス対価の未払い額（施設の完工後の場合）を支払う旨がPFI事業契約に規定される。施設の完工前において、公共側が施設の買い取りを行わず事業者側が原状回復義務（または原状回復費用の支払い義務）を負担するか否かは、事例ごとに定められる。また、その他の増加費用や損害などについては、リスク分担の原則ルール（本章第3節参照）に従うものとされることが多い。

コンセッション方式については、これまでのところ不可抗力により事業が終了した場合における損害などは各自の負担とする例が多い。不可抗力により事業が終了する場合にリスクを運営権者に一方的に負担させることは適切ではなく、少なくとも既払いの運営権対価のうち残余の事業期間に対応する部分は運営権者に返還されるべきである[94]。

海外のPPP/PFI事業契約において、不可抗力により事業が終了した場合の補償内容については、(1)従業員に対する解雇手当や業務委託先に対する補償金などの費用相当額、(2)シニアローンの残債務を含む一方で、(3)エクイティについては払込金額に限定する——などにより、公共側の事由により事業が終了する場合と比較して、官民でリスクを分担する趣旨を明確にすることが多い。

日本のこれまでのPFIの実務においても、公共側の事由による終了の場合に比べて事業者が受ける補償額が少なくなるという基本的な考え方は共有されているものと思われるが[95]、海外実務のように資金調達方法に着目して具体的にPFI事業契約の規定に反映させることまでする例は少ないと考えられ、公共側から支払われる補償内容に「合理的な金融費用」が含まれる旨を規定するにとどめる契約書も多いものと思われる。しかし、プロジェクトファイナンスによる外部からの資金調達の便宜を考えると、不可抗力により事業が終了した場合に、事業者やレンダー、投資家が負担するリスクの範囲を明確にすることが望ましいといえる。

---

[94] 運営権ガイドライン15（3）2.（6）、内閣府「公共施設等運営権に係る会計処理方法に関するPT研究報告（中間とりまとめ）」2（2）。下水道コンセッションガイドラインは、当該部分は運営権者に対して支払う必要があるとしている。下水道コンセッションガイドライン3.13.3（3）

[95] 例えば、契約ガイドラインは、不可抗力による契約終了の場合も管理者等が選定事業者に生じる合理的費用（選定事業者が開業に要した費用および解散に要した費用）を負担することが考えられるとするが（契約ガイドライン5-3・2、6-9・4.（1））、管理者等の事由による終了時と異なり、「解除されなければ選定事業者が得たであろう利益」（契約ガイドライン5-4・5.）の補償については特段言及しておらず、両者に差異があることを示唆する

3 事業の終了時における対象施設の取り扱い

　従来型かコンセッション方式かを問わず、また、当初予定された事業期間が満了した場合または途中で終了した場合のいずれであっても、事業が終了した場合には、事業者は公共側に対象施設を返還することになる。多くの場合、事業の終了後も公共側または公共側が指定する第三者（再公募が行われる場合を含む）によって事業が継続することが見込まれるため、PFI事業契約または運営権実施契約においては、事業の承継に関する以下のような規定が必要となる[96]。

- 契約期間満了前において（または契約の解除に際して）、施設が要求水準書などに定める要件を充足する態様で維持・管理されているかどうかを公共側が検査すること
- 事業者が、終了時において所有する物件の撤去や原状回復を行う義務を負うこと
- 事業者が、公共側または公共側が指定する第三者による事業の承継が円滑に行われるようにするための一定の事務（公共側に対する必要な書類などの引き渡し、承継後の従業員に対する研修など）を行うこと
- 事業者が、返還した施設などについて一定期間、瑕疵担保責任を負担すること[97]

　上記の通り、事業終了時において施設の状態が一定水準以上であることが求められるが、事業者に対して事業期間満了後も含むような形の設備に関する過度な投資を求めることになると、入札価格や（コンセッション方式を含む独立採算型の場合には）施設の利用料金などに跳ね返ってくることになりかねないため留意が必要となる。

---

[96] 本文中に列挙した規定は従来型のPFIの実務において一般的に見られるものの、コンセッション方式の実務においても基本的に同じような考え方は妥当するため、事業の承継や施設の返還に関する規定が設けられることになるものと思われる

[97] 前述の通り、既存の公共施設等に運営権の設定を受けるコンセッション方式においては、事業開始から一定期間、公共側が事業者に対して当該公共施設等の瑕疵担保責任を負担する（本章第3節参照）。このような公共側の瑕疵担保責任と比べ、事業者が事業期間終了後に負担する瑕疵担保責任は、その範囲や内容が広く定められることが多い

また、運営権者による自主的で柔軟な運営が認められるコンセッション方式の場合、運営権者が任意に設備投資を行うことも考えられるが、事業期間満了時において施設の増加価値が残存する場合、公共側に適切な価格での買い取り義務が課せられることが望ましい。実務例としては、対価の支払いを伴わず当然に公共側に所有権が帰属すると定める例もあるが、このような買い取りまたは対価の支払いが行われないと、事業者から設備投資を行うインセンティブを奪うことになり、また、当該設備投資について外部から資金調達を行うに当たりハードルが上がることにもなりかねない。特に、事業期間満了が近づいてきた場合に問題となり得る。運営権ガイドラインも、任意の増改築によるバリューアップ相当分について、公共側または新たに選定された運営権者による買い取りおよび算定方法の明確化について言及している[98]。

　なお、同様の問題として、空港コンセッションにおけるターミナルビルのように、運営権者が一定の施設などを所有する事業において、事業期間満了時に公共側が当該施設などを買い取るかどうかという点も、運営権者にとって重要な関心事である。運営権実施契約上は、事業期間満了時に公共側において買い取りを行うことができる旨の規定のみ設けられ、買い取りがされるかどうかはあくまで公共側の選択によるものとされることが多いが、運営権者における設備投資計画などにも影響するところであり、買い取りの有無および対価などの条件については、できる限り予測可能性が高まるような形で手当てがされることが望ましいといえる。

　更新投資による増加価値の取り扱いについては、本章第5節も参照されたい。

---

[98] 運営権ガイドライン16 (1) 2. (2)

5 | コンセッション方式の実務上の論点

　日本におけるコンセッション方式を利用したPPP/PFIは、まだ成長・発展の途上にあるが、既実施案件の入札手続きに参加したり、これからコンセッション案件への参加を検討したりする民間事業者の間では、コンセッションの取り組み推進と市場の拡大に向けて、既に多くの問題が提起されており、政府の側でも市場の声を踏まえた改善策の検討が進められつつある。

　検討すべき課題は多岐にわたり、対象となるインフラ資産や個別案件の特性によっても異なり得るが、ここでは、より幅広く分野横断的に問題となり得る論点を抽出し、その中でも関係者の間で特に関心の高い論点を巡る議論の現状を紹介するとともに、コンセッション方式の実務のさらなる発展に向けた問題提起を行いたい。

1 既存施設の瑕疵リスクへの対応

　コンセッション方式では、公共側が所有権を有する既存の公共施設等に運営権が設定されるため、公共施設の整備・建設を主な事業内容とする従来型のPPP/PFI事業に比して、これらの既存施設などに内在する瑕疵リスクへの対応が注目されている。

情報開示・デューデリジェンス

　コンセッション方式への参加を検討する民間事業者においては、従来型のPPP/PFI事業への参加検討時にも増して、開示資料のレビューや対象施設の実地調査など（いわゆるデューデリジェンス）を通じた既存施設などの物理的な状態あるいは法律的なリスクの検証が欠かせない[99]。

　しかしながら、特に先行案件への参加検討を行った一部の民間事業者からは、デューデリジェンスに係る公共側の対応について、改善すべき点があるとの指摘がなされている。例えば、運営権設定後に民間事業者が管理することとなる

固定資産、動産、契約などについて検証に必要な情報（例えば、資産の調達価格や修繕履歴など）が記載されたリストの開示が十分でない、あるいは、電子データでの開示が必要であってもこれを受けられないことがあるといった点が挙げられている。

こうした状況の背景として、公共側がこの種の手続きのための情報整理や開示に不慣れであることや、限られた人員と選定手続き期間の中でその対応に限界があることが指摘できる。また、そもそも資産の取得を国有資産台帳の記載だけで記録しているなどといった事情も存する。

一方、民間事業者においてはいわゆるＭ＆Ａや不動産取得案件などを通じて一定のノウハウを蓄積しているため、情報開示やデューデリジェンスへの期待値がある程度高いものと思われる。民間事業者からの上記指摘は、公共側の対応と民間事業者の認識とのギャップに一因があるという見方もできる。

そうしたなか、一部の民間事業者の間では、公共側において開示資料の整理・作成を外部機関へ委託することや、公共側が選定した専門家によるデューデリジェンスの結果を入札参加者に提供することなどを求める声もある。これらの取り組みは、より適時適切な情報の開示・分析や応札コストの低減につながり、民間事業者によるコンセッション案件への参加検討を促進する観点からも期待される。

2018年3月に改正された運営権ガイドラインでは、(1)運営権者による管理の対象となる固定資産、動産、契約などに関する必要な情報（調達価格、修繕履歴を含む）を、選定プロセスの可能な限り早い段階でリストとともに開示すること、(2)専門家によるエンジニアリングレポートなどの開示、(3)ベンダー・デューデリジェンスの実施とその結果の提供などの措置を講じること――が望

---

99 運営権ガイドラインも「既存施設の瑕疵リスクについては、瑕疵が通常の注意では発見できないものであることを踏まえ、既存資料の十分な確認や施設を実地に確認することなどにより、その最小化を図る」として、デューデリジェンスの重要性を指摘している。運営権ガイドライン4 (1) 2. (3)。また、国土交通省の「下水道事業における公共施設等運営事業等の実施に関するガイドライン」（下水道コンセッションガイドライン）は、応募者の提案に基づいた質の向上による効率的な事業の実施や運営事業の安定的実施のためのデューデリジェンスの重要性に言及している。下水道コンセッションガイドライン3.8.1。なお、民間事業者にとってのデューデリジェンスの重要性は、その背後に控える投資家や株主に対する説明責任の観点からも基礎づけられる

ましいとされる[100]。

瑕疵担保責任[101]

いかにデューデリジェンスの充実を図ったとしても、そこで発見できない瑕疵についてのリスク分担の問題はなお残る。「リスクを最もよく管理することができる者が当該リスクを分担する」というリスク分担の基本原則[102]に立つと、通常のデューデリジェンスでは発見や想定が困難な瑕疵については、そのリスクを一定範囲で公共側が負うのが原則ともいえる[103]。

しかしながら、これまでの先行案件においては、その対象範囲（例えば、物理的な瑕疵に限定され、法律的な瑕疵が対象から除外される）、補償期間（例えば、瑕疵の性質いかんに関わらず一定期間に限定される）、補償内容（例えば、補償額の上限が運営権対価相当額や運営権対価一時金と初年度の運営権対価分割金の合計金額とされる）といった面において、公共側が負う瑕疵担保責任はなお限定的である[104]。

公共側には、リスク分担の基本原則に立ち返って、もう一段、踏み込んだリスクの負担が期待されるところである。もっとも公共側もこのようなリスク負担の必要性について認識していないわけではない。運営権ガイドラインでは、瑕疵リスクについては、事業の性質などに応じて管理者等が一定期間（瑕疵を発見するために必要な期間）責任を負うよう運営権実施契約に規定することが

---

[100] 運営権ガイドライン3（4）2.（1）、（2）
[101] 瑕疵担保責任の議論と併せて、公共側による表明保証条項が定められていないことがしばしば指摘される。一般に、表明保証条項はこれに違反した場合の補償などの効果と結び付けられることにより、買い手の利益保護のためによく機能する（買い主にとっての主張、立証責任の軽減を含む）。民間事業者同士の取引であれば、デューデリジェンスの結果を表明保証条項に適切に反映することにより、個別取引の実情や情報の開示状況に応じた効果を期待できるが、PPP/PFI案件において公共がそのような表明保証を行うことはまれである。ただ、表明保証条項が存しなければ、およそ買い主（運営権者）の保護を図れないというものではない。かかる条項がなくとも、瑕疵担保責任および補償の規定が適正に定められていれば、瑕疵リスクについて運営権者の保護を図ることは可能である
[102] リスク分担ガイドライン一2
[103] 例えば、厚生労働省「水道事業における官民連携に関する手引き」Ⅳ3.1.6.3.とその下表「Ⅳ-3-1　運営権導入時に考慮すべきリスク」は、地方公共団体が所有する既存施設に瑕疵があった場合のリスクは地方公共団体が負担するのが原則であることを明記する
[104] なお、航空系事業と非航空系事業から構成される空港コンセッションのような複合的なコンセッション事業においては、運営権設定対象施設と非運営権設定対象施設の所有者が異なるために、瑕疵担保責任の範囲・条件もそれぞれの施設の所有主体ごとに異なるという問題が指摘されている。また、先行案件においては、民間事業者が事業期間終了時に公共側に譲渡する資産などに関して、より広範な瑕疵担保責任を負担することとの不均衡を指摘する声もある

251

望ましく、地方公共団体においても同様の対応が望ましいとされる[105]。

　なお、公共側の消極的な姿勢の背景には、瑕疵担保責任の負担の帰結として予算化の困難な補償責任（偶発債務）を負担するリスクが高まることへの懸念もあるようである。もっとも将来にわたる瑕疵担保責任を契約上の義務として公共側が負担することと、その補償履行のための予算措置の議論とは、本来、切り離して検討すべき事柄である[106]。運営権ガイドラインも、運営権実施契約時点において予算措置は不要であり、支払い決定時までに予算措置がされていれば足りる旨を明確にしている[107]。

　その他、基金や保険制度なども含めた補償の裏付けとなる仕組みの創設や運営権対価の柔軟化など、公共側による補償の履行可能性を高めるための施策を検討していくことも今後の課題となろう。

② 更新投資による増加価値の取り扱い

　コンセッション方式では、事業期間にわたり対象施設を要求水準書などで定める一定水準以上に保つために施設の増改築などの実施が求められる。また、事業価値のさらなる発展と向上のためには、民間事業者の創意工夫による設備投資が欠かせない。

　しかしながら、これまでの先行事例を見るに、事業期間中に実施された設備投資による価値増加の効果が事業期間の満了後に及ぶ場合であっても、その残存価値を民間事業者側に適切に補填する仕組みが十分に設けられていない場合が多い。この場合、特に事業期間の満了時期が近くなると民間事業者による設備投資意欲を減退させかねず、あるいは、民間事業者による過度の設備投資負

---

[105] 運営権ガイドライン4（1）2.（3）。その他にも、「水道事業における官民連携に関する手引き」Ⅳ3.1.6.3.は、「事業者選定段階で地方公共団体が提供した資料と現況が異なった場合のリスク」は「地方公共団体が負担することが原則だが、提供した資料の精度の確保方法の検討が必要」とし、公共側でのリスク負担の必要性につき、その認識を明らかにしている。また、下水道コンセッションガイドライン図表3-43も、「運営権者選定時のデューデリジェンスや現地調査では完全に想定することが困難な更新工事需要量増大リスクや当初期間の突発修繕費の増大リスク」を、公共側が一定の限度で負担すべき旨を示している

[106] 運営権実施契約などに基づき公共側が将来において負担し得る債務は他にも存する

[107] 損害賠償の具体的な額を定める場合には、地方公共団体の議会の議決が必要である（地方自治法96条1項13号）。ただし、地方公営企業の業務に関するものについては、条例で定めるものを除き、同号は適用されない。運営権ガイドライン4（1）2.（3）

担が利用料金に転嫁される事態も想定される[108]。そのため、公共側は運営権実施契約などにおいて、設備投資などによる増加価値の評価方法（第三者の専門家による評価など、客観性が担保されることが望ましい）や補填の基準・枠組み（公共側に自らまたは新たに当該事業を引き継ぐ民間事業者を通じて費用の出損や買い取りを行う義務を課す仕組みを含む）を、あらかじめ民間事業者側に示すことが望ましい。この点に関して、2018年3月に改正された運営権ガイドラインは、民間事業者が任意で行う設備投資（施設の増改築）による増加価値について、公共側や事業期間終了後に新たに当該事業を引き継ぐ民間事業者が買い取る仕組み（その算定方法を含む）の導入に言及する[109]。

　また、こうした増加価値を補填する仕組みの導入に当たっては、事業期間の満了間近における設備投資の適切性を担保するための更新投資のプロセスの明確化も求められよう。この点につき、運営権ガイドラインは、管理者等による買い取りに関連して、運営権実施契約において、施設のバリューアップ相当分に係る更新投資のうち事業期間中に回収が困難なものであって、事業期間終了時に当該投資の残存価値が見込まれる更新投資を民間事業者が行う場合の手続きや、当該手続きの結果、更新投資を行うこととした場合におけるバリューアップ相当分のうち、事業終了時点で価値が残存している分の管理者等による買い取り価格の決定方法または決定手続きなどについて定めることが望ましいとする[110]。

　実例としては、運営権ガイドラインの改正前の案件ではあるが、浜松市下水道コンセッションでは、国の補助金の対象となる改築の費用のうち国の補助金対象額を超える部分について、事業期間に係る減価償却費・残存価額相当部分は運営権者が負担する一方、事業期間終了以降に係る減価償却費・残存価額相当部分は浜松市が負担する仕組みが導入された[111]。また、同改正後の案件としては、北海道内7空港コンセッションにおいて、運営権施設に係る拡張投資の

---

[108] これらは、コンセッション方式による民営化に伴う問題点としてしばしば言及される。例えば、Asian Development Bank「Developing Best Practices for Promoting Private Sector Investment in Infrastructure: Airports and Air Traffic Control」32〜33頁、2001年12月
[109] 運営権ガイドライン16 (1) 2. (2)
[110] 運営権ガイドライン16 (1) 2. (2)
[111] 浜松市下水道コンセッション運営権実施契約書69条2項

うち、一定の要件（(1)事業期間中に回収が困難であって、(2)国が事業終了時点において当該拡張投資の残存価値が見込まれると判断し、国と運営権者があらかじめ合意した算定方法に従い予算措置された場合など）を満たすものについては、事業期間終了時に国が費用を負担する仕組みが取り入れられている[112]。

なお、こうした増加価値の評価方法や補填の基準、枠組みの整備と併せて、事業期間中に実施される設備投資の会計ルール（減価償却のルール）の明確化や柔軟化も課題である。財務会計基準機構の企業会計基準委員会により、2017年5月に「公共施設等運営事業における運営権者の会計処理等に関する実務上の取扱い」（実務対応報告）が公表されるなど、更新投資に係る資産の減価償却ルールを明確にするための取り組みは既に進められている。

もっとも、実務対応報告では、運営権者が更新投資を実施した際の減価償却期間は運営権設定期間を超えないこととされるなど（実務対応報告第15項）、現行ルールの明確化を提案するにとどまる。民間事業者の間では一律に運営権設定期間の範囲内での償却を必要とするのではなく、公共側が事業期間終了時に更新投資による増加残存価値を買い取り、または、補償するなどの仕組みが整備されることを条件に、当該更新投資の物理的耐用年数での償却も選択可能な枠組みを導入するよう求める声もあり、さらなる議論が期待される。

3 運営権対価の支払い方法

コンセッションにおける運営権対価の支払い方法についてPFI法は特段の制約を設けておらず、一括払いに限らず、分割払いとすることも可能である[113]。また、運営権対価の支払いに加えて、収益連動型（プロフィット・シェアリング）の対価支払いの仕組みを組み合わせることも可能である[114]。

もっとも、これまでの先行案件においては、国管理空港のコンセッションで

---

[112] 北海道内7空港コンセッション募集要項第1章2.(13)脚注24
[113] 運営権ガイドライン7(3)2.(1)
[114] 収益連動型（プロフィット・シェアリング）の対価支払いの仕組みを導入した事例として、新関西国際空港コンセッションにおける収益連動負担金の仕組みがある。収益1500億円を超過した部分の3%を収益連動負担金として支払う。新関西国際空港株式会社により2015年12月22日付で公表された「関西国際空港及び大阪国際空港特定空港運営事業等公共施設等運営実施契約」の概要9項3)

運営権対価の支払い方法を一括払いとする例が一部見られるものの[115]、依然として運営権対価の支払い方法を分割払いとする案件も多い。これは、例えば仮に地方公共団体において運営権対価を一括払いで受領した場合、地方債などの財政投融資資金の（補償金なしでの）繰り上げ償還が容易でないことも一因と指摘されている[116]。

運営権対価の分割払い方式に対しては、幅広い事業者にコンセッション案件への参加の機会を与えるうえで有用との声もある一方[117]、特に一時金の支払額が少ない場合を念頭に、公共から民間へのファイナンスリスクの移転が不十分である（移転しない）、金融機関やエクイティ投資家などの民間資金提供者による資金提供機会が限定的となりコンセッション市場の拡大を阻害する要因となるといった指摘がなされている。

そもそもコンセッション事業は、事業開始当初から運営権対価の支払いを通じた投資負担を行う民間事業者がその事業継続と発展に対する強い動機づけを持つとの前提に立ち、当該民間事業者に対し広い裁量や権限を与える仕組みである。とすれば、それだけの投資負担やそのための資金調達の確保に耐え得る民間事業者や投資家こそが、コンセッション案件の担い手となるべきともいえる。

運営権ガイドラインも、こうした民間からの声に配慮を示し、民間資金の活用というPFIの趣旨に鑑みた場合、ファイナンスリスクを公共側で負う形は望ましくなく、民間側で負う（運営権者が金融機関から融資を受けるなど）仕組みの導入を推進する観点から、支払いについては一括払いを検討すべきであり、仮に分割払いを採用する場合でも、一定の一括払い（当初分）を組み込むよう努めるべきとしている[118]。

---

[115] 仙台空港コンセッション運営権実施契約22条1項、高松空港コンセッション運営権実施契約22条1項

[116] そうした指摘を踏まえ、政府が2016年6月に閣議決定した「日本再興戦略2016」では、コンセッションの導入を進める地方公共団体が地方債などの財政投融資資金の繰り上げ償還を行う際に補償金の負担減となる仕組み（補償金の免除や軽減、その代替措置）を導入することについて、検討を進めることとされた。その後、2018年6月に公布されたPFI法の改正により、上下水道の分野におけるコンセッションを促進するため、2018年度から2021年度までの間に実施方針条例を定めることなどを要件として、同事業に係るコンセッションを設定した地方公共団体に対し、同事業に関して貸付けられた財政投融資資金の繰り上げ償還に係る補償金を免除する制度が導入されている

[117] 分割払いの仕組みは、公共側による一種のセラー・ファイナンスの側面を有する

[118] 運営権ガイドライン7（3）2.（2）

地方公共団体に貸付けられた財政投融資資金の繰り上げ償還に係る補償金を免除する仕組みの導入や事業環境の整備を踏まえて、将来的には各案件における運営権対価の支払い方式が、民間事業者からの提案や公共側との競争的対話を通じて決定されるようなプロセスへと移行していくことが期待される。

4 エクイティ保有を通じた公共側の継続関与

　一部のコンセッション案件では、民間事業者による事業開始後も、地方公共団体などが引き続き運営権者であるSPCの議決権株主として事業に関与し続けることが想定されている[119]。こうした枠組みについて、民間事業者への事業の円滑な承継や公共側によるモニタリング機能の強化、特に地方でのコンセッション案件において地元企業やコミュニティーとの連携強化などの観点から、必要な仕組みであるとの評価がある。

　他方で、公共側による事業への継続的な関与が、ひいては過度な干渉へとつながり、民間事業者の経営の自由度を奪いかねないと懸念する見方もある。こうした立場からは、ガイドラインなどによって地方公共団体による出資比率の上限や目安を設けること、また、出資期間についても地元企業やコミュニティーへの理解の浸透を図り円滑な事業承継を実現するために必要と考えられる期間（例えば、事業開始から数年程度）に限定することなどを求める声もある。

　こうした声を受け、2018年3月に改正された運営権ガイドラインでは、運営権者への地方公共団体による出資や特定の企業による出資枠について、必要性が明確であり、かつ、出資以外の方法ではその必要性に明確に応えられない場合を除いて行わないこと、また、出資を認める場合でも、出資額に対して過大な株主権限（一定の役員比率、株主承認事項など）を要求するような条件や応募者の資金調達必要額が不確定になるような条件を付さないこととしている[120]。

---

[119] 例えば、高松空港コンセッションにおいて、香川県および高松市が運営権者であるSPCの株主として同空港の運営事業に参画している
[120] 運営権ガイドライン2（2）2.（1）6

5 インフラ投資市場の拡大に向けた取り組み

　コンセッション方式によるPPP/PFIにおいて、インフラと金融・資本市場の融合を意識することの重要性は、多くの関係者が説くところである。その背後には、インフラ投資市場を日本に根付かせることにより、参加する投資家の範囲、厚みの拡大や、公共が取得する対価の向上への期待がある。投資家目線による規律を通じて、インフラ事業の効率性の向上や社会的な厚生の増大につながるとの発想も存する。

　より具体的には、(1)運営権者SPCの(議決権)株式自体のセカンダリー譲渡(機関投資家が譲り受ける場合のほか、代表企業の交代を伴う株式譲渡も含まれる)、(2)機関投資家を中心とした金融投資家によるインフラファンドを通じた運営権者SPCへの投資──を念頭に、インフラ投資市場を醸成するための環境整備が進められている。特に近時の運営権ガイドラインの改正は、インフラ投資市場を醸成するための制度上の素地を整えるものといえる。これらを念頭に、以下では運営権ガイドラインの改正動向を中心に、論点の整理を試みたい。

セカンダリー・マーケット醸成の意義

　インフラと金融・資本市場の融合という文脈の下において、民間事業者の間では、中長期的な視点でコンセッション方式を利用した案件を継続的に供給し、今後、市場を拡大していくためには、コンセッション事業のセカンダリー・マーケットを醸成する必要があると指摘されている。

　セカンダリー・マーケットを通じた運営権者出資持分(株式)の譲渡や売却が容易になれば、民間事業者において既存のポートフォリオ(バランスシート)を整理しつつ、さらなる新規案件への参加意欲を維持し、その開拓のための投資も可能となる。また、PPP/PFI事業への新規参入を検討する民間事業者にとっては、入り口において新規入札案件(プライマリー・マーケット)にいきなり参加するよりも、まずは安定稼働期に入った既存の案件(セカンダリー・マーケット)への参加から始めた方が参入障壁は低い場合もある。そのため、コンセッション市場への参加者の裾野を広げるうえでも、セカンダリー・マーケットを確立することが重要といえる。

世界の現況に目を向けると、例えば、ある調査では2018年のインフラ案件（グローバルベース）のうち、実に64%がセカンダリー・マーケットでの取引に分類されている[121]。また、別の調査によれば、英国PPP/PFI市場において1998年から2016年までに、エクイティの譲渡を伴う案件として462件の取引が報告されている[122]。このように、グローバルベースでみると、PPP/PFIを含むインフラ投資市場におけるセカンダリー・マーケットの厚みは既に投資環境の前提となっており、日本におけるセカンダリー・マーケットの醸成に向けた動きも今後、さらに加速していくことが期待される。

制度・運用上の課題とルールの整備

国内外のPPP/PFIにおけるセカンダリー・マーケット活性化の文脈で制度・運用上の課題として挙げられる論点は多岐にわたり、また導入の背景や事業環境の違いに応じて様々であるが[123]、日本のコンセッション事業との関係においては、民間事業者の間で、特に、運営権者であるSPCの議決権株式を大きな制約なしに譲渡することを可能にするための条件整備（運営権者SPCの議決権株式の譲渡ルールの緩和・明確化）が中心的な課題として認識されてきた。この点については、従前から、運営権ガイドラインにおいても、多様な主体による民間資金の活用を実現する観点から、運営権者SPCの株式譲渡の制限を必要最小限にとどめる必要性が指摘されてきたところである[124]。

先行案件では、運営権者SPCの議決権株式を第三者に譲渡するためには、公共側の事前の承認を得ることが必要とされているが、譲渡先が一定の資格要件を満たしていることなどを条件として、公共側が運営権者SPCの議決権株式の譲渡を原則として承認することとされている場合も多い。例えば、高松空港コンセッションでは、運営権者SPCの議決権株式を第三者に譲渡しようとする場

---

[121] Preqin「2018 Infrastructure Deals」1頁、2019年1月7日

[122] European Services Strategy Unit Research Report No.10「PPP Profiteering and Offshoring: New Evidence」7頁、2017年10月

[123] 例えば、英国監査局（National Audit Office）が2012年に公表した「Equity investment in privately financed projects」では、英国PFIのセカンダリー・マーケットにおける情報の不透明性など、運用上の諸課題が包括的に取りまとめられている

[124] 運営権ガイドライン13（1）2.（2）

合、他の議決権株主へ譲渡する（すなわち、既存の民間事業者間で議決権株式の譲渡を行う）場合などの一定の例外を除いて、書面による国の事前の承認を受ける必要があるが、譲渡先が一定の欠格条件に該当しないこと、運営権者SPCによる事業実施の継続を阻害しないことを証明したことなどを条件として、国は（関係行政機関と協議したうえで）運営権者SPCの議決権株式の譲渡などの処分を原則として承認することとされている[125]。

この点について、2018年3月に改正された運営権ガイドラインでは、運営権者の議決権株式の第三者への譲渡については、(1)譲渡先が公募時に設定された参加資格を満たす者であり、かつ、(2)株式譲渡が事業実施の継続を阻害しない（株式譲渡を行う企業から運営権者に出向している職員が、株式譲渡と共に引き上げることで、要求水準や提案内容の履行に支障を来すような状況などとならない）場合には、管理者等は承認するものとすると定めている[126]。これは、上記で述べた先行案件での枠組みとほぼ同様の条件を整備したものであり、従前からの実務を明文化したものと理解することができる。

民間事業者の間では、さらにより明確なガイドラインの策定（公共による承諾期限の明確化など）を望む声や、一定期間（いわゆるロックアップ期間）経過後の譲渡要件を緩和するなど、一層の規制緩和を求める声もある。もっとも、従前の実務を踏まえて整理された上記(1)(2)の条件は、建前としては必ずしも不合理とはいえず、これら以上にさらに要件を具体化することには、実際上困難を伴うように思われる。今後は、こうした基本的な考え方の下に、いかに妥当な運用、あてはめを行い、先例を積み重ねていくかに実務の関心が向けられていくことが期待される[127]。

---

[125] 高松空港コンセッション基本協定書（案）6条2項(1)号、同6条3項
[126] 運営権ガイドライン13(1) 2.(4)
[127] 日本では、コンセッション方式を利用したPPP/PFI案件の先例はまだ多くはないが、その一方で、BTO方式によるサービス購入型を中心とするいわゆるハコモノ案件の実績は豊富である。そのため、1つのアプローチとして、当初はこうした従来型のPPP/PFI案件の豊富な蓄積の中からセカンダリー譲渡に適した案件を発掘し実績を積み重ねていくことで、管理者等および関係当事者の心理的な障壁を徐々に取り除きつつ、その後、それらの過程で得られた知識・経験の活用を通じて、コンセッション方式を利用したPPP/PFI案件のセカンダリー譲渡にマーケットの裾野を広げていくことも考えられよう

ファンドを通じたSPC株式への投資と取得ルール

次に、インフラと金融・資本市場の融合を念頭に置く場合、機関投資家を中心とした金融投資家によるインフラファンドを通じたコンセッション案件への投資という問題にも向き合う必要がある。この点について、市場関係者の間では、ファンドによる投資、特に運営権者SPCの議決権株式の取得が認められるか、認める場合にはどのような要件が適用されるかなどについて、議論が重ねられてきた。

そうした声を受けて、2018年3月に改正された運営権ガイドラインでは、ファンドを通じた運営権者SPCの議決権株式への投資の関連で、投資事業有限責任組合（LPS）などによる株式取得のルールが明確化されている。具体的には、(1)無限責任組合員（GP）の同意なく、有限責任組合員（LP）の追加および交代（持分譲渡を含む）ができないこと、(2)GPの追加および交代については、あらかじめ公共の承認が必要であることなどが挙げられている[128]。

上記ルールは、運営権者SPCの経営に能動的に介入することが想定されない投資家たるLPの追加・交代については、公共が直接制限を及ぼすものではなく、GPを通じた適正なコントロールで代替することを認めるものである。こうしたルールの明確化は、機関投資家などがファンドを通してコンセッション事業への間接的投資を行う可能性を広げるものといえる。

もっとも、昨今の機関投資家の一般的な投資性向として、投資パフォーマンスの向上とリスク管理のために経営に一定の影響力を持つことが必要だと考え、議決権株式に直接投資することを望む場合もあり得る。現状では、議決権株式自体の取得・譲渡は、(1)譲渡先が公募時に設定された参加資格を満たす者であり、かつ、(2)株式譲渡が事業実施の継続を阻害しない――という条件に基づき行われるよりほかないが、こうした機関投資家による議決権株式の投資については、特に上記(2)の要件の柔軟かつ円滑な解釈・運用を通じて、妥当な解決を図ることが望まれる。

---

128 運営権ガイドライン13（1）2.(5)。LPSなどが議決権株式を所有する場合、公共はGPが法令などにより組合の業務執行権を有する旨を確認することが前提とされている（運営権ガイドライン13（1）2.(7)）。また、公募への参加資格に実績要件を設定する場合で、LPSなどによるもので確認することが適さない事項については、当該LPSなどの無限責任組合員または無限責任組合員の実質的な支配者の実績をもって確認することなど、関連するルールの明確化も併せて行われている（運営権ガイドライン13（1）2.(6)など）

6 コンセッション促進のための環境整備

　コンセッション方式によるPPP/PFIの実務上、特に関心が寄せられている現状の課題は以上の通りであるが、コンセッション実務のさらなる普及のためには、こうした制度的な課題の解決に加えて、民間事業者側と公共側の双方を巻き込んだ参入促進のための環境整備が重要である。

　民間事業者の参入促進のためには、これまでに述べた制度的な課題の解決に加え、応札コストの低減のための条件整備も必要である。具体的には、コンセッション案件における情報開示の拡充（英文資料開示の範囲拡大を含む）やデューデリジェンス実務の標準化のほか、契約条件や用語の統一化なども考えられよう。

　一方で、公共側（特に地方公共団体）によるコンセッションの組成検討を促進するための取り組みとしては、案件の組成検討に要する諸費用を賄うための財政的な支援や制度的理解を深めるためのノウハウの共有化、ガイドラインなどによる基準のより一層の明確化などが課題として挙げられる。

　これを踏まえ、2018年の改正PFI法はPPP/PFI案件に対する国の支援機能の強化策として、(1) PPP/PFI案件に関する公共施設の管理者や民間事業者からの支援措置の内容や規制などに係る確認について内閣総理大臣が一元的に回答するワンストップ窓口の創設[129]、(2)管理者等による内閣総理大臣に対する特定事業に関する報告および内閣総理大臣による助言・勧告[130]——について定めている。

---

[129] 2018年改正後のPFI法15条の2
[130] 2018年改正後のPFI法15条の3

第6章

「PFI3.0」の官民連携モデル

1 海外の先端プロジェクトに学ぶ

　日本で官民連携に関する初の法制度となる「民間資金等の活用による公共施設等の整備等の促進に関する法律」（PFI法）が成立、施行したのは1999年。それ以降、まず主流となったのは公共施設の建設を重視した「ハコモノPFI」である。この時代を第1世代として「PFI 1.0」と定義した。

　続いて、第2世代となる「PFI 2.0」は2011年に始まった。同年のPFI法改正で公共施設の運営権を民間事業者に付与するコンセッション方式が制度化され、官民連携の軸足が建設から運営に移ったことを背景にしている。民間事業者は利用者から利用料金を直接収受し、主に独立採算型のスキームで運営する。

　さらに、日本がこれから目指すべきは、コンセッション事業を担う特別目的会社（SPC）の株式の流動化によって起こる資金循環、すなわちインフラ投資のセカンダリー市場の確立であろう。インフラ運営と投資が結びついた官民連携の姿を「PFI 3.0」と定義したい。

　PFI 3.0で求められる官民連携の手法は、（独立採算型の）コンセッション方式に限らない。需要変動リスクを公共に残しつつ、「ハコモノPFI」とは異なる方法で民間のノウハウを生かしたり、運営のインセンティブを与えたりする手法は海外では一般的である。以下ではこうした手法について、事例を交えながら詳説する。

1 「三方よし」のアベイラビリティ・ペイメント

　アベイラビリティ・ペイメントとは、PPP/PFI事業における事業者の報酬が、利用者が支払う利用料金に基づくものではなく、稼働率やサービス内容に応じて公共（管理者）側から支払われる形態のことを指す。モニタリングで評価される事業者のサービス内容が要求水準に達していなければ、報酬は減額される。一方、要求水準以上であれば増額される契約もある。

　アベイラビリティ・ペイメントは、報酬が利用料金に基づかないという点で

日本の「サービス購入型PFI」と類似する。しかし、日本の場合は報酬を「施設整備費相当額」と「維持管理・運営相当額」に分け、要求水準未達の場合も「施設整備費相当額」分までは減額しないという考え方が一般的である。そのため、たとえ運営や維持管理が劣悪であっても、事業者は少なくとも施設整備費相当額分は回収することができ、公共側にとっては実質的な建設代金の延べ払いとなるだけの「ハコモノPFI」と批判されてきた。

　一方、海外のアベイラビリティ・ペイメントの場合、要求水準未達の際は「施設整備費相当額」分も含めて減額される[1]。こうした仕組みを導入する主な目的は、事業者にサービス水準の維持・向上に努める経済的動機付けを与えることといえる。しかし、サービス水準が向上すると、利用者も利便性向上というメリットが得られ、管轄する公共も住民満足度の向上というメリットが得られるため、まさに「三方よし」を実現する仕組みになり得る。

　アベイラビリティ・ペイメントは、一般道路や学校など料金収入のないPPP/PFI事業にも適用できる汎用性も大きな特徴である。日本のコンセッション方式は利用料収入のある事業にしか適用できないが、海外のコンセッション方式は利用料収入がなくても適用可能で、このアベイラビリティ・ペイメントもコンセッション方式の一種とされている。

　一方、アベイラビリティ・ペイメント型PPP/PFI事業に投資する投資家側にとっても、報酬が増減するとはいえ、通常は事業収入（利用料金収入）の変動リスクほど大きくないため、長期・安定的なキャッシュフローを享受しやすい。こうした特徴は、インフラ投資の中心となる年金基金や保険会社のアペタイト（投資選好）とも合致するため、アベイラビリティ・ペイメント型PPP/PFI事業に対する投資ニーズも決して少なくないといえるだろう。

米国の道路事業で採用が増える

　そのアベイラビリティ・ペイメント型PPP/PFI事業について、米国の道路事業を例に詳しく見てみる。道路事業におけるアベイラビリティ・ペイメントとは、道路が適切な状態で利用可能（Available）であることに対して、公共側が事

1　日本ではこの形式のアベイラビリティ・ペイメントを、ユニタリー・ペイメントと称する場合もある

業者に支払う報酬のことである。一般的に、アベイラビリティ・ペイメント型事業の入札では、100％の利用可能状況を前提とした「最大アベイラビリティ・ペイメント（MAP：Maximum Availability Payment）」が入札金額として提示される。実際に運営事業者が受け取るアベイラビリティ・ペイメントは、通行止めが続いた場合などの「利用不能減額調整（Unavailability Adjustments）」や、道路修復に時間がかかりすぎた場合などの「運営・管理要求水準未達減額調整（O＆M Violation Adjustments）」を施した後の額となる[2]。

　こうした仕組みから、アベイラビリティ・ペイメントは通行料収入のない無料道路の運営・管理事業にも適用できることが特徴となっている。有料道路にも適用はできるが、その場合も支払われるアベイラビリティ・ペイメントは通

図表 6-1　道路事業の民間運営における3つの収入形態

収入形態	最終負担者	道路事業リスクの民間移転	
		交通量リスク	収益リスク
リアル・トール（Real Toll） 通行料の支払い 道路利用者 → 運営事業者 サービス提供	道路利用者	○	○
シャドー・トール（Shadow Toll） 通行台数などに応じた支払い 道路利用者 ← 運営事業者 ← 国・地方公共団体など サービス提供	国・地方公共団体など	○	×
アベイラビリティ・ペイメント（Availability Payment） 道路の維持管理状況などに応じた支払い 道路利用者 ← 運営事業者 ← 国・地方公共団体など サービス提供	国・地方公共団体など	×	×

（資料：三井住友トラスト基礎研究所）

2　運営・管理要求水準を上回る場合などに、アベイラビリティ・ペイメントを増額調整する契約もある

行料収入の多寡に依存しない。つまり、運営事業者は道路事業の事業リスクである「交通量リスク」と「収益リスク」のいずれも負わない形となる。

米国の道路事業における民間運営では近年、このアベイラビリティ・ペイメントの採用が増えている。米国運輸省が2016年12月にまとめた報告書「Report on Highway Public-Private Partnership Concessions in the United States」によると、2009年から2016年の間に契約された18件の道路事業民営化案件のうち、半分の9件がアベイラビリティ・ペイメント型であった[3]。

こうした背景としては、特に世界金融危機以降、投資家など民間側において道路事業の事業リスクを回避するニーズが強くなったことなどが挙げられる。米国の道路事業では、DBFOM（Design–Build–Finance–Operate–Maintenance：設計・施工・資金調達・運営・管理）型や長期リース型事業でいくつかの破綻事例がある[4]。道路をはじめ、インフラ投資の中心となる年金基金や保険会社などの投資家は、その属性からもともと長期・安定したキャッシュフローを求める傾向が強い。こうした投資家ニーズに対して、収益の大きな上振れは期待できないものの、変動の大きい事業リスクを負担しなくて済むアベイラビリティ・ペイメント型事業は整合的といえる。

公共側にとっても、運営事業者の破綻で公共サービスの継続に懸念が生じるリスクを最小化できるのは好都合であろう。また、最大アベイラビリティ・ペイメントが設定されることも、予算制約のある公共側にとっては採用しやすい形態といえる。さらに、アベイラビリティ・ペイメントは無料道路や十分な収益性が見込めない有料道路にも適用可能であるため、民間の資金やノウハウを活用できる対象が大きく広がるメリットもある。

一方、アベイラビリティ・ペイメント型事業のキャッシュフローの源泉は公共の財源であるため、投資家など民間側は、公共セクター（米国の場合は主に州）の支払い能力に留意する必要があるだろう。例えば、アベイラビリティ・ペイメント型事業の乱発は財政の圧迫要因となるため、当該公共セクターの格付

---

3 残り9件のうち8件はDBFOM型事業。長期リース型事業は1件のみであった
4 DBFOM型事業の破綻事例として、2010年に破綻したサウスベイ高速道路（South Bay Expressway）や、2016年に破綻したSH 130 Segments 5 & 6がある。一方、長期リース型事業の破綻事例には、2014年に破綻したインディアナ有料道路（Indiana Toll Road）がある

けを悪化させる可能性がある。そのため、フロリダ州のようにアベイラビリティ・ペイメント型事業に上限を設けているところもある。

また、投資家など民間側は、法令変更リスクや政治的安定性にも留意する必要があるだろう。後者のリスクについては、例えば政治的混乱で予算編成が遅れ、アベイラビリティ・ペイメントの支払いも滞ることなどが考えられる。

米国の道路事業におけるアベイラビリティ・ペイメント型の事業期間は平均約35年で、リアル・トール型の一般的な期間より20年ほど短い。一方、平均的なエクイティ比率は、アベイラビリティ・ペイメント型が9％程度、リアル・トール型が22％程度となっている。こうしたデータは、アベイラビリティ・ペイメント型事業が財政リスクの観点で期間の制約を受ける一方、レバレッジは大きく取れることを意味する。つまり、投資家など民間側にとっては、事業期間の限りでは全体としてリスクがより限定された仕組みと評価していることを示している。

インターステート595号線改良事業

1989年に開通したインターステート595号線（I-595）は、フロリダ州南東部を東西に走る高速道路である。1992年にハリケーン・アンドリューが同地域に甚大な被害をもたらした後、大きな人口移動が起こったこともあり、I-595の交通量は想定以上の早さで増大した。そこで、フロリダ州交通局（FDOT：Florida Department of Transportation）が、I-595の交通容量拡大の検討を始めたことが、「インターステート595号線改良事業」（I-595 Corridor Roadway Improvements）のきっかけとなっている。

本事業はいくつかの事業で構成されているものの、中心となるのは「595 Express」と呼ばれる3車線の"リバーシブルな有料・管理レーン"をI-595の中央に整備し、その運営・管理も行うものである。有料レーンとは、隣に並走する一般無料レーンの混雑を回避したい利用者が、通行料を払って利用するための車線である。管理レーンとは、交通量によって通行料を柔軟に変動させる車線のことである。また、リバーシブル（レーン）とは、交通量のピークに合わせて、I-595の場合は午前に東方向、午後に西方向と通行方向を変える車線を意味する。

図表 6-2　インターステート595号線改良事業の位置

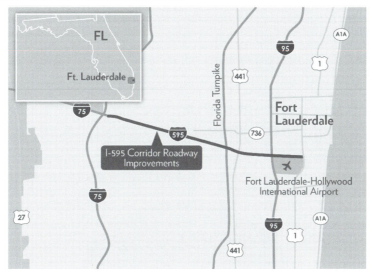

(資料:U.S. Department of Transportation「Report on Highway Public-Private Partnership Concessions in the United States」2016年12月)

　事業期間は建設が5年、その後の運営・管理が30年の計35年。フロリダ州交通局が有料レーンの通行料の設定と徴収権限を持ち、運営事業者にはアベイラビリティ・ペイメントの形で報酬が支払われる。契約は2009年に、フロリダ州交通局とスペインの大手建設会社の米国子会社であるACS Infrastructure Developmentとの間で締結された。着工は2009年6月で、開通は2014年3月であった。

　総事業費は18億3400万ドルで、このうちエクイティは2億800万ドル。当初はACS Infrastructure Developmentが100%保有していたが、2011年10月に50%分を全米教職員保険年金協会・大学退職株式基金(TIAA-CREF：Teachers Insurance and Annuity Association of America - College Retirement Equities Fund)[5]に売却している。デットについては、シニアデットとして12の金融機関から7億8100万ドルが供給されているほか、交通インフラ資金調達

---

[5]　2016年2月からTIAAとなっている

革新法（TIFIA：the Transportation Infrastructure Finance and Innovation Act）と呼ばれる連邦交通局の信用援助プログラムから6億300万ドルが供給されている。

　運営事業者の収入は完工時の6億8600万ドルと、以後30年の運営期間中に支払われるアベイラビリティ・ペイメントとなる。契約された最大アベイラビリティ・ペイメントは年間6590万ドルであったが[6]、実際に支払われるのは、ここから減額調整した後の額となる。

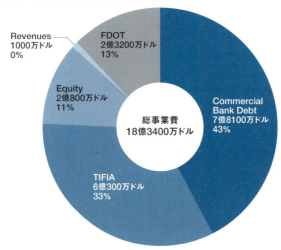

図表 6-3　インターステート595号線改良事業の資金供給源

Federal Highway Administration（FHWA）HP「Project Profiles（I-595 Corridor Roadway Improvements）」を基に三井住友トラスト基礎研究所が作成

マイアミ港トンネル事業

　マイアミ港トンネル（Port of Miami Tunnel）は、マイアミ港とインターステート395号線（I-395）とを結ぶ海底トンネルである。このトンネルができるま

---

[6] 年間最大アベイラビリティ・ペイメントの6590万ドルは運営期間中で固定ではなく、3割分は消費者物価指数に連動し、残り7割分は年率3.0％で増加する契約となっている

で、マイアミ港とマイアミ市内（mainland）は、ポート・ブールバード（Port Boulevard）上の橋で結ばれているだけであった。ポート・ブールバードはマイアミの中心部とつながっているため、港に出入りする貨物トラックや観光バスによる市内の混雑も深刻な問題となっていた。

そこで、マイアミ港への代替ルートの検討を始めたことが、本事業のきっかけとなっている。このトンネルの整備でマイアミ港へのアクセス改善による同港の競争力と効率性の維持、大型車両のI-395への誘導によるマイアミ中心部の混雑緩和と安全性向上などを目指した。

図表 6-4　マイアミ港トンネル事業の位置

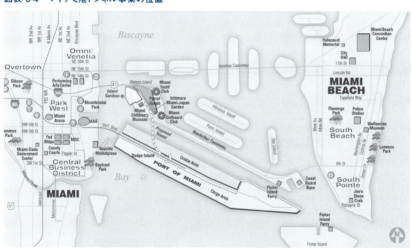

（資料：Port Miami Tunnel HP）

海底トンネルのコンセプトが最初に明らかになったのは1981年のことであった。しかし、その後の環境評価や技術評価に多大な時間を要し、さらには世界金融危機も重なったことから、2009年10月に融資契約が成立するまで30年近くの時間を要した。着工は2010年5月、開通は2014年8月であった。

本事業もいくつかの事業で構成されているが、中心となるのは海底での掘進

工事となるマイアミ港トンネルの建設と、その後の運営・管理である。事業期間35年のうち、当初はトンネルの有料化も検討されたが、トンネルを避けて既存の橋に交通が集中する懸念や、マイアミ港自体が回避されて競争力を失う懸念から、通行料は徴収しないこととなった。運営事業者への報酬は、アベイラビリティ・ペイメントの形で支払われる。

入札には3つのコンソーシアムが参加し、Miami Access Tunnel, LLC（MAT）が落札した。MATは、Meridiam Infrastructure Finance（出資比率90%）と、フランスの建設会社Bouygues Travaux Publics（出資比率10%）で構成されている。総事業費は11億1300万ドルで、このうちエクイティは8000万ドル。デットについては、シニアデットとして10の金融機関から3億4200万ドルが供給されているほか、TIFIAからも3億4100万ドルのローンが供給されている。

図表 6-5　マイアミ港トンネル事業の資金供給源

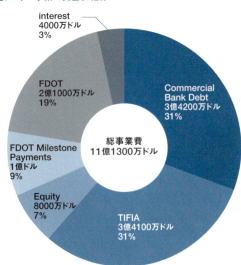

Federal Highway Administration（FHWA）HP「Project Profiles（Port of Miami Tunnel）」を基に三井住友トラスト基礎研究所が作成

運営事業者の収入は、2010年から2014年の建設期間中に支払われる1億ドルのマイルストーン・ペイメント（Milestone Payment、工程段階支払い）と、完工時の3億5000万ドル、そして以後30年の運営期間中に支払われるアベイラビリティ・ペイメントとなる。契約された最大アベイラビリティ・ペイメントは年間3247万9000ドルで、ここから減額調整が行われる。

2 アセット・リサイクリング・イニシアティブ

　アセット・リサイクリング・イニシアティブ（Asset Recycling Initiative）と

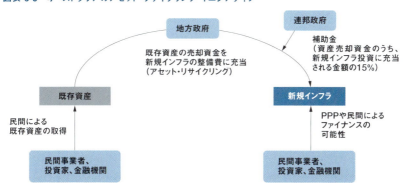

図表 6-6　オーストラリアのアセット・リサイクリング・イニシアティブ

支援先自治体（総受給額）	売却資産／売却額中の新規事業投資総額	主な新規投資事業
ニューサウスウェールズ州 （21.9億AUD）	TransGrid、Ausgrid（送電事業）など 計7事業／146億AUD	シドニー地下鉄、シドニー鉄道、高速道路事業
ビクトリア州 （8.77億AUD）	メルボルン港 ／58.5億AUD以上	メルボルン地下鉄、マレー鉄道
北部準州 （0.4億AUD）	TIO（保険公社）、ダーウィン港 ／2.69億AUD	道路、治水事業、港湾整備事業
首都特別地域 （0.67億AUD）	ACTTAB（公営競馬・賭博公社）、住宅公社など 計21事業／4.48億AUD	首都地下鉄
計31.74億AUD	4州・地域総計 31事業以上／211.67億AUD以上	

（資料：内閣府民間資金等活用事業推進室「未来投資会議構造改革徹底推進会合資料」2018年2月27日）

は、既存の公共インフラを民間事業者などに売却あるいはリースし、その収益で新規のインフラ整備を行う政策のことである。インフラ整備のために新たに借金をしないで済む点が、公共側にとっての最大のメリットとなる。

この仕組み自体はシンプルで決して特別なものではないが、オーストラリア連邦政府の2014年度予算において、実施した州政府にインセンティブが与えられることとなり普及した。

州政府が既存インフラを売却し、新規インフラ投資にその売却益を充当する場合に、その投資額の15%に当たる額が補助金としてオーストラリア連邦政府から支給される。2014 ～ 2016年度の実績は4州・地域合計で31事業以上。州政府に対する支援額は合計で約32億豪ドルに上る。これにより、約212億豪ドルの新規インフラ投資につながった。なお、州によって取り組み度合いが異なる点は興味深いところである。

アセット・リサイクリング・イニシアティブは、財政が厳しいなか、多くの老朽化した公共インフラを抱える先進国で効果を発揮しやすく、米トランプ大統領が掲げる米国のインフラ整備計画でも活用が取りざたされている。日本においても活用の余地は十分にあると思われる。

3 シュタットベルケ型まちづくりモデル

ユニークな官民連携の仕組みがドイツにある。「シュタットベルケ」と呼ばれるもので、最近は日本でも頻出の用語となった。

シュタットベルケとは、水道、電力、ガスなどのユーティリティを中心としたインフラ全般の整備や運営を行う地域密着インフラ事業会社のことである。ドイツ国内には、約1300のシュタットベルケがあるといわれている。その数だけをみると、日本の地方公共団体ごとにある水道局のようなイメージといえるだろう。その水道局が水道以外にも様々なインフラ事業を行っていると考えれば、分かりやすいかもしれない。

シュタットベルケの形態には、株式会社や有限責任会社などがあり、地方公共団体が100%出資する場合もあれば、地方公共団体と民間が共同出資する場合もある。シュタットベルケの組織構造は民間のホールディングカンパニーに

近く、水道、電力、ガス、交通、通信など個別の事業はシュタットベルケが全額または一部出資する子会社が手掛けている。

様々な事業をシュタットベルケの下で一体運営することにより、水道や電力などの黒字事業が、過疎地の公共交通のような赤字事業を補完することもできる。これまで見てきた空港や道路などの個別事業に対する官民連携と違って、より包括的に「まち全体」、「地域全体」で考える官民連携といえるだろう。

公共側にとっては、従来であれば民間委託が難しい赤字事業も、他の黒字事業と一体化することで、民間に任せられるようになるというメリットがある。一方、民間にとっても包括的に事業を捉えられることで、事業規模を大きくできるというメリットがある。

図表 6-7　ドイツのシュタットベルケ

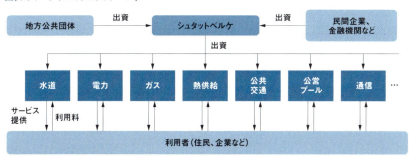

(資料:三井住友トラスト基礎研究所)

浜松市のシュタットベルケ構想

「このシュタットベルケのコンセプトを国内にも導入できないか」。そんな思いから始まった研究が存在する。パシフィックコンサルタンツグループのイノベーション推進センターと三井住友トラスト基礎研究所は、シュタットベルケの仕組みを日本で応用することを目指し、2016年6月に共同研究体「インフラ・ファイナンス・イノベーション研究会」を立ち上げた。

共同研究では、地方公共団体業務の受け皿となる中間法人(エリア・マネジメント法人)が、SPCや信託スキームなどを用いて、インフラや公共施設の管理、

図表 6-8　浜松版シュタットベルケ構想のイメージ

```
┌──────────┐              ┌──────┐ ┌──────┐ ┌──────┐
│コンサルタント│              │浜松市 │ │ 企業 │ │ 個人 │
└──────────┘              └──────┘ └──────┘ └──────┘
      │         中間法人立ち          │      │      │
      │         上げ支援、各種         ▼      ▼      ▼
┌────────┐    マネジメント   ┌──────────────────┐  ┌──────┐   ┌──────┐
│  P2M*   │ ────────────▶ │   中間法人        │◀─│インフラ│◀──│ 投資家 │
└────────┘                │（エリア・マネジメント法人）│  │ファンド │   └──────┘
      │                    └──────────────────┘  └──────┘
プロジェクト企画、立ち上げ支援
SPC立ち上げ支援
各種マネジメント
```

建築・不動産	ICT	公的サービス
・スポーツ施設 ・CCRC ・駐車場 ・市役所庁舎 ・学校、図書館、博物館	・IoT ・CEMS、BEMS、HEMS ・防災、減災 ・防犯 ・子育て、高齢者見守り ・医療	・上下水道 ・廃棄物処理、処分 ・保育、教育 ・医療、福祉 ・交通インフラ維持 ・窓口サービス

エネルギー	交通
・再エネ発電施設 ・コジェネ施設 ・燃料電池、蓄電設備 ・配電、配管 ・省エネ	・次世代自動車インフラ 　（充電、水素ステーション） ・カーシェアリング ・LRT

各種プロジェクト（SPC）

＊ P2M（Program & Project Management）：特定の目的を達成するためのプログラムとそれを構成するプロジェクトをマネジメントするサービス。ここでは、エリアの価値を高めるための中間法人（プログラム）の立ち上げ・運営と、その下位に位置づけられる各種プロジェクトのマネジメント・サービスを意味する
（資料：イノベーション推進センター、三井住友トラスト基礎研究所「新たなインフラ投資モデルに関する共同研究のお知らせ」2016年11月10日）

各種公共サービスの提供を行うことを検討している。また、地域インフラファンドの活用を検討に組み込んでいる点も大きな特徴といえる。

　中間法人は投資家や金融機関から資金を調達し、必要に応じて地方公共団体の予算も受け入れながら地域経営に関わる。再生可能エネルギー施設や観光施設の運営による産業構築、公共交通や福祉施設でのサービス活性化、道路や河川、庁舎などの管理効率化などを想定している。浜松市の事業や施設について市と情報を共有し、投資家へのリターンが見込めそうなインフラ投資の可能性を探っている。

総合ユーティリティ企業構想を掲げる大津市

「シュタットベルケ」という表現は使っていないが、同じようなコンセプトの取り組みがほかにもいくつかある。コンセプトとして最も近いと思われるのは、大津市の取り組みである。

同市は2016年11月、コンセッション方式により公営ガス事業の一部を民営化することを表明して話題を呼んだ。その後の2018年12月、大阪ガスなどの民間企業に加え、大津市も出資する「びわ湖ブルーエナジー」と実施契約を締結。びわ湖ブルーエナジーはガスの小売りや大阪ガスの電気とのセット販売のほか、電気・ガス機器の販売、ガスと水道の保安業務などを担う。

ただ、ここで重要なのは、公営ガス事業の民営化にとどまらず、水道や電力など様々な事業を総合ユーティリティ会社の下で束ね、市民生活を支える計画となっていることである。これはまさに、シュタットベルケと同じコンセプトといえるだろう。

図表 6-9　大津市の総合ユーティリティ企業構想

(資料:大津市)

浦添市はエネルギー事業で連携

沖縄県浦添市でも、シュタットベルケと類似したスキームが見られる。こちらは広範な事業ではなく、スマートシティ関連のエネルギー事業に特化したものとなっている。

中心となるのが2016年8月に設立された「浦添スマートシティ基盤整備株式会社」である。同年12月には、同社にぶら下がる形で「浦添分散型エネルギー株式会社」が設立されており、現在その第1号案件として進行中なのが「てだこ浦西駅周辺開発地区」における分散型エネルギー事業である。
　浦添市では沖縄都市モノレール（ゆいレール）の延伸工事が進められており、2019年夏には終着駅となる「てだこ浦西駅」が開業する予定となっている。開業以降に順次オープンする周辺施設に対し、電力、冷熱、温熱、温泉の供給を浦添分散型エネルギーが担う。コジェネレーションシステムや再生可能エネルギーの活用などで、二酸化炭素の削減やエネルギーコストの低減を目指すとともに、地区内需要家のエネルギーコストの低減も図る。
　なお、浦添スマートシティ基盤整備は当初、市の全額出資により設立されたが、その後、沖縄振興開発公庫や地元金融機関など計4者が資本参加している。市や公庫による出資で中立性と公平性を確保するとともに、民間投資を誘導することでファイナンス力の強化を図ったものである。

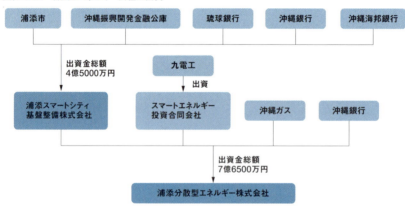

図表6-10　官民でエネルギー会社に出資

出資金総額は2017年2月時点。浦添分散型エネルギーの資料を基に日経BPが作成

4　公的不動産の活用に適したLABV

　海外にはシュタットベルケと同じような構造を持つLABV（Local Asset

図表 6-11 英国におけるLABVの仕組み

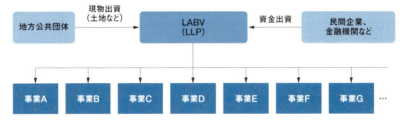

(資料:三井住友トラスト基礎研究所)

Backed Vehicle）というスキームもある。主に英国で導入されているスキームで、公的不動産（PRE：Public Real Estate）の有効活用に適した仕組みとなっている。

LABVとシュタットベルケの大きな違いは、公共側が資金出資ではなく、土地などの公的不動産を現物出資する点である。これに対し、民間側は資金出資を行って、官民共同の事業体（LABV）を設立する。そのうえで、1街区全体などを使った比較的広いエリアの公有地に、庁舎や文教施設などの公共施設と、ホテルや商業施設などの民間施設を複合的に整備するイメージである。

公共側は土地などを現物出資するため、財政負担が少なくて済み、遊休地の有効活用もできる。「財政は厳しいが公有地ならある」といった地方公共団体に適した官民連携手法といえる。民間側には公有地を排他的に利用できることや、公共の信用力により資金調達が容易になることなどのメリットがある。

なお英国では、LABVの公と民の出資比率を50対50にしている。例えば、公共側が現物出資する土地の評価額が10億円だったとすると、民間側は10億円の資金出資をすることになる。

日本では、岩手県紫波町の「オガールプロジェクト」がLABVに当たるという指摘もある。このプロジェクトは、JR紫波中央駅前の公有地に官民の複合施設を整備したもので、プロジェクトを進めるに当たって「オガール紫波」というまちづくり会社が設立されている。もっとも土地は定期借地で、現物出資しているわけではないため、厳密にはLABVとは異なるだろう。ただ、公的不動産を活用したまちづくり会社の設立という点では、類似した仕組みといえる。

公的不動産は収益を生み出さないか、生み出す場合もそれほど大きくないことが多い。文教施設のコンセッションやスタジアム、アリーナを核としたまちづくり事業などで、今後はLABVのようなスキームを活用して包括的に事業を捉える案件が増えていくかもしれない。

　米ジョージア州にあるサンディ・スプリングス市は、警察など一部を除き、ほとんどの事業が民営化されている。究極的なシュタットベルケの形ともいえる。ここまで極端ではなくとも、公共側は民間にできることは民間に任せ、民間側も個別ではなく包括的な事業運営をもっと追求するようになれば、シュタットベルケやLABVのようなまちづくり会社を活用するモデルに自然と行きつくのではないかと考えられる。

2 | JV型官民連携モデル

　日本で「JV型官民連携モデル」というと、どうしても「第三セクター」の悪い
イメージが付きまとう。もちろん「責任分担の曖昧さ」など、従前の第三セク
ターにおける主要な課題を克服することが前提とはなるが、JV型官民連携モデ
ル自体が悪いわけではなく、海外でも有力な官民連携モデルの1つとなってい
る。前節で取り上げたドイツのシュタットベルケの一部や英国のLABVも、
「JV型官民連携モデル」の一種という見方もできる。

1 JV型の水道事業官民連携

　日本において、官民共同出資のインフラ運営会社としては、真っ先に水道事
業会社が思い浮かぶかもしれない。都市部での事例が比較的多く、近年でも広
島県の「水みらい広島」や北九州市の「北九州ウォーターサービス」などが新た
に設立されている。

　水みらい広島は、35%を広島県、残る65%を民間企業の「水ing」が出資して
設立された。北九州ウォーターサービスは、2016年4月に事業を開始した新し
い会社で、それまで上下水道施設の維持管理などを行ってきた一般財団法人北
九州上下水道協会を新会社に移行して誕生した。北九州市が54%を、残りを水
処理大手のメタウォーターと安川電機、そして地元金融機関などが出資してい
る。同じJV型の水道事業官民連携でも、水みらい広島は民間側が過半を出資、
北九州ウォーターサービスは公共側が過半を出資と、違いがあるのは興味深い。

　こうした官民が共同出資して水道事業会社を設立する形態の官民連携は、民
間のノウハウを取り入れながらも、地方公共団体が株主として残ることで、一
定の発言権を保持できるというメリットがある。そのことによる利用者側の安
心感という点でも意義が大きい。上下水道事業は重点分野としてコンセッショ
ン方式の活用も進められているが、近い将来、JV型の官民連携水道会社が、運
営権者に名乗りを上げる事例が出てくるかもしれない。

図表 6-12　水みらい広島の事業の仕組み

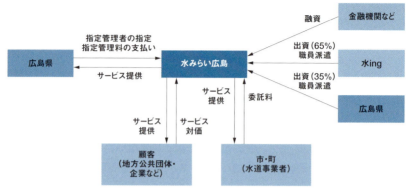

水みらい広島の資料を基に三井住友トラスト基礎研究所が作成

図表 6-13　北九州ウォーターサービスの出資者

出資金	1億円
出資者と 出資割合	北九州市（54%） 安川電機（19%） メタウォーター（19%） 北九州銀行（2%） 西日本シティ銀行（2%） 福岡銀行（2%） みずほ銀行（2%）

2 JV型の地域新電力会社

　官民共同出資のインフラ運営会社として、最近急速に増えており、非常に注目されているのが地方公共団体出資型の地域新電力会社である。ここで"新電力会社"は、かつて特定規模電気事業者（PPS：Power Producer and Supplier）という区分があり、東京電力や関西電力など既存の大手電力会社以外で50kW以上の需要家に対して電力供給を行う事業者を意味していたが、2016年4月の

電力小売り全面自由化以降、「小売電気事業者」の登録があれば契約電力の大きさに関わらず自由に電力契約を結べるようになったため、現在では大手電力会社以外の"新規参入組電力会社"という程度に捉えていただければ十分だろう。

こうした新電力会社を地方公共団体も出資する形で設立する背景には、2011年に発生した東日本大震災以降のエネルギーの地産地消を求める政策の動きがある。環境意識の高まりも相まって、調達する電力は原則として太陽光など再生可能エネルギーによって発電された電気に限っているものがほとんどである。

また、地方公共団体出資型の地域新電力会社を、「スマートシティ」や前節の「シュタットベルケ」の入り口と捉える地方公共団体も少なくなく、民間側もそうした発展可能性を見据えて事業参画している場合も多い。

政令指定都市である浜松市が参画したことで話題となった「浜松新電力」も、地方公共団体出資型の地域新電力会社の1つである。浜松新電力は2015年10月、浜松版スマートシティの実現を目指し、再生可能エネルギーの地産地消を推進する目的で官民連携により設立された。民間側の中心となったのはNTTファシリティーズで、浜松市も8.33%出資している。

図表 6-14 浜松新電力の出資者

出資金	6000万円
出資者と出資割合	浜松市 (8.33%) NTTファシリティーズ (25%) NECキャピタルソリューション (25%) 遠州鉄道 (8.33%) 須山建設 (8.33%) 中部ガス (8.33%) 中村建設 (8.33%) 静岡銀行 (4.17%) 浜松信用金庫* (4.17%)

＊現在は浜松いわた信用金庫

浜松市と浜松新電力は2015年11月、「エネルギー政策に関する連携協定」を締結し、2016年4月から事業を開始している。太陽光発電を中心とした市内の

再生可能エネルギーの電源を購入し、現在は小中学校などの公共施設や民間企業への供給を行っているが、将来的には一般市民への供給も見据えている。

なお、2017年度の発電量実績によると、市内の太陽光発電が全体の32％、市内の清掃工場からのバイオマス発電が42％、そして残り26％は市外の他新電力会社からの購入となっている。

図表 6-15　浜松新電力の事業ストラクチャー

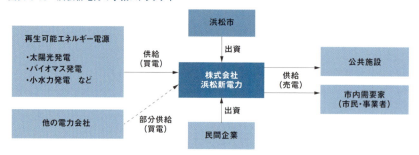

浜松市HPを基に日経BPが作成

| 3 | コンセッション方式以外の手法の追求

　建設重視の「PFI 1.0」から運営重視の「PFI 2.0」への移行を象徴するのが、コンセッション方式の導入であった。文字通り、「運営する権利」だけを公共から民間に譲渡、移転するものであったためである。

　一方で、コンセッション方式以外の手法を使って、運営重視の官民連携を追求した事例もある。今後、インフラ運営と投資が結びついた「PFI 3.0」を目指すなかで、参考になる事例をいくつか見ていくこととする。

❶ 代表企業スイッチモデル

　本書第2章で、日本のPPP/PFIはSPCの株式を当初代表企業だった建設会社が運営・維持管理段階に入っても持ち続けていることが多く、いくつかの点で問題があることを述べた。なかでも、建設会社が稼働後の期間も代表企業であり続けることで、運営会社の意見が反映されづらく適切な運営・維持管理が行えないおそれがあることは、建設を重視したPFI 1.0の課題の1つであった。そこで、運営を重視したPFI 2.0に発展すべく考えられたのが「代表企業スイッチモデル」である。

　代表企業スイッチモデルは、当該インフラの建設が終わって一定期間が経過した後、すなわち安定稼働に入ったところで、代表企業を当初の建設会社から運営会社にスイッチする（筆頭株主を交代する）ものである。このようにすることで、建設期間中は建設会社が、運営期間中は運営会社が代表企業となり、それぞれの能力を最大限に発揮できる期間に、中心的な立場に就けるメリットがある。

　一方、発注者である公共側にとっては、代表企業がスイッチする、すなわちコンソーシアムのメンバー内でSPC株式の持分比率が変わるだけで、新しくメンバーが加わったり、既存のメンバーが抜けたりするわけではないため、比較的受け入れやすい仕組みとなっている。

この仕組みを活用した最初の事例となったのが、「女川町水産加工団地排水処理施設整備等事業」である。この事業は、東日本大震災で甚大な被害を受けた宮城県女川町の水産加工団地の整備計画に基づき、地方卸売市場、製氷・冷凍冷蔵施設、水産加工処理施設などの集積化を図り、基幹産業である水産加工団地を整備するものである。良好な漁場である女川湾の水質が水産関連施設から排出される汚水で悪化するのを防止するため、排出水を一元的に浄化・管理する排水処理施設を整備し、本施設を水産関連事業者が共同利用することによって環境負荷の低減と良好な漁場の保全を図ることを目的としている。

この事業の実施にPFIが導入され、SPCである「フィッシャリーサポートおながわ」が、排水処理施設の設計・建設、維持管理・運営業務を受注することとなった。当初、すなわち建設期間において代表企業を務めたのは大手建設会社の鹿島建設である。そして施設の竣工後、運営・維持管理期間に入ったところで、メタウォーターに代表企業がスイッチしている。それぞれの事業フェーズに応じた最適企業が代表企業を担っていることがポイントとなる。また、建設期間で鹿島建設が代表企業を務めている間も、メタウォーターが構成企業として入っている点もポイントである。

図表 6-16　女川町水産加工団地排水処理施設整備等事業の代表企業

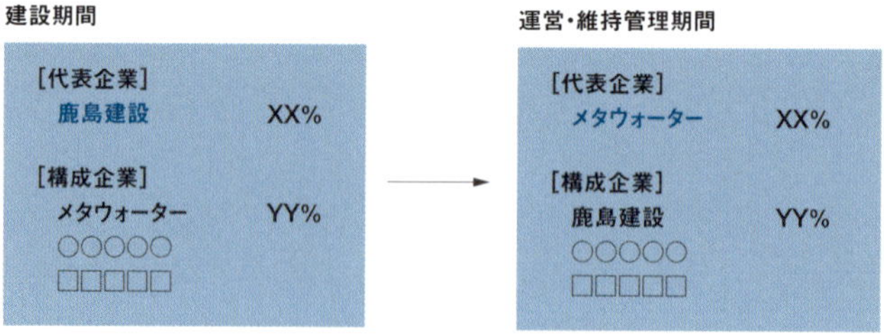

排水処理施設を建設、運営するこの事例は、いかにも運営・維持管理に専門性が必要で、そうした企業が代表企業となることの意義を説明しやすい。しかし最近、この代表企業スイッチモデルが意外な分野でも使われ始めている。

それは、ホールやアリーナの分野である。その1つが、次項「運営事業者選定先行型入札」の事例で取り上げる大阪府箕面市の「新文化ホール整備事業」である。この事業でも、建設期間の代表企業は大林組が務め、施設の竣工後、運営・維持管理期間に入ったところで、キョードーファクトリーに代表企業をスイッチすることが想定されている[7]。

かつて地方公共団体にとってコストセンターでしかなかったホールやアリーナであるが、最近は政府が先導する形でプロフィットセンターに変えていこうという動きが進んでいる。そのためには運営を重視する必要があり、この「新文化ホール整備事業」において、箕面市は後述する「運営事業者選定先行型入札」と「代表企業スイッチモデル」という運営を重視する手法を2つ組み合わせた発注方法を採用した。しかも、この事業は独立採算型PFIでもある。

2 運営事業者選定先行型入札

一般的にはあまり知られていないが、ホールやアリーナの運営事業者の立場から見ると、全国には"使いにくい施設"がたくさんあるようである。具体的には、搬出・搬入路にトラックが着けられない施設や、複合施設で観客と一般利用者の動線が混在してしまっている施設などが挙げられる。

こうしたことは恐らく、設計や建設に携わる民間事業者が作りたい施設と、運営事業者が求める施設にギャップがあるためであろう。それでもこれまでは、建設重視のPFIであったため、運営事業者側がある程度、我慢して使ってきたといえる。それが、建設から運営重視にPFIが移るなかで、運営事業者側が「こう運営したいから、施設をこう造ってほしい」と主導的に意見をいえる環境になってきた。まさに、運営重視のPFI 2.0への流れということである。

そうした流れに賛同する地方公共団体も現れた。それが「運営事業者選定先行型入札」を行った大阪府箕面市である。同市は現在の市民会館の老朽化が進んでいることから、北大阪急行線の延伸に伴い新設される「(仮称)箕面船場駅」

---

7 入札説明書にSPC代表企業の変更を認めることが明記されている

図表 6-17　大阪府箕面市の新文化ホール整備事業

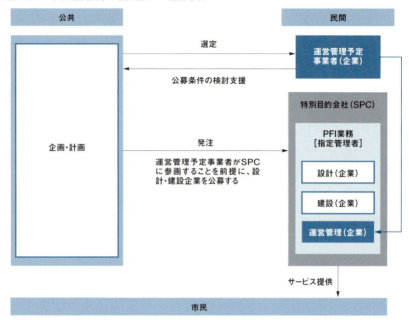

(資料:箕面市「新文化ホール運営管理予定事業者募集要項」2017年4月)

前に、新文化ホールの移転、建て替えを計画していた。新文化ホールは1000〜1400席の大ホールと、250席程度の小ホールなどで構成される。

　箕面市はこの事業を独立採算型のPFI事業で行うに当たり、専門性の高いホール運営管理者を選ぶことを重視した。そのため、整備事業者、すなわち設計・建設会社の選定に先行して、運営事業者を募集。2017年6月に、キョードーファクトリーを選定したと発表した。その後、キョードーファクトリーが構成企業としてSPCに参画することを前提に設計・建設会社を公募。2018年1月、大林組を代表企業とするコンソーシアムを選定した。

　一般的なPFI事業への参画でコンソーシアムを組成することを"恋愛結婚"に例えると、運営事業者選定先行型入札でPFI事業に参画することは、"お見合い結婚"に例えられるかもしれない。しかも、相手となる運営事業者は先に決まっており、"結婚"することが前提の参画である。

この仕組みにより、キョードーファクトリーは基本設計の段階から関わることができ、まさに運営事業者が"使いやすい施設"を造ることができる。建設重視から運営重視へのトレンドが持続できるのか。今後の展開が楽しみな事業である。

第7章

PPP／PFIとインフラファイナンス

| 1 | プロジェクトファイナンス

　日本のPPP/PFI事業において多く利用されている資金調達手段であるプロジェクトファイナンスの手法について解説していく。プロジェクトファイナンスは、公共側・民間事業者との関係である事業契約とともに、PPP/PFI事業における重要な構成要素であり、同事業を適切、円滑に進めるためには、プロジェクトファイナンスの理解が不可欠となる。

1 プロジェクトファイナンスの意義

　プロジェクトファイナンスの定義に関しては様々な試みが存在するが、代表的なものとして、「(1)特定されたプロジェクトが対象で、原則として(2)主たる返済原資が特定のプロジェクトのキャッシュフローに依拠し、かつ、(3)担保が当該プロジェクトの資産に限定されるファイナンス」というものがある[1]。プロジェクトファイナンスにおいては、他事業の失敗などによる損失をプロジェクトに影響させないよう、当該プロジェクトを行うことのみを目的とする特別目的会社(SPC)が借入人となり、実質的なプロジェクトの運営主体であるスポンサーは、原則として当該ファイナンス(通常は貸付け)に関して責任を負わず、スポンサーが当該ファイナンスに関して責任を負うのは例外的な場合に限定される。

　プロジェクトファイナンスとよく対比されるものとして、コーポレートファイナンスがある。コーポレートファイナンスとは、会社の信用を背景として、特定のプロジェクトに限定されない会社の資産全体を財源として、典型的には複数の事業を営む事業会社に対して行われる融資形態であり、プロジェクトの実質的な運営主体であるスポンサーが自らの資産や信用力を引き当てにファイ

1　加賀隆一「プロジェクトファイナンスの実務」5頁、きんざい、2007年

ナンスを調達する場合はこれに該当する。

プロジェクトファイナンスが用いられる理由

　プロジェクトファイナンスが用いられる大きな理由の1つとして、スポンサーが資金調達におけるレバレッジを上げることによって投資のリターンを向上させようとする点にある。スポンサーにとってのレバレッジの効果について、ごく簡単な例を次の表に示した。

　高レバレッジのケースと低レバレッジのケースの双方において投資総額は1000であり、当該投資により年間100の収入が得られるものとした場合、エクイティ投資に対するリターン（ROE：Return On Equity）は低レバレッジケースにおいて12%となる一方、高レバレッジケースにおいては22%となる。

図表 7-1　投資リターンに対するレバレッジ効果

	ロー・レバレッジケース	ハイ・レバレッジケース
初期投資費	1,000	1,000
（a）デット	300	800
（b）エクイティ	700	200
（c）事業収入	100	100
（d）金利（年利）	5%	7%
（e）支払利息［(a)×(d)］	15	56
（f）利益［(c)−(e)］	85	44
ROE［(f)÷(b)］	12%	22%

　このようなROEの向上は、PPP/PFI事業における公共側と市民などの施設利用者にとっても利益となり得る。すなわち、プロジェクトファイナンスによるROEの向上分の一部を公共側と利用者に移転させること、具体的には、民間事業者が公共側、利用者に提供するサービスの価格などの条件に有利に反映されることにより、事業全体のVFM（Value For Money）を向上させることが可能になる。

融資者が果たす審査機能などに期待

前述の通り、プロジェクトファイナンスにおいては返済原資が対象となるプロジェクトのキャッシュフローに限定される。そのため、キャッシュフローの確保のための手立てを十分に講じる一方で、その創出に影響を与え得る様々なリスク要因をあらかじめ抽出し、その管理に努めなければならない。

万が一、当該リスク要因が現実のものとなった場合に、いずれの当事者がこれに伴う損失を負担するかを事前に適切に決めておくことが取引の重要な前提となる（リスク分担については本書第5章第3節を参照）。PPP/PFI事業の文脈では、事業契約により民間側が負担することとなったリスクを、融資金融機関、スポンサー、業務受託者、保険会社などの間で、最もよくリスクを管理できる者に配分する作業を行うことになる。

このようなプロジェクトファイナンスの融資者には、PPP/PFI事業において融資者自らの利益確保のために事業の経済性や民間事業者の事業遂行能力、信用力の審査機能を果たすとともに、事業継続中のモニタリング機能や経営悪化時の事業介入において主導的な役割を果たすことが期待されることになる[2]。

② デットストラクチャー

プロジェクトファイナンスにより資金を調達して実施されるPPP/PFI事業では、融資関連契約とプロジェクト関連契約を締結することになる。融資関連契約とはローン契約や担保契約などのプロジェクトファイナンスのための契約であり、プロジェクト関連契約とはPPP/PFI事業そのものを構成する契約である。案件によって様々なバリエーションがあり得るが、PPP/PFI事業における典型的な融資関連契約・プロジェクト関連契約の例としては、図表7-2の通りである。

調達資金の分担

銀行団からの（優先）貸付契約に基づく借り入れは、プロジェクトファイナン

2　モニタリング・ガイドライン26頁など

図表 7-2　PPP/PFI事業における主な契約

番号	契約名	当事者*	備考
1	優先貸付関連		
1-1	優先貸付契約	BK−SPC	内容は以下の「調達資金の分担」参照
1-2	優先貸付人間合意書	BK間	貸付人間の取り決めなど
1-3	金利スワップ契約	BK−SPC	金利固定化を目的
2	契約上の地位譲渡予約契約		
2-1	PFI事業契約上の地位	BK−SPC	公共の承諾が必要
2-2	プロジェクト関連契約上の地位	BK−SPC	契約相手方の承諾が必要
3	質権（譲渡担保）設定契約		
3-1	PFI事業契約上の債権	BK−SPC	公共の承諾が必要
3-2	プロジェクト関連契約上の債権	BK−SPC	契約相手方の承諾が必要
3-3	保険金請求権	BK−SPC	保険会社の承諾が必要
3-4	預金	BK−SPC	預金開設銀行の承諾が必要
3-5	株式・社員持分	BK−SPC−S	SPCが株式会社形態の場合には、株主名簿への記載（登録質）または株券の占有（略式質）が必要。SPCが合同会社の場合には、SPCの承諾が必要
3-6	劣後貸付債権・匿名組合出資持分	BK−SPC−S	SPCの承諾が必要
3-7	（集合）動産	BK−SPC	引渡し（譲渡担保の場合は占有改定で足りる）および/または登記が必要
3-8	不動産賃借権	BK−SPC	賃貸人の承諾および/または付記登記が必要
4	抵当権設定契約（不動産・地上権・公共施設等運営権）	BK−SPC	抵当権設定登記が必要
5	スポンサーサポート契約	BK−SPC−S	スポンサーからSPCへの各種支援に関する合意
6	直接協定	BK−公共等	担保実行／ステップインへの協力に関する合意
7	プロジェクト関連契約		株主間の権利・業務の取り決めなど
7-1	事業契約/実施契約	公共−SPC	SPC・公共間のリスク分担に関する合意
7-2	設計監理業務委託契約	SPC−GJ	受託者のリスク分担に関する合意
7-3	建設請負契約		
7-4	維持管理業務委託契約		
7-5	運営業務委託契約		
7-6	株主間合意書	S間	株主間の権利・義務の取り決めなど
7-7	スポンサー劣後貸付契約・匿名組合契約（もしあれば）	SPC−S	スポンサーからSPCへの貸付・出資約定、劣後取扱いに関する合意

＊ BKは融資金融機関、Sはスポンサー、GJは業務受託者を表す

スにおける資金調達の主要な部分を占める。銀行団からの借り入れで賄えない資金は、コンソーシアムを構成する企業（スポンサー）が株式、社員持分、匿名組合出資などによる出資や劣後貸付によりエクイティ性の資金を拠出することになる。

もっとも、サービス購入型による施設整備のためのPFI事業においては、事業費は公共側から支払われるサービス対価で賄われ、PFI事業契約が解除された場合においても、違約金の支払いが必要となる点を除き同様とされる場合が少なくない。その場合、スポンサーが拠出しなければならないのは契約解除時の違約金相当額に限られることが多い。

しかし、コンセッション案件をはじめとして、民間事業者側で需要リスクを負担する案件などにおいては、かかるリスクをプロジェクトファイナンスのレンダーが負担することはできないため、一定のエクイティ性の資金が必要となる。なお近時は、この場合に銀行団（シニア貸付人）からの（優先）貸付契約に基づく借り入れ（シニアローン）とスポンサーからの資金拠出のほかに、相対的に高い利息ながらシニア貸付人が取れないリスクの負担を許容するレンダーから、シニアローンに劣後するメザニンローンを借り入れるケースも見られ始めている。

優先貸付契約

従来型のPFIと比べ、コンセッション方式の場合には、本書第5章第2節で述べた通り、(1)公共側が所有権を有する既存の公共施設等に運営権が設定され、既存の事業の承継を受けること、(2)事業期間にわたり対象施設の更新投資の実施が求められ、また、事業価値のさらなる発展・向上のためには、民間事業者の創意工夫による設備投資が欠かせないこと、(3)収入をサービス対価に依拠しない独立採算型を原則とするため、需要リスクは基本的には民間事業者が分担すること[3]——といった特徴がある。

このような特徴に対応して、コンセッション案件に関する優先貸付契約にお

---

[3] もっともコンセッション案件においても、サービス購入型と独立採算型を組み合わせた混合型や、愛知県道路公社におけるコンセッション事業でも実際に採用された最低収入保証の仕組みなど、公共側が需要リスクを一部負担するスキームもあり得る

いては、公共側の信用力に相当程度、依拠することができた従前の建設中心型のハコモノPFI案件とは異なり、民間事業側が長期にわたって需要リスクを負担する前提の下に、どのように債権保全を確保するかという観点が求められる。金融機関としてもプロジェクトのリスクを精査し、コベナンツ（融資などの契約における契約条項）や担保パッケージなどのストラクチャーを工夫しなければならない部分がある。

　その一方で、公共施設の積極的な運営により収益を向上させることに眼目があるコンセッション案件においてこそ、民間事業者の柔軟かつ積極的な事業運営を阻害しないようにオペレーション上のフレキシビリティーを相当程度、確保すべきという観点もある。そのため、むしろ事業運営に関するコベナンツはある程度緩和する（コベナンツ・ライト）、すなわち、プロジェクトファイナンスというよりコーポレートローンに近づけて捉えるべきではないかといった議論がなされることもある。

　この点、海外のコンセッション案件向けのファイナンス事例を見た場合、必ずしもコベナンツ・ライトになっているわけではなく、むしろ、買収ファイナンス（LBOローン）と同様に、広範なコベナンツによる制約と全資産担保に服する形になっているケースが多い。その代わり、貸付期間が比較的短く、キャッシュフローの安定化に伴い、より好条件のパーマネントローンなどによりリファイナンスされることが事実上の前提になっている。

　日本では、建中リスクを抱えたグリーンフィールドのプロジェクトであっても、長期のファイナンスが組成されることが多いという点に1つの特殊性があるといえる。だが、いずれにせよ、一概にコンセッション案件向けのファイナンスだからといってコーポレートローンに近づけるべき、といったシンプルな議論は必ずしも妥当ではない。個別のプロジェクトや案件ごとに対象となる事業・セクターの特徴、キャッシュフローを含めた経済条件、債権保全・与信管理上の手当てなどの諸要素をパッケージで考慮したうえで、実態に即したファイナンススキームを構築することが事業者と金融機関の双方にとって肝要である。そのような検討の過程で、個別の項目によっては、例えば買収ファイナンスで一般的に見られるような買収対象会社のオペレーション上のフレキシビリティーにも配慮した手当てが有益かつ相当と判断される場合はあろう。

以下では、このような従来型PFI案件と比べたコンセッション方式における
優先貸付契約の特徴にも触れることとする。

貸付実行前提条件

　プロジェクトファイナンスにおける貸付金の資金使途は通常、プロジェクト
コストの支払いに限定される。従って、貸付実行前提条件は通常の担保付きコー
ポレートローンで要求されているものに加え、プロジェクトが当初の計画通り
に進捗しているかどうかという観点から、プロジェクトファイナンス特有の前
提条件が設けられることになる。

　コンセッション方式の場合には、表明保証でも問題となる点であるが、従前
のプロジェクトが公共側によって進められていたこと、公共側が施設を提供す
ることに伴い、従前のプロジェクト遂行に起因するリスク（例えば、住民運動
の問題）や公共側が提供する施設に関するリスク（例えば、事業用地に関する境
界紛争や土壌汚染などの問題）の有無に関して、民間事業者が貸付実行前提条件
から外すよう求めてくることがある。もっともこうしたリスクを公共・民間事
業者の関係で公共が負担すべきであるにもかかわらず、公共の負担とされてい
ないことが、直ちに借入人と貸付人との関係で借入人がリスクを負担しなくて
よい理由にはならないように思われる。

　また、コンセッション方式の場合には、主要な資金使途が運営権対価とされ、
事業契約上、運営権対価の一時金が支払われたことにより運営権の効力が発生
することとなっている場合があるため、貸付実行前提条件として運営権の効力
の発生および運営権への担保設定を妨げる事情が存しない旨を定めておくこと
になる。

表明保証

　ローン契約においては、貸付人が与信判断をするうえで前提となる事実を借
入人に表明保証させることが一般的である。貸付人はプロジェクトから生じる
キャッシュフローを引き当てとして与信判断を行うため、プロジェクトファイ
ナンスにおけるローン契約の表明保証事項は、通常の担保付きコーポレート
ローンで要求されている事項に加え、プロジェクトの遂行に関する詳細な事項

が定められる。

コンセッション方式の場合には、従前のプロジェクト遂行に起因するリスクや公共側が提供する施設に関するリスクについて、民間事業者側が表明保証を拒絶する場合があるが、こうした主張が必ずしも合理性を有しない点は、前述の通りである。他方でコンセッション方式は、民間事業者に対して事業についての広い裁量や権限を与える仕組みであるため、将来の事業まで想定した表明保証（例えば、事業に必要な許認可がローン契約記載の許認可で網羅されている旨の表明保証）を行うことは借入人として困難な場合もある。

誓約事項

プロジェクトファイナンスのローン契約における借入人のコベナンツは、通常の担保付きコーポレートローンに比べ、広範かつ詳細なものとなる傾向にある。これは、専らプロジェクトから生じるキャッシュフローを引き当てとして貸付けが行われるという特性を反映したものであり、コベナンツの目的・機能として、(1)貸付人が与信の前提とした内容に従ったプロジェクト遂行の確保、および(2)プロジェクトに影響を及ぼす事象が発生した場合における貸付人への情報提供──が重要になるためである。

コンセッション方式の場合には、多数のプロジェクト関連契約が存在し、事業も民間事業者の創意工夫を前提とした複雑なものとなり得ることから、例えば報告義務の範囲について、通常のプロジェクトファイナンス案件以上の限定が民間事業者から要求されることがある。また、民間事業者による機動的な事業運営の確保が要請されることから、借入人の事業運営を阻害しないように、関連契約の変更、事業計画の変更、資産の購入・売却、新たな債務負担・新たな契約の締結、プロジェクトの内容の変更、雇用を制限するコベナンツについて、その撤廃または緩和が民間事業者から要求される場合もある。

このようなコベナンツについては、一定の金額を超える取引やプロジェクトに悪影響を与える場合に限定することが考えられる一方で、貸付人としては与信判断の前提となった重要な事項の変更などに関しては、確実に貸付人のコントロールを及ぼすことが必要となるため、借入人・貸付人双方の要請を合理的に満たすように制限の範囲をうまく調整する必要が生じる。

なお、財務コベナンツに関しては、プロジェクトファイナンスの場合、DSCR（デット・サービス・カバレッジ・レシオ）[4] やD/E Ratio（デット・エクイティ・レシオ）およびこれらと連動した配当制限が規定されるのが通常である。

3 担保パッケージ

プロジェクトファイナンスにおいて、貸付人は借入人となるプロジェクトSPCが保有する原則として全ての資産や権利および契約上の地位について、担保権の設定や担保目的での譲渡予約を行い、債権の保全を図る（全資産担保）。また、スポンサーが保有するプロジェクトSPCに対するエクイティ持分（株式、社員持分、匿名組合出資持分など）や劣後貸付債権も、担保目的物に含めるよう求められるのが一般的である。

プロジェクトファイナンスにおける担保の役割や目的は、「担保目的物の交換価値を把握し、担保目的物を換価処分して、回収に充てる」という点よりも、「第三者による差し押さえなどにより個々のプロジェクト資産が散逸するのを予防すると同時に、借入人の倒産手続き下において無担保債権者に優先する債権者の地位を確保する」（担保の防御的機能）、「担保実行を通じて、新スポンサーへのプロジェクト承継などリストラクチャリングを円滑に行うことを可能とする」（ステップインの権限の確保）といった点がより重視されるのである。

以下では、担保パッケージにおいて、特に留意すべき点について述べる。

株式担保の意義

プロジェクトSPCの株式・社員持分に対して担保権を設定する意義は、第三者による権利行使や第三者への処分を防ぐという防御的な機能だけではない。融資契約上の期限の利益喪失時に、契約上の地位譲渡によって関連契約上の地位を別のSPCに承継させるのではなく、プロジェクトSPCの株式・社員持分自体を貸付人または新スポンサーに処分、譲渡することによって、貸付人または

---

[4] 不動産などの清算価値に着目したアセットファイナンスではLTV（Loan to Value）が財務指標として重要となるが、プロジェクトファイナンスは事業用資産の清算価値ではなく事業から生み出される将来キャッシュフローに着目したファイナンスであるため、返済の余裕度を示す財務指標としてはDSCRが重要となる

新スポンサーの下で事業の立て直しを行うことを容易にする点もある。

劣後貸付債権や匿名組合出資持分に対する担保設定

　海外のプロジェクトファイナンスにおいては、スポンサーが有するプロジェクトSPCの株式のみならず、スポンサーがプロジェクトSPCに対して提供する劣後貸付に係る債権についても、担保権を設定することが一般的な実務となっている。劣後貸付は株式と異なり、SPCに対する議決権を通じた支配権を伴うものではないが、収益の配当を受け得るエクイティ性の権利であるという点で株式と一体のものと捉えられ、スポンサーの交代に際しては株式とセットで新スポンサーに移転させることが前提とされる。換言すれば、収益の配当を受け得る権利が旧スポンサーに残っている状況下では、株式のみを譲り受けようとする新スポンサーを見つけることが事実上困難であり、その結果、貸付人による担保実行やステップインを通じたプロジェクトのリストラクチャリングがスムーズに進まない可能性が高いため、劣後貸付債権にも担保権を設定しておく必要があるということであり、かかる事情は基本的には国内でのプロジェクトファイナンス案件にも同様に妥当するものと考えられる。

　また、国内案件ではスポンサーがプロジェクトSPCに対して匿名組合出資を行うケースも見られるが、匿名組合出資持分も収益の配当を受け得るエクイティ性の権利であるため、株式・社員持分とセットで処分することが可能となるように、匿名組合出資持分にも担保権（一般的には質権）を設定しておくことが求められる。

　もっともエクイティ出資の譲渡可能性を高めることを指向するスポンサーからは、匿名組合出資持分への担保設定について理解が得られない場合もある。こうした場合に、貸付人のステップインの権利が十分に機能するか、一定の手立てを講じる必要がないか[5]については、検討が必要である。

5　匿名組合出資持分や劣後貸付債権に担保権を設定しない場合、匿名組合契約やスポンサー劣後貸付契約の内容によっては余剰収益のほとんどを匿名組合の配当や劣後貸付の元利払いの形でスポンサーが吸い上げることも可能であるため、最劣後となるエクイティ持分（株式または社員持分）に対する担保権を実行するに当たって、新スポンサーが新たに株主や社員としてプロジェクトに参加するための経済的なインセンティブをいかに確保するかが、ステップインを事実上ワークさせるという観点から重要となる

地位譲渡予約

　プロジェクトファイナンスによる担保設定は、貸付人によるステップイン権限の確保をその主要な目的として行われるものである。契約上の地位譲渡予約は、典型的にはシニアローンについて期限の利益を喪失した場合に、貸付人（または貸付人が指定する別のSPC）に関連契約上の地位（権利や債権のみならず義務や債務も含む）を包括的に承継させる方法によるステップインを目的として行われるものである。地位譲渡予約には、危機時に貸付人自らまたは第三者をして関連契約上の義務を果たして事業を継続させることを可能にするという点で、債権に対する担保権にはない積極的な意義と機能がある。

　もっとも地位譲渡予約は、ステップインのためにあらかじめ地位譲渡予約につき予約完結権を設定しておくものにすぎず、契約上の債権につき当初から対抗力ある形で担保権を設定するものではないため、予約完結権行使前に出現した差し押さえ債権者などに権利を対抗することができない。また、借入人の信用力が悪化した段階で予約完結権を行使し、権利移転につき対抗要件を具備する場合には、否認されるリスクもあると考えられる。

　従って、少なくとも契約上の債権については、担保設定時点で第三者対抗要件を具備可能な質権その他の担保権を設定しておく必要があるということになる。

4 ステップイン

　プロジェクトファイナンスにおいてはプロジェクトを遂行するSPCの資産に担保設定されるが、プロジェクトを構成する個別資産の換価価値や清算価値自体はプロジェクトファイナンスによる借入金額には及ばないことが通常である。シニア貸付人にとっては、その融資資金を事業継続により生み出される将来キャッシュフローによって回収することこそがメインシナリオとなる。

　従って、シニア貸付人にとって事業の安定継続は最大の関心事となる。融資実行後、スポンサーによるプロジェクトの運営・継続がうまくいかず、予定されたキャッシュフローが出ず、その結果、シニアローンの返済が予定通りなされない場合は、最終的にはスポンサーを新たなスポンサーに交代させて、プロ

ジェクトを立て直し、予定されたキャッシュフローが出るようにしてシニア
ローンの返済がなされるようにするのである。

ステップインの方法

　プロジェクトファイナンスのデフォルト時に、担保実行によりスポンサーを
交代させる手段としては、主に2通りある[6]。

　1つは、旧スポンサーがプロジェクトSPCに対して有する株式および劣後貸
付債権、匿名組合出資持分など（エクイティ性の権利）を新スポンサーに譲渡す
る方法である。この手法をとるために必要とされる担保権は、プロジェクト
SPCの株式などに対する担保権である。この方法による場合は、同一の法人（プ
ロジェクトSPC）が事業主体であり続けるため、原則として事業運営に必要な
許認可も継続することとなるなど、別のSPCに事業そのものを承継させる方法
よりも効率的である。しかし、株式質権設定者であるスポンサーが会社更生手
続きに入った場合、当該株式質権は更生担保権となり、更生手続き外で担保権
の実行ができなくなるため、機動性が失われる、あるいは株式担保の実行自体
が困難となる。

　もう1つの方法は、プロジェクトSPCの株式などではなく、プロジェクト
SPCが有する資産（動産・不動産などの事業用資産のみならず、事業契約その他
SPCが締結する関連契約上の地位、権利および資産を含む）を新スポンサーが
保有する別のSPCに譲渡することで事業継続を図るものである。これを可能に
するため、プロジェクトファイナンスではプロジェクトSPCが有する全ての資
産、権利について各種の担保権を設定するとともに、契約上の地位については
第三者への譲渡に係る予約完結権を設定することとなる。この手法を用いる場
合は、個別の担保対象資産について担保権を実行する必要があり、また、許認

---

[6]　差し当たり、ここでは従前の日本の実務を踏まえ、貸付人による担保実行（スポンサー交代）を「ステップイン」と呼
ぶ用語法を前提としている。もっとも海外の実務においては、スポンサー交代という最終手段を検討する前の段階と
して、貸付人が関連契約の追加的な当事者としてプロジェクトSPCの権利義務を一時的に引き受ける形でステップ
インすることを通じて、更なる猶予期間の延長を認めつつ、貸付人主導でより積極的に問題の治癒やプロジェクトの
リストラクチャリングを図ることを可能とする仕組みを直接協定にビルドインしておくことが一般的である。詳細は、村
上祐亮「プロジェクトファイナンスにおけるステップ・インの再検討─英米におけるDirect Agreementの実務を踏ま
えて─」NBL1052号51頁、2015年

可の承継・再取得などが必要となるなど、手続きには相応のコストと時間を要するものと考えられる。

なお、貸付人がこうしたステップインの権利を行使するに際しては、直接協定（もしあれば）に基づき、公共その他のプロジェクト関連契約上の相手方との間で協議を行いながら、手続きを進めることになる。

5 スポンサーサポート

スポンサーにとって、プロジェクトのリスクを自己の事業から切り離し、自らが負担するリスクの範囲を当初予定していた出資の範囲に限定できることは、プロジェクトファイナンス（あるいは、事業主体がプロジェクトSPCとなること）のメリットの1つである。

他方で、プロジェクトファイナンスの貸付人としては、プロジェクトの全期間にわたり当該プロジェクトの遂行につき主体的に関与するスポンサーの存在なくして、当該プロジェクトへの与信を行うことは困難である。また、プロジェクト関連契約における当該プロジェクトのリスク分配の結果、適切にヘッジすることができずに借入人たるプロジェクトSPCに残存するリスクについて、スポンサーによる補完が必要となる場合もある。

こうした理由から、シニア貸付人はスポンサーに対し、借入人への出資の引き受けや出資比率の維持などを通じた当該プロジェクトへのコミットメントを求めるほか、借入人に残存するリスクについてスポンサーによる補完を求める。スポンサーとしても、迅速かつ効率的なプロジェクトファイナンスの手法による資金調達の実現のために、限定された範囲においてこれらのコミットメントやリスクテイクに応じることを検討することとなる。

こうして、スポンサーとシニア貸付人の間で、スポンサーサポート契約が締結される[7]。

7　なお、借入人も当事者に加わることが一般的である

スポンサーサポート契約の主な内容

スポンサーによる誓約事項

　スポンサーサポート契約においては、スポンサーによるプロジェクト会社に対する出資比率維持義務[8]などの、スポンサーのプロジェクトへのコミットメントやプロジェクト遂行への協力などに関する義務が課されることになる。

　案件によっては、スポンサーサポート契約の中に、スポンサーが当初想定していた出資の範囲を超えてプロジェクトに関する経済的（金銭的）負担を負う義務が定められることになる。一般論としては、貸付人が許容できないようなリスクがプロジェクト関連契約などのリスク分配によっても借入人に残存している場合、貸付人はかかるリスクが現実のものとなった場合に、これによって借入人に生じるリスクをスポンサーが負担することを要求する。

　その場合、スポンサーによる経済的（金銭的）な負担や拠出を伴うリスク負担の方法としては、借入人に対するエクイティの追加出資義務や劣後貸付の追加貸付義務をスポンサーが負う方法が一般的である。なお、スポンサーによる潜在的なサポートを伴うプロジェクトファイナンスは、その点を理由として、ノンリコースではなくリミテッド・リコースと呼ばれることがある。

スポンサーによる表明保証

　スポンサー自身やスポンサーの有する借入人の株式、その他の出資持分に関する基本的事項を表明、保証させる。

その他

　スポンサーが借入人に対して有する債権を、貸付人などの債権に対し劣後化するための一般的な規定が設けられる。また、複数のスポンサーが存在するプロジェクトにおいて、そのうち1人のスポンサーにつきスポンサー関連契約の

---

[8]　スポンサーの経済的・非経済的なサポートを継続的に確保するためには、スポンサーが借入人の株主（借入人が合同会社の場合は社員）であり続ける必要があるため、貸付人としてはスポンサーによる借入人株式（借入人が合同会社の場合は社員持分）の譲渡を貸付人承諾事項とするよう要求することが通常である。他方で、スポンサーとしては合理的な範囲でエグジットの機会を確保すべく、一定の条件（例えば、適格譲受人の要件を規定する場合や一定期間経過後に限定する場合などがある）の下でかかる譲渡を許容することを求めることがある

違反や倒産などの事由が生じた場合、他のスポンサーに対して違反スポンサーの義務を代わりに履行して違反を治癒する機会を付与したり、当該スポンサーの保有する借入人株式を他のスポンサーが取得する権利を付与したりして、プロジェクトの継続のための手当てを設けることもある。

6 直接協定

　プロジェクトファイナンスにおいては、プロジェクトの安定的な継続を通じて生み出される将来キャッシュフローこそが実質的な引き当てとなることから、貸付人の債権保全の観点からは、プロジェクトSPCによる事業の遂行に何らかの問題が発生した場合において、関連契約が解除などにより終了し、将来キャッシュフローが途絶えることこそが、最も避けるべき事態となる。

　そこで、シニア貸付人と公共、工事請負業者、運営管理業者、その他主要なプロジェクト関連契約の当事者との間で、いわゆる直接協定を締結することによって、プロジェクト関連契約について債務不履行や解除事由などが発生した場合に、関連当事者による契約の解除などによってプロジェクト自体の継続が困難となってしまうことを防ぐとともに、貸付人主導で債務不履行などの治癒や担保実行（ステップイン）を通じたプロジェクトの存続や立て直しを図るための方策を取り決めておくことがある。

直接協定の主な内容

担保権の設定と地位譲渡予約についての承諾

　関連当事者は、プロジェクトSPCが有するプロジェクト関連契約上の債権につき貸付人のために担保権が設定されること、およびプロジェクトSPCが有するプロジェクト関連契約上の地位につき譲渡予約契約が締結され貸付人が予約完結権を有することを確認、承諾する旨が規定される。また、公共との直接協定では、担保設定に公共の承諾が必要となるSPC株式への担保設定に関しても、公共がこれを承諾する旨が規定される。

関連契約の解除の制限と治癒権(cure right)の付与

　プロジェクトSPCの債務不履行などを理由としてプロジェクト関連契約を解除しようとする場合には、事前に貸付人に通知する義務を負うこと、また、当該通知を行った日または当該解除事由が発生した日から一定期間はプロジェクト関連契約を解除できない旨が規定される。

関連契約解除時または担保実行時の協議事項

　関連当事者がプロジェクトSPCの債務不履行などを理由としてプロジェクト関連契約を解除しようとする場合には、前述した猶予期間または別途設定される協議期間において、貸付人と関連当事者との間でプロジェクトの円滑な運営・継続に向けた対応を協議する旨を規定しておくことがある。また、貸付人が担保権を実行しようとする場合についても、同種の協議事項を規定しておくことがある。

2 インフラファンド

インフラ資産は、本質的に長期間にわたるものであること、一般的に収益に大きな変動が生じにくいこと、料金や対価に物価スライド条項が組み込まれるなどインフレへの耐性が高いこと、短期的な経済動向の影響を受けにくく、他のアセットとの相関性も比較的低いことなどの特徴があり、長期的に安定した収益が期待できる。かかる特性のあるインフラ資産に対する投資は、年金基金や生命保険会社などの長期運用を目的とする投資家のニーズと合致するといわれており、実際にもそのような評価を受けている。また、伝統的な株式や債券などの有価証券投資、不動産投資などとはリスクプロファイルが異なることもあり、リスク分散の観点から新たな投資先として注目されている。

インフラファンドは、かかるインフラ資産への投資と機関投資家などを結び付ける役割を果たす。世界的に見ると、インフラファンドは投資家が注目する有力な（代替的）投資先の1つとなっている。

1990年代に英国とオーストラリアで本格的に組成されるようになり、2000年以降にアジアや欧州、北米にも広がり、2010年以降にその数および規模はさらに増加している。上場インフラファンド市場は当初、オーストラリアやカナダの取引所に限定されていたものが、2000年以降は急速に拡大し、現在ではアジアを含め各国の取引所で上場されている。非上場インフラファンド市場も、2011年には260億ドル程度だった資金調達額が、2016年には650億ドルを超えることとなり[9]、拡大傾向は続いている。なお、非上場インフラファンドのスキームは、二重課税の回避などの観点から、Limited Partnership（LP）またはLimited Liability Company（LLC）が選択されることが多い[10]。

---

[9] 「グローバルインフラ投資のススメ1 〜世界の主要投資家動向から見るインフラ投資市場〜」三井住友トラスト基礎研究所レポート、2018年4月（https://www.smtri.jp/report_column/report/pdf/report_20180412.pdf）

[10] 「インフラ投資に関する調査研究報告書」年金シニアプラン総合研究機構、2013年3月（https://www.nensoken.or.jp/wp-content/uploads/H_24_03.pdf）

一方、国内ではPFI法の施行以降、インフラ分野への民間資金の導入は進んでいたが、そこでの民間資金の位置づけは、当該インフラを建設・運営すること自体を事業としている建設会社や運営事業者等の民間事業者が参加し、そこに融資や出資の形態で金融機関が関わることが中心であり、機関投資家が資産運用の一環として参加する、海外のインフラファンドのような動きは見られなかった[11]。

しかし、近年になり、国内でも変化がみられるようになっている。例えば、2013年のPFI法改正に基づき、2013年10月に官民連携ファンドとしての民間資金等活用事業推進機構（PFI推進機構）が設立された。同機構には政府が100億円、民間（銀行、保険会社、リース会社など金融機関70社）が100億円を出資している。2019年7月末時点で支援対象事業は34件に上り、民間インフラファンドへの出融資も行っている[12]。

また、これまで海外のインフラへの投資を進めていた国内の年金基金なども、海外での経験を踏まえて国内での投資の検討を始めている。為替リスクを考慮する必要がないため、国内に投資するのに適した案件があれば、海外投資に向けていた資金が国内投資に振り向けられることが期待される。今後、年金基金などの機関投資家の投資対象となり得る国内のコンセッション案件などが拡大すれば、その受け皿としてのインフラファンドの組成も加速し、国内のインフラファンド市場も拡大していくものと考えられる。ただし、固定価格買取制度（FIT制度）による安定した売電収入が見込まれる再生可能エネルギー発電設備を除き、インフラを上場インフラファンドの投資対象とすることには現時点で課題が多く、当面は私募ファンドの組成が中心となるのではないかと思われる。

インフラファンドは大別すると、証券取引所に上場して資本市場から広く資金を調達する上場ファンドと、上場はせずに主に適格機関投資家などの限られたプロ投資家から資金を調達する私募ファンドがある[13]。前者の投資形態としては現行法上、投資法人が主に想定されるが、投資信託、外国投資法人、外国

11　中里幸聖「インフラファンドとインフラ整備等への適用」土木技術73巻3号13頁、2018年3月
12　民間資金等活用事業推進機構ウェブサイト（http://www.pfipcj.co.jp）
13　厳密には、非上場イコール私募ではないが、実務上そのように称されることが多いため、本書でもその用例に従う

投資信託などの形態によることも制度上は可能である。後者の投資形態として
は、主に匿名組合や投資事業有限責任組合（LPS）などが想定される。

　一般に、インフラファンド自体がインフラ資産を自ら直接取得・保有し、当
該資産を用いた事業に従事するのではない。むしろ、これらの資産を取得・保
有し、事業を営む別の投資ビークル（資産保有ビークル）が発行する有価証券
（株式、社員持分、匿名組合出資持分など）の取得・保有を通じてインフラ資産
への投資を行う形態によることが多い。

　前者の投資手法を直接投資といい、後者の投資手法を間接投資ということが
多い。上場インフラファンドにおいては、税制上の理由により資産保有ビーク
ルの発行する有価証券の取得や保有という形式にはよらないが、いわゆる「所
有と賃貸」スキームを通じて、インフラファンドはインフラ資産を保有して賃
貸し、その賃借人がインフラ資産を用いた事業に従事するという、資産所有ビー
クルと事業運営ビークルとの分離を図っている。

　こうしたインフラファンドの特色を踏まえつつ、上場インフラファンドと私
募ファンドの順に述べる。

1 上場インフラファンドの法令規則

　東京証券取引所（東証）のインフラファンド市場が2015年4月に開設された。
これを受け、主として太陽光発電設備などに投資を行うことを投資方針として
掲げるタカラレーベン・インフラ投資法人の投資口が2016年6月、東証インフ
ラファンド市場に上場した。その後も複数のインフラファンドが続けて上場し、
2019年7月末時点で計6つのインフラファンドが上場している。これらはいず
れも投資法人形態の内国インフラファンドであり、主として太陽光発電設備な
どに投資することを投資方針としている。

投信法関連法令

　東証の有価証券上場規程上、東証のインフラファンド市場に上場する内国イ
ンフラファンドは「投資信託及び投資法人に関する法律」（投信法）に基づく投
資法人または投資信託である必要があるとされている。

そこで、投資法人および投資信託の法制度について、まず、東証インフラファンド市場の開設に先立ち、2014年に「投資信託及び投資法人に関する法律施行令」(投信法施行令)および同施行規則(投信法施行規則)の改正や関連法令の整備が行われた。税制についても2015年に上場インフラファンドに対応するための投資法人の導管性要件に関する改正が行われ、続けて2016年および2017年にもその内容を一部調整する改正がなされている。

　また、運用会社が会員となる投資信託協会(投信協会)において、上場インフラファンドに対応する「投資法人及び投資信託に関する規則」が2015年に整備されている。

特定資産の拡大

　2014年の投信法施行令の改正により、投資法人および投資信託の主たる投資対象となる特定資産(投信法2条1項、12項)に、(1)再生可能エネルギー発電設備(不動産を除く)および(2)公共施設等運営権が追加され(投信法施行令3条11号・12号)、また(3)匿名組合出資持分(有価証券を除く)に係る運用対象たる資産にこれらの資産が追加された(投信法施行令3条8号)。

価格等の調査

　投資法人および投資信託は特定資産の取得または譲渡が行われたときは、当該特定資産に係る価格等の調査を行う(投信法201条、11条)。この対象として「再生可能エネルギー発電設備」及び「公共施設等運営権」の「取得又は譲渡」が追加された(投信法施行規則245条1項、22条2項8号・9号)。

　追加された特定資産の価格調査は、利害関係人等一定の関係者でない弁護士もしくは弁護士法人または会計士もしくは監査法人により行われる(投信法201条2項、11条2項、投信法施行令124条、18条)。なお、これらの資産に係る調査内容項目も追加された(投信法施行規則245条2項、22条3項8号・9号)。

その他所要の措置

　特定資産に再生可能エネルギー発電設備と運営権が追加されたことに伴い、投資法人に関する法令の規定のうち、(1)規約の記載事項の細目(投信法施行規

則105条1号）、(2)募集投資口の引受けの申込みをしようとする者に対する通知事項（投信法施行規則135条5号・6号）、(3)登録投資法人が行うことができない取引（投信法施行令116条3号）、(4)登録投資法人が資産運用会社との間で行うことができる取引（投信法195条、投信法施行令117条7号）——などについて、再生可能エネルギー発電設備および運営権に対応する規定の追加などがなされた。

　投資法人が資産を主として「不動産等資産」に対する投資として運用することを目的とする場合には、その旨を規約に記載する必要がある（投信法67条1項7号・5項、投信法施行規則105条1号ヘ）。

　上記(1)は、「不動産等資産」の定義に、再生可能エネルギー発電設備および運営権、並びにこれらの資産のみを信託する信託の受益権を追加したものである（投信法施行規則105条1号ヘ　かっこ書き）。従って、インフラファンドがこれらの資産に直接投資することを目的とする投資法人（インフラ投資法人）の形態を取る場合、規約にも当該規定を設けなければならない。

　当該規定を規約に設けたインフラ投資法人は、投資主との合意による有償での自己の投資口の取得ができ（投信法80条1項1号、投信法施行令69条の2、投信法施行規則128条の2）、また、上場インフラ投資法人の投資口はインサイダー取引規制などの適用対象となる（金融商品取引法施行令27条2号イ、27条の3、有価証券の取引等の規制に関する内閣府令25条2項）。

　なお、インフラ資産を保有する法人に対する出資持分などに投資することを目的とするインフラ投資法人（間接投資形態のインフラ投資法人）の場合は、上記特定資産の拡大が行われる前から組成自体は可能であったといえるが、法人に対する出資持分などは「不動産等資産」に含まれず、資産を主として「不動産等資産」に投資して運用することにはならないため、自己投資口取得に関する規定やインサイダー取引規制などの適用はないことになると思われる。

特定有価証券の内容等の開示に関する内閣府令

　上場インフラファンド制度の導入に伴い、有価証券届出書の金融商品取引法（金商法）上の開示書類の記載事項も追加されている。

　すなわち、投資資産についてその種類別の価格および投資比率の開示が求め

られているところ、有価証券および不動産以外の「その他の資産」の種類として、「投資者が投資資産の投資状況を把握するために適切と考えられる種類」が追加された（特定有価証券の内容等の開示に関する内閣府令（特定有価開示府令）4号の3様式・記載上の注意(33) b、4号様式・記載上の注意(27) b）ほか、有価証券や不動産には該当しないインフラ資産が該当することになる「その他投資資産の主要なもの」についての記載上の注意が追加された（特定有価開示府令4号の3様式・記載上の注意(36) c、4号様式・記載上の注意(30) c）。

　また、インフラファンドについては間接投資形態も想定されていることを踏まえ、「投資法人（ファンド）の目的及び基本的性格」において「投資法人（ファンド）が、投資ビークル（中略）への投資を通じて資産の運用を行う形態を取る場合には、その旨が明確になるように記載すること」が求められ（特定有価開示府令4号の3様式・記載上の注意(17) c、4号様式・記載上の注意(14) e）、さらに、「投資法人（ファンド）の仕組み」においても、「当該投資法人（ファンド）が投資ビークルへの投資を通じて資産の運用を行う形態を取る場合には、その仕組み」も含めて記載することとされた（特定有価開示府令4号の3様式・記載上の注意(18) a、4号様式・記載上の注意(16) a）。具体的な開示内容に関して一部、金融庁の見解が公表されている[14]。

租税特別措置法関連法令

　投資法人は、配当可能利益の90％超を配当することその他の一定の要件（いわゆる導管性要件）を満たす場合、投資法人と投資主との間の二重課税を排除するため、その配当等の額を損金の額に算入することが認められている（租税特別措置法（租特法）67条の15）。

　導管性要件のうち、投資法人が保有する資産の総額の帳簿価額の50％超を原則として特定資産に投資することという要件（特定資産過半投資要件）に関して、従来は当該特定資産（すなわち、特定資産過半投資要件の判定における分

---

[14] 「投資信託及び投資法人に関する法律施行令の一部を改正する政令等に対するパブリックコメントの概要及びそれに対する金融庁の考え方」7～9頁22～28番、2014年8月29日

313

子）の概念は投信法上の特定資産と同じものとされていたが、この点が改められ、(1)原則として投信法上の特定資産から再生可能エネルギー発電設備および運営権を除いたものとされることになり、また、(2)投信法上の特定資産のうち匿名組合出資持分については、営業者が主として運用する対象資産が、有価証券（匿名組合出資持分を除く）、デリバティブ取引に係る権利、不動産、不動産の賃借権、地上権、約束手形または金銭債権であるものに限られることになった（租税特別措置法施行令（租特法施行令）39条の32の3第10項）。

　ただし、再生可能エネルギー発電設備に係る例外として、(1)投資口が設立時に公募され、または投資口が上場されており、かつ、(2)規約上、再生可能エネルギー発電設備（投資法人が保有する匿名組合出資持分の営業者が所有する再生可能エネルギー発電設備を含む）の運用の方法が賃貸のみである旨が規定されている投資法人については、(1) 2020年3月31日までの期間内に再生可能エネルギー発電設備を取得した場合（投資法人が保有する匿名組合出資持分の営業者が再生可能エネルギー発電設備を取得した場合、および再生可能エネルギー発電設備を所有する営業者に係る匿名組合の匿名組合員の地位を承継した場合を含む）、(2)その初めての取得の日から、取得をした再生可能エネルギー発電設備を初めて貸付けの用に供した日以後、20年を経過するまでの間に終了する各事業年度の間――は、再生可能エネルギー発電設備および主として再生可能エネルギー発電設備を運用する営業者に対する匿名組合出資持分も、特定資産過半投資要件の判定に際し、分子に含めて計算してよいものとされた（租特法施行令39条の32の3第12項）。

　このように、導管性要件を満たすインフラ投資法人を組成する場合、主たる投資対象が再生可能エネルギー発電設備に限定される（運営権は不可）ことに加えて、不動産投資信託（REIT）とは異なり、運用方法が賃貸に限定され、さらに、導管性が認められる期間が20年に限定される点に留意が必要となる。また、コンセッションやその他のインフラ資産への投資の文脈では、運営権のほか、不動産に該当しないインフラ資産を主たる投資対象とすると、導管性要件を満たすことができない点が大きな障害となる。

　このような制約は、これらの権利・資産を資産保有ビークルに保有させ、上場インフラファンドは同ビークルに対する匿名組合出資持分を主として取得・

保有する場合にも同様に当てはまる。これらの問題に対応するためには、後述する通り、資産保有ビークルおよびその発行する有価証券のストラクチャリングを通じて打開を図る必要がある。

投信協会規則

内国インフラファンドの場合、上場REITと同様に、管理会社（運用会社）が投信協会の会員であることが上場審査の形式要件とされている（上場規程1505条1項(1)）。そのため上場内国インフラファンドは、「インフラ投資信託及びインフラ投資法人に関する規則」（インフラ投信規則）をはじめとする投信協会の規則を遵守する必要がある。

インフラ資産やインフラ関連資産への投資

インフラ投信規則において「インフラ投信等」とは、投資信託財産または投資法人の資産の総額の2分の1を超える額を同規則に定めるインフラ資産やインフラ関連資産に対する投資として運用することを目的とする旨を、約款または規約において規定している投資信託や投資法人をいい（同規則3条3項、1条）、インフラ投資法人はこれに該当する。かかるインフラ投資法人は、税務上の導管性要件を満たすことが前提とされている（同規則3条3項）。

資産の評価

インフラ投信等が保有するインフラ資産およびインフラ資産に伴う土地・建物などの公正な価額を算定する場合に使用する評価方法の選択肢に、REITで一般的である不動産鑑定士による鑑定評価額などに加え、「公認会計士による評価額」が規定されている（インフラ投信規則5条1項2号）。

2 インフラファンドの上場制度

インフラファンド市場は、REIT市場とは別の市場として整備されているが（上場規程6編5章など参照）、基本的にはREIT市場の制度を基調としつつ、インフラファンドの特性に着目した修正を加えたものとなっている。以下では、

インフラファンド市場の上場制度の概要を説明する。

インフラファンド市場の上場商品

インフラファンド市場の上場商品であるインフラファンドは、(1)内国インフラファンド（主たる投資対象をインフラ資産等とする投資信託の受益証券または投資証券）、(2)外国インフラファンド（主たる投資対象をインフラ資産等とする外国投資信託の受益証券または外国投資証券）、(3)外国インフラファンド信託受益証券（受託証券が外国インフラファンドである有価証券信託受益証券（金融商品取引法施行令2条の3第3号））——の3種類がある（上場規程1201条）。なお、(2)と(3)はREIT市場では認められておらず、インフラファンド市場の特徴となっている。

インフラ資産とインフラ関連有価証券

インフラファンド市場の基本的な概念として、「インフラ資産等」（「インフラ資産」および「インフラ有価証券」）と「インフラ関連有価証券」の定義がそれぞれ設けられている（上場規程1201条、有価証券上場規程施行規則（上場規程施行規則）1201条4項〜6項）。

インフラ資産等には、REIT市場における不動産などとは異なり、インフラ有価証券、すなわち、裏付け資産がインフラ資産、流動資産等に限定された資産保有ビークルが発行する有価証券も含まれており、間接投資を主たる投資形態とするインフラファンドも想定した規定となっている。ただし、投信法に基づく制約により、ビークルの議決権の過半を取得することは認められず、また、投資法人の場合はビークルに対する半数以上の出資（匿名組合出資を含む）を行うと導管性要件を満たすことができなくなることに留意が必要である。また、「インフラ有価証券」の発行者はインフラ資産や流動資産等を保有するものと定義されているため（上場規程1201条1の6号）、ビークルを複層的に重ねた間接投資を主たる投資形態とするスキームは想定されていない。

なお、上場規程では、インフラファンドが直接保有するか、インフラ有価証券またはインフラ関連有価証券を通じて間接的に投資するかを問わず、インフラファンドの実質的な投資対象（原資産）であるインフラ資産を、「インフラ投

資資産」と定義している（上場規程1201条）。

オペレーター

インフラ資産は一般にオペレーショナル・アセットといわれる。それを稼働させ、キャッシュフローを創出するためには、不動産と比べて運営者による積極的な運営行為を要する。上場規程も「インフラ投資資産の運営に関する事項

図表 7-3　オペレーターの概念図

［インフラ資産*1に係るオペレーター］

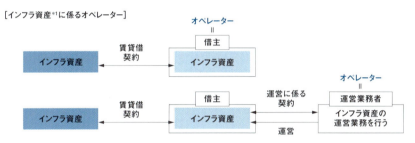

［インフラ有価証券*2に係るオペレーター］

［インフラ関連有価証券*3に係るオペレーター］

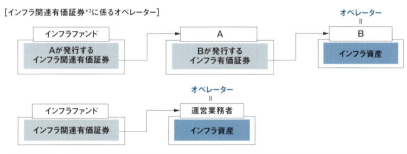

*1 再生可能エネルギー発電設備のほか、東京証券取引所が指定する道路、空港、鉄道など、およびそれらに係る公共施設等運営権など
*2 資産がインフラ対象資産に限定される企業（SPC）などが発行する有価証券など
*3 インフラ資産やインフラ有価証券が資産の過半を占める企業（SPC）などが発行する有価証券など
主要形態の事例を示す。東京証券取引所の資料を基に日経BPが作成

を主導的に決定する者として施行規則で定める者」を「オペレーター」と定義し（上場規程1201条2号の2）、上場インフラファンドの上場審査に当たっては、オペレーターの選定基本方針[15]や選定基準が適切に策定され、当該選定基準を充足するオペレーターが実際に選定されているかどうかが審査される。選定基本方針は定性的かつ総論的な方針であり、規約などに記載することが求められる。選定基準は、選定基本方針に基づき、定量的かつ具体的な抵触当否が判定できる内容の基準を定めなければならない[16]。

内国インフラファンドの新規上場[17]

上場審査の形式要件および上場審査基準（実質審査基準）

　上場審査の形式要件は、基本的には上場REITに準じて規定されているが（上場規程1505条1項）、次の表の通り、組入比率はインフラ資産を基準とし、また、投資法人の規約または投資信託の投資信託約款においてオペレーターの選定基本方針を記載することが求められている。

図表 7-4　上場審査の形式要件（抜粋）

---

① 運用資産等に占める組み入れ比率

（イ）運用資産等の総額に占めるインフラ資産等の額の比率が、70％以上となる見込みのあること

（ロ）運用資産等の総額に占める、インフラ資産等、インフラ関連有価証券及び流動資産等の合計額の比率が、上場の時までに95％以上となる見込みのあること

② 規約等において、オペレーターの選定基本方針が記載されていること

---

[15] インフラ投資資産の種類ごとに、円滑な運営業務を阻害し得るリスクファクターを検討し、それを基に円滑な運営業務を行い得るオペレーターが選定されるための観点や要件を規定する。「内国インフラファンド上場の手引き」19頁、東京証券取引所

[16] 「内国インフラファンド上場の手引き」27頁、東京証券取引所

[17] 外国インフラファンドの場合、内国インフラファンドの要件が必要な限度で適用されるほか、重複上場となること、当該外国における管理会社の許認可、投信法に類する法令の整備および監督官庁の存在などが要件となる。上場規程1505条2項

上場審査基準（実質審査基準）もおおむね上場REITに準じたものとされているが（上場規程1506条）、インフラファンド特有の事項として「資産の運用等を健全に行うことができる状況にあること」の審査との関係で、運用資産等またはインフラファンド運用上の諸リスクを十分に検証したうえでリスク管理方針が策定されていることと、リスク管理方針の策定内容に沿った対応が可能な体制が構築されていることが求められる。リスク管理方針は、インフラファンドの運用を行ううえで発現する可能性のある諸リスクについて、いかに各リスクを管理するかを明記するものとされている[18]。

上場審査手続（第三者からの意見書の取得）

　上場審査手続もおおむね上場REITに準じたものとされている。もっとも上場REITの場合にはない上場申請書類として、インフラ投資資産の収益性に係る意見書、インフラ投資資産の収益継続性に係る意見書およびインフラ資産等の稼働の前提となる重要な許認可・免許の概要がある[19]（上場規程施行規則1502条2項(1)c・d）。

　インフラ投資資産の収益性に係る意見書には、インフラ投資資産について以下の(a)と(b)の事項に関する意見が記載され、インフラ投資資産の収益継続性に係る意見書には、インフラ投資資産について以下の(c)の事項に関する意見が記載される[20]（上場規程施行規則1201条3項）。それぞれ、当該資産に関する専門的知識を有する者で、新規上場を申請しようとする者から独立した第三者により作成されることが必要となる。

(a)新規上場の申請日から6カ月以内に収益が計上される見込みであること
(b)将来の利益計上が見込まれること

---

[18] 当該諸リスクの内容および具体的にリスク管理方針を策定する観点は、「内国インフラファンド上場の手引き」27頁を参照
[19] 「内国インフラファンド上場の手引き」12～15頁
[20] 東証から具体的な記載事項も示されている。なお、両意見の内容をまとめて記載することも可能である。「内国インフラファンド上場の手引き」17頁

(c)将来の収益状況が安定的であると見込まれること

　もっとも上場審査の対象となるインフラ投資資産が、1年以上のトラックレコードを有する適性インフラ投資資産（具体的には、新規上場申請日または当該日が属する月の前月末日において、1年以上の期間において収益を計上しており、かつ、直前決算期または直前1年間において利益を計上しているインフラ資産をいう（上場規程1201条、上場規程施行規則1201条8項））の場合、インフラ投資資産が再生可能エネルギー発電設備であれば収益性と収益継続性に係る両意見書、インフラ投資資産がそれ以外の資産であれば収益性に係る意見書のみ、その取得が不要となる。

　なお、上場後の資産取得時においても、上記の基準に従い意見書の取得が必要とされる（上場規程1514条1項、上場規程施行規則1531条2項(6)）。

適時開示

　適時開示事項は、原則として上場REITに準じたものとされる（上場規程1513条）。上場REITとは異なる事項として、オペレーターに関する事実（決定事実および発生事実）がある。具体的には、決定事実として組織再編、倒産手続開始申立、解散などに加え、インフラ資産の運営に係る業務の廃止（オペレーターでなくなることを決定した場合を含む）や、法令に基づき行政庁に対して行うインフラ資産等の運営に係る認可もしくは承認の申請、届出などがある。また、発生事実として業務改善命令、登録の取消し、その他これらに準ずる行政庁による法令に基づく処分または行政庁による法令違反に係る告発や、オペレーターでなくなることがある。

　運用資産等に係る決定事実および発生事実にも、インフラ資産であることの特性を踏まえ、上場REITとは異なる事項や内容がある。具体的には、決定事実としてオペレーターの選定基準の変更やリスク管理方針の変更などがあり、発生事実にはインフラ資産の稼働の停止やインフラ資産に関する重要な行政庁による認可、承認または処分などがある。両事実に共通の事項として、インフラ資産の運営に係る重要な契約の変更や終了、オペレーターの異動などがある。

上場廃止

　上場廃止基準は上場REITに準じるものとされる（上場規程1520条）。また、上場要件の裏返しで、前述した「上場審査の形式要件および上場審査基準（実質審査基準）」に記載する要件に抵触した場合や、オペレーターがオペレーターの選定基準に抵触した後、1年以内に当該状況が解消されなかった場合が規定される。

特例インフラファンド

　再生可能エネルギー発電設備およびそれを運営するために必要な資産を投資対象とし、再生可能エネルギー発電設備に係る導管性要件の特例の適用を受けることを目標として運用する投資法人のうち、一定の要件を充足する内国インフラファンド（特例インフラファンド）については、純資産、資産総額、運用資産等の総額に占める組入比率に係る各上場廃止基準が適用されない（上場規程1521条、上場規程施行規則1537条）。当該一定の要件は、情報の開示の要件として、導管性要件を満たすことができる資産運用計画の立案や、導管性要件の充足に関する独立した第三者からの意見を記載した確認書の取得などがあり、資産の取得の要件として、特例インフラファンドの運用資産等以外の資産の取得を原則行わないことと、その旨を投資法人の規約に規定することなどがある。

３ 投資対象

　上場インフラファンドの主たる投資対象としては、投信法施行令の2014年改正で追加された再生可能エネルギー発電設備および公共施設等運営権が考えられる。また、これら以外のインフラ資産も、別の特定資産に該当すれば投資対象となり得るため、その実務的な可能性についても検討する。

再生可能エネルギー発電設備

　投信法上の特定資産に該当する「再生可能エネルギー発電設備」とは、「電気事業者による再生可能エネルギー電気の調達に関する特別措置法」（再エネ特措法）2条3項に規定する再生可能エネルギー発電設備（不動産に該当するもの

を除く）をいい（投信法施行令3条11号）、再生可能エネルギー源（太陽光、風力、水力、地熱およびバイオマス）を電気に変換する設備やその附属設備である[21]。当面は、このうち維持管理・運営が比較的容易で、燃料調達を要さず比較的安定した操業が可能な太陽光発電設備が中心になるものと思われ、実際にも、2019年2月末時点で上場している6つのインフラファンドはいずれも主として太陽光発電設備などを投資対象としている。

再エネ特措法に基づく固定価格買取制度により、同法に基づく認定を受けた再生可能エネルギー発電設備を用いて発電した電気は、原則として全量、経済産業大臣の定める一定の期間、一定の価格で電気事業者に売却することが可能である。従って、再生可能エネルギー発電設備に投資するインフラファンドは、固定価格買取制度により、その賃借人が発電した電気を売却できないリスクや売電価格の変動に関するリスクが限定され、一般的には安定的なキャッシュフローが見込めることになる。

他方で、再生可能エネルギーの固定価格買取制度に関しては、買い取りに一定の条件があり、また、制度導入後に明らかになった問題点に対応するために累次の制度見直しがなされている。こうした制度の詳細や見直しの動向をよく把握したうえで、開示におけるエクイティ・ストーリーやリスクファクターを検討する必要がある。

公共施設等運営権（コンセッション）

投信法上の特定資産に該当する公共施設等運営権とは、「民間資金等の活用による公共施設等の整備等の促進に関する法律」（PFI法）2条7項に規定する公共施設等運営権をいい（投信法施行令3条12号）、一定期間、公共施設を運営し、利用料金を自らの収入として収受することができる権利である。なお上場規程上、「インフラ資産」に含まれる運営権は、再生可能エネルギー発電設備ま

---

[21] 投信法施行令の2014年改正に当たっての金融庁のパブリックコメントの回答によれば、投信法上の「再生可能エネルギー発電設備」には、再生可能エネルギー源を電気に変換するために直接的に利用される設備とその付属設備がこれに該当し、系統連系までの送電線のほか、電柱・地中埋設管、敷地を取り囲むための囲い（フェンスなど）、監視モニターなどは含まれない。従って、これらの資産は東証の上場ルール上、インフラ資産等のうち上場規程1201条1号の2aに規定する資産ではないことに留意が必要である

たは「その他施行規則で定める資産」（上場規程施行規則1201条4項）を運営の対象とするものに限定されている（上場規程1201条1の2号b）。

しかし、運営権が付与される運営権者としては通例、一定の選定手続きを経て選ばれた民間事業者またはその共同体（コンソーシアム）が設立する専業の株式会社が想定されている。実際にインフラファンドがコンセッションに投資する場合には、運営権に直接投資するのではなく、かかる運営会社の株式や運営会社を営業者とする匿名組合の出資持分などに投資する間接投資形態のスキームとなることが予想される。実務上は、最終的な投資家を把握し難い上場インフラファンドが運営会社の株式や匿名組合出資持分（特に議決権株式や匿名組合員が一定の拒否権を持つ場合）を取得することについて、国や地方公共団体がどのような反応を示すかという問題が存する。

その他、間接投資スキームに伴う投信法および租特法上の問題については、後でまとめて記載する。

その他のインフラ資産

投信法施行令の2014年改正で追加された特定資産は、「再生可能エネルギー発電設備」および「公共施設等運営権」のみである一方、上場規程に定める「インフラ資産」の定義は、より幅広い資産を含んでいる。例えば、エネルギー資源を海上輸送したり貯蔵したりするための船舶、ガス工作物、空港、下水道、港湾施設、水道、石油精製設備、石油貯蔵設備、石油パイプライン、鉄道施設、鉄道車両、電気工作物、電気通信設備、道路・自動車道、熱供給施設および無線設備のうち、公共的な性質を有するものがある（上場規程施行規則1201条4項）。従って、これらの資産も、例えば別途、特定資産に指定されている不動産（投信法施行令3条3号、すなわち土地またはその定着物（建物など、民法86条1項））に該当すれば、上場インフラファンドの主たる投資対象となり得、また、投資法人の導管性要件を満たすことも可能である。

もっともインフラ投信規則との関係で留意が必要となる。同規則に定義する「インフラ資産」は、(1)再生可能エネルギー発電設備および(2)公共施設等運営権、並びに(3)自主規制委員会が指定する資産とされている。(3)は原則として上場規程の「その他施行規則で定める資産」（上場規程施行規則1201条4項）に

平仄を合わせることとされているが、2019年7月末時点で自主規制委員会による当該指定はなされていない。したがって、(1)と(2)以外の資産については、たとえ特定資産に該当しても、投信協会の自主規制委員会による当該指定がなされるまでは、結局のところ、上場インフラファンドの主たる投資対象とすることはできない。

なお、インフラ資産が不動産に該当するか否かの判断は、必ずしも容易ではない。例えば、火力発電所は様々な機械・設備から構成されているが、建屋外の機械・設備で、土地の定着物と認められないものは、不動産に該当しない。土地の定着物とは、土地に固定的に付着して容易に移動し得ない物であって、取引観念上、継続的にその土地に付着せしめた状態で使用されると認められる物をいう[22]。また、建屋に収められているタービンなどの機械・設備についても、議論の余地がある。建物の構成部分と見られるものは、建物の一部であって、独立の物ではないと考えられているが[23]、取り外しが必ずしも不可能ではないこと、建屋自体より価値があるものもあることなどに鑑みると、必ずしも建物の一部といいきれない場合もあると思われる。

その他、これら「その他のインフラ資産」について、間接投資スキームにより、資産保有ビークルの発行する株式など(匿名組合出資持分以外の特定資産に該当するもの)に投資する方法も考えられる。

なお、税制との関係では、特定資産に該当しなくても、主たる投資対象とならない範囲で投資法人に組み入れ、投資法人の導管性要件を満たすことも可能である。

4 ストラクチャー構築上の論点

主に国内のインフラ資産に投資する内国インフラファンドを想定して、ストラクチャーを構築するうえで問題となる主な論点について検討する。

---

22 林良平・前田達明「新版注釈民法(2)」614頁、有斐閣、1991年。最高裁判例昭和37年3月29日民集16巻3号643頁は、土地に砂を盛って置かれた石油タンクも固着性の点から定着物とはいえないとする
23 林良平・前田達明「新版注釈民法(2)」622頁

インフラファンドの法形態

　国内において上場インフラファンドを組成する場合には、前述の通り、投資法人または投資信託の形態を取る必要がある。

　同様に投資法人または投資信託の形態を取る必要があるREITでは、法定のガバナンスの仕組みや草創期における税制上の取り扱いの差違などを背景として、これまでに上場したものは全て投資法人形態を取っている。また、2019年7月末時点で上場しているインフラファンドも全て投資法人形態によっている。

　そこで、以下では別途明示しない限り、投資法人形態のインフラファンドを念頭に置いて説明する。

　投資信託は現行の税制において、投資法人のような租特法上の導管性要件を満たさなくても、原則、集団投資信託として税務上のパス・スルーの取り扱いが受けられることなどから（法人税法2条29号、12条1項ただし書き、同条3項など）、より柔軟なストラクチャーの構築が可能なビークルとして期待される。一方、現状はインサイダー取引規制の対象でないなどの制度的な課題もある（なお、投資法人の場合であっても、間接投資形態を取る場合にはインサイダー取引規制の対象とはならない）。また、上場インフラファンドでは主にクローズド・エンド型の商品が想定されるが、これまで投資信託を利用した商品としてはオープン・エンド型の証券投資信託が通例であったことから、実務面で一定の調整が必要となり得る。

　なお、投資信託が利用されない理由として、投資法人の方がガバナンスの仕組みが優れていることが挙げられることがある。しかし、投資信託においても、例えば受益者集会の仕組みを採用するなど、信託契約の規定により堅固なガバナンスの仕組みを構築することは可能である。上場ルールなどで一定のガバナンスの仕組みを要求することにより、投資法人とおおむね同等のガバナンスの仕組みが取られることは担保できると思われる。ただし、投資信託においては投資家の意思集結により投資信託委託会社を解任することができない点は、投資主総会により資産運用会社との間の資産運用委託契約を解約できる投資法人との対比で、否定的な見方がなされる可能性がある。

間接投資形態の可能性

　インフラファンドがインフラ資産に投資する形態としては、前述の通り、いわゆる直接投資形態と間接投資形態とがある。直接投資形態とは、インフラファンドが現物資産を直接取得・保有する形態であり、間接投資形態とは、現物資産を保有して事業を営む資産保有ビークルの発行する株式、社員持分、匿名組合出資持分などを取得・保有する形態である。

　間接投資形態を取る場合には、次の表に示す投信法や租特法に基づく制約を前提に仕組みを構築する必要がある。以下、投資法人の場合を中心に解説する。

図表 7-5　間接投資における投信法と租特法に基づく制約

	投資信託	投資法人
投信法	・同一の法人の発行する株式に係る議決権の50%超の取得不可（なお、同一の投資信託委託会社が運用する全ての委託者指図型投資信託が有する議決権を通算）	・同一の法人の発行する株式に係る議決権の50%超の取得不可（なお、資産運用会社単位での通算なし）
租特法	・適用なし	・他の法人の発行済み株式または出資の総数または総額の50%以上の保有不可（議決権の有無を問わない） ・（再生可能エネルギー発電設備／匿名組合出資持分の場合）匿名組合出資持分を総資産の過半を占めるべき特定資産として計上するためには、営業者が保有する再生可能エネルギー発電設備を賃貸する必要あり ・（公共施設等運営権・その他のインフラ資産／匿名組合出資持分の場合）匿名組合出資持分を総資産の過半を占めるべき特定資産として計上することができない

議決権過半保有禁止要件の制約

　投資法人は同一の法人の発行する株式に係る議決権の総数の50%を超える議決権を有する株式を取得することができない（投信法194条1項）。また、投資法人は税務上の導管扱いを受けるために、他の法人の発行済株式または出資の総数または総額の50%以上を保有することができない（租特法67条の15第1項二号へ）。

これらの制約の下、投資法人は資産保有ビークルの株式、社員持分、匿名組合出資持分の取得に当たり、発行済み株式または出資の総数または総額の50%未満のみ取得するマイノリティ株主または出資者にとどまったうえで、自己が取得する分以外の資産保有ビークルの株式や匿名組合出資持分を第三者に保有させる必要がある[24]。

この場合、マイノリティ投資にとどまる分だけ、投資法人に組み入れる資産規模は小さくならざるを得ない。また、マイノリティ株主または出資者の投資法人が、いかに資産保有ビークルやその保有するインフラ資産に対する管理体制を整備するかが課題となる。実務上は、株主間契約や匿名組合契約などに、投資法人に対する報告事項や投資法人の承認事項を規定することによって、その限度で投資法人の意思を反映する仕組みを設けることが考えられる。

導管性要件の制約

投資法人が資産保有ビークルの株式を取得する場合、資産保有ビークルレベルで法人税が課税される一方、投資法人が匿名組合出資持分を取得する場合、投資法人に分配される利益の額は損金に算入され、その限度で資産保有ビークルレベルでの法人税の対象となる利益は縮減する（ただし、投資法人に対する現実の分配利益額に対して所得税の源泉徴収は行われる）。

このように、資産保有ビークルレベルでの課税との関係では、株式ではなく匿名組合出資持分を取得するスキームの方が優れているといえる。もっとも投資法人レベルでの課税に関する租特法上の導管性要件のうち、特定資産過半投資要件との関係で、匿名組合出資持分の取得には以下のような制約がある。なお、株式の場合は「有価証券」に該当し、投資法人の総資産の過半を占めるべき特定資産として計上することができ、また、匿名組合出資持分の場合に営業者が保有する資産を基準とされるような制約もないため、投資法人の導管性要件を満たすことに特段支障はない。

---

[24] これはファンドによる産業支配の防止や税務上の導管性を享受すべき主体の適切な選択の観点からの規制ではあるが、こうした規制の下では、投資法人は資産保有ビークルを十分にコントロールしたり、その利益を享受したりできない。間接投資形態が広く認められている海外のインフラファンドとの比較でも厳しい規制となっており、再考の余地があるように思われる

再生可能エネルギー発電設備に投資する場合

　匿名組合出資持分による間接投資形態に基づき再生可能エネルギー発電設備に投資する場合、匿名組合出資持分を投資法人の総資産の過半を占めるべき特定資産として計上するためには、営業者が保有する再生可能エネルギー発電設備を賃貸する必要がある[25]。

　実務上、既にプロジェクトファイナンス案件として組成された資産保有ビークルを営業者とする匿名組合の出資持分を投資法人に組み入れるニーズが相当程度存在するが、間接投資形態に係る前記の制約は事実上、直接投資形態へのスキーム変更を強いることになる。このようなスキーム変更は、レンダーの承諾はもちろんのこと、相当のコストと手間を要するのが通常である。

運営権またはその他のインフラ資産に投資する場合

　匿名組合出資持分による間接投資形態に基づき公共施設等運営権に投資する場合には、上記のような再生可能エネルギー発電設備の場合における導管性要件の例外要件などが特に設けられていないため、匿名組合出資持分を投資法人の総資産の過半を占めるべき特定資産として計上することはできない。

　そのため、当該匿名組合出資持分が投資法人の総資産の半数未満にとどまる場合でない限り、投資法人は導管性要件を満たすことができない。匿名組合出資持分による間接投資形態でその他のインフラ資産に投資する場合も、当該インフラ資産が主に不動産に該当する場合でない限り、同様の結果となる。

　上記のように、間接投資形態により主として公共施設等運営権またはその他のインフラ資産に投資する場合は、資産保有ビークルまたは投資法人のいずれかのレベルでの法人税課税は避けられず、二重課税を回避することはできない。特に運営権については、前述の通り、基本的には間接投資形態が想定されるため、租特法関連法令の改正がなされない限りは、運営権を主たる投資対象とす

---

[25] 投資法人は、租特法上の導管扱いを受けるために、賃貸業以外の事業を営むことが想定されていないビークルであるとの考えから追加された要件と思われる。しかし、匿名組合員は元来、匿名組合の業務執行に直接携わる立場にはなく、ごく受動的な地位しか有しない。投資法人の受動的な運用スタイルを確保するために、匿名組合の営業者による運用方法を賃貸に限定する必要性は高くないように思われる

るインフラ投資法人を組成するうえで大きな制約となる。

5 私募インフラファンド

　本章第2節の冒頭で述べた通り、匿名組合や投資事業有限責任組合（LPS）などの形態による私募インフラファンドも実務上、数多く組成されている。上場インフラファンドとは異なり、私募インフラファンドの場合は投資形態について特段制約はない。もっとも投資法人形態による私募でのインフラファンドは、本章第2節「租税特別措置法関連法令」で示した通り、導管性要件のうち「投資口が設立時に公募され、または投資口が上場されていること」という要件を満たすことができない。

　仮に、設立時公募で非上場の投資法人を組成すれば導管性要件を満たすことはできるが、実務上、非上場とする以上は投資口の流動性を確保するためにオープン・エンド型の投資法人を組成することになるところ、インフラ投信規則上、オープン・エンド型投資法人の場合、各計算期間の末日だけでなく、規約に定める追加発行または払戻しの請求の申込みを直接行うことが可能となっている日および当該日の前5営業日にも基準価額を算定しなければならない（インフラ投信規則47条6項、39条）。基準価額の算定にはインフラ投信規則5条に基づくインフラ資産等の価額の算定が必要となるが、本章第2節（1）に示した「価格等の調査」の通り、実務上は公認会計士による評価が行われることが想定されるところ（インフラ投信規則5条（2））、上記の頻度で当該評価を行うことは実際上、困難である。私募REITの場合は、基準価額の算定頻度は計算期間の末日のみとすることを許容する適格機関投資家私募に係る特例（投信協会「不動産投資信託及び不動産投資法人に関する規則」47条の3）に従い、こうした不都合を回避することが実務上行われているが、設立時公募のインフラ投資法人の場合はかかる特例（インフラ投信規則47条の3）によることはできない。従って、設立時公募の形態によっても、投資法人による私募REITのような形での私募インフラファンドを組成することは実際上、想定されないと思われる。

　本節で述べてきた法令規則や制度上の規制、制限がある上場インフラファンドとは異なり、投資法人でもなく、また上場もしない私募インフラファンドに

おいては、インフラファンド特有の規制や制限は基本的にはない。もちろん、各形態のファンドを組成する商法や「投資事業有限責任組合契約に関する法律」(LPS法)といった根拠法に加え、一般法の規制もあるが、それはインフラファンドに限らず、当該形態によるファンドを組成する場合、全般に適用されるものである。一般法に基づく主な規制を以下に簡単に述べる。

　匿名組合形態では、投資家が匿名組合員となり、事業者となる営業者とそれぞれ匿名組合契約を締結する。営業者には合同会社(GK)を用いることが多い。間接投資形態においては、投資家から匿名組合出資により資金を調達するGKのインフラファンドから、資産保有ビークルとしてインフラ資産を用いた事業運営に携わる各GKに対してさらに匿名組合出資を行う2層の匿名組合出資が行われる。インフラ資産の運営は商法上、特段規制されていないが、匿名組合出資により調達した資金を用いて不動産の売買や賃貸を行う場合、不動産特定共同事業法の許可が必要となるため、インフラ資産に不動産を含む場合は留意が必要である。通常はアセットマネジャーが選任され、営業者の運用行為を一任されて行うか、営業者に運用の助言を行う。

　LPS形態では、投資家が有限責任組合員(LP)、事業者が無限責任組合員(GP)となり、これらの者の間で投資事業有限責任組合契約を締結する。LPSの投資対象はLPS法上、限定列挙されており、例えば、株式、匿名組合出資持分、LPS持分などは含まれるが、GKの社員持分、現物不動産または動産などは含まれないため、これらに直接投資することはできない。そのため、間接投資形態において一般的には、投資家から資金を調達するLPSから、資産保有ビークルとしてインフラ資産を用いた事業運営に携わる各GKに対して匿名組合出資を行うスキームが想定される。

　なお、資産保有ビークルが株式会社の場合には、同ビークルの株式も併せて取得・保有することが可能である。2018年3月に改正された運営権ガイドラインでは、LPSの仕組みを通じた運営権者SPCの議決権株式に対する投資について、正面から触れられている。アセットマネジャーが別途選任され、GPの運用業務を一任され、またはGPに運用の助言を行うことも多い。

　上記以外の匿名組合およびLPSの各形態に適用される主な規制、その他の特徴は、次の表の通りである。

図表 7-6　匿名組合と投資事業有限責任組合の違い

	匿名組合	投資事業有限責任組合（LPS）
根拠法	商法第2編第4章（535条〜542条）	投資事業有限責任組合契約に関する法律
対象資産・対象事業	・商法上、業務範囲に制限なし ・ただし、不動産の売買や賃貸を行う場合は、不動産特定共同事業法に留意が必要	・LPS法において限定列挙（株式、匿名組合出資持分、LPS持分などの取得・保有など） 　・合同会社の社員持分、現物不動産・動産は直接取得不可
業務執行	・一般的には、アセットマネジャーに業務を一任するか、アセットマネジャーの助言を受けて営業者（合同会社）が業務執行を行う	・無限責任組合員が業務執行（アセットマネジャーの助言を受けることも可） ・アセットマネジャーに業務を一任することも可
金商法（無限責任組合員/営業者）	・原則、投資運用業の登録（例外） 　・適格機関投資家等特例業務 　・一任特例	・原則、投資運用業の登録（例外） 　・適格機関投資家等特例業務 　・一任特例
金商法（アセットマネジャー）	・投資運用業または投資助言業の登録 ・投資助言スキームによる場合には、営業者（合同会社）はSPCであるため、アセットマネジャーが（投資運用業でなく）投資助言業にとどまるためには、SPCが主体的に投資判断を行い得ると認められるための仕組み（例：アセットマネジャーの投資助言の諾否に関し、匿名組合員の承認を必要とする）の検討が必要	・投資運用業または投資助言業の登録 ・アセットマネジャーを（投資運用業でなく）投資助言業にとどめる場合、無限責任組合員において主体的に投資判断を行い得ると認められるための体制・仕組みの検討が必要
投資家の権利	・匿名組合出資持分（二項有価証券）	・LPS出資持分（二項有価証券）
その他	・出資金額の定め方に制約はない ・匿名組合員同士で情報の開示はない	・出資一口の金額が均一でなければならない（追加出資も当初出資と同じでなければならないことに要注意） ・組合契約に有限責任組合員を含む全組合員の名称などを記載する必要があり、組合員同士でかかる情報が開示される

　この通り、私募インフラファンドは上場インフラファンドと比較して、組成上の自由度が高い。現在、数多く組成・運営されている不動産私募ファンドのように、今後さらに広く組成・活用されることが見込まれる。

おわりに

　2014年12月に本書と同じ日経BPより、「よくわかるインフラ投資ビジネス」を出版させていただいた。当時はまだ、コンセッション方式を活用した民営化が始まる前の段階で、再生可能エネルギー発電施設への投資を含め、インフラに投資する機会はほとんどない状況であった。そうしたなか、これから誕生するであろう新しい市場にワクワクしながら、そこでのビジネス機会を狙う方々への「入門書」という位置づけで書かせていただいた。

　それから4年以上がたち、いくつかのコンセッション案件も成立。再生可能エネルギー発電施設への投資を中心に、国内にもインフラ投資市場と呼べるものがようやく誕生した。そうした案件をこなすうちに、厳密にはケース・バイ・ケースであるものの、導入可能性調査、募集、入札、契約に至るまで、おおよそのプロセスも明確化されてきた。本書はそうした実務に詳しい弁護士の方々との共著で、文字通り「実務書」という位置づけになっている。

　本書もそうであるが、前回の「入門書」では先行する海外のインフラ投資市場を参照・考察しながら、日本のインフラ投資市場はこうあるべきという考えを率直に述べさせていただいた。その後、日本にもインフラ投資市場が誕生するなかで、当時思い描いていたとおりになったものもあれば、そうはなっていないものもある。特に後者においてあぶり出された課題については、今後しっかり克服していけるよう、本書では詳細に考察したつもりである。始まったばかりのこの市場が今後、大きく発展していけるよう、本書が少しでもお役に立てれば幸いである。

一方、前書を書いた当時はなんとなく感じていたことで、今回その思いをより強くしたことに、「インフラはコラボレーション・ビジネス」というものがある。実は、前書のあとがきには、「境界線を越えて」というサブタイトルがついている。「業界や立場の違いによる境界線を越え、混じり合ってビジネスが拡大していく」という思いを表現したものだが、これは「コラボレーション」や「ケミストリー」、最近では「オープンイノベーション」などと呼ばれるものと同じ意味合いだろう。

　インフラビジネスは多くの専門性が混じり合って成立する。造る人、運営する人、管理する人、資金を出す人、契約書を作る人など。だからこそ大変なこともあるが、コラボレーションするからこそ生まれるアイデアもあり、それが醍醐味ともいえる。弁護士とコンサルタントのコラボレーションで生まれた本書が、皆さまのビジネスに思いがけないアイデアやヒントを与えることになれば幸いである。

　最後に、取材・執筆・編集にご協力いただいた皆さまに、心から感謝を申し上げます。

2019年9月

編著者を代表して
三井住友トラスト基礎研究所
福島 隆則

キーワード索引

B

BOO 219

BOT 219

BTO 219

D

DBO 142, 156, 224

E

EBITDA 36

G

GP 63, 260, 330

L

LABV 278

LCC 82, 199

LLC 308

LP 63, 260, 330

LPS 62, 260, 310, 329

M

MICE 施設 70

N

NPV 85

P

P3 25
PF2 93
PFI 25, 54, 74
PFI基本方針 78, 194
PFI推進機構 78, 309
PFI法 25, 66, 74, 194, 243
PPP 24
PPP/PFI推進アクションプラン 69
PRE 279
PSC 82, 199

R

RO 220
ROE 293

S

SPC 36, 39, 57, 116, 260, 285, 292

V

VFM 81, 199

VFMガイドライン 82, 199

あ

アセット・リサイクリング・イニシアティブ 273
アフェルマージュ 99
アベイラビリティ・ペイメント 55, 92, 138, 215, 264

い

インフラファンド 32, 35, 39, 46, 58, 257, 308

う

運営権 25, 66, 75, 322
運営権ガイドライン 61, 83, 194, 243, 330
運営権者 61, 75
運営権対価 26, 85, 121, 131, 226, 229, 254
運営事業者選定先行型入札 287

か

瑕疵リスク 91, 114, 234, 249
間接投資 39, 43, 310, 316, 326
官民対話 170, 195, 200, 210
官民連携 24, 121, 222, 264, 281

き

行政財産 75, 173
競争的対話 80, 91, 111, 196, 206

336

く

空港	104
空港運営基本方針	106, 108
グリーンフィールド	23, 45, 297

け

経済インフラ	23
契約ガイドライン	60, 82, 226

こ

公営企業	121, 151
公共インフラ	24
航空系事業	104, 108
構造改革特別区域法	120, 174
交通量リスク	134, 138, 267
公物管理法	79
公募型プロポーザル	80, 201, 203
コーポレートファイナンス	122, 292
混合型	25, 54, 176, 178, 216
コンセッション	25, 36, 61, 66, 75, 99, 105, 249

さ

サービス購入型	25, 54, 97, 214, 265
最大アベイラビリティ・ペイメント	266
最低収入保証	218
財物保険	229

337

し

指定管理者	78, 85, 159, 168, 173, 222
社会インフラ	23, 43, 97
シャドー・トール	97, 138, 216
シュタットベルケ	274
需要変動リスク	76, 119, 157, 214, 218, 264
情報開示	91, 209, 249

す

水道法	140, 144
ステップイン	300, 302
ストラテジック・インベスター	27, 58

せ

性能発注	157, 201
政府調達協定	204
セカンダリー・マーケット	63, 257

そ

増加価値	248, 252
総括原価主義	144, 148
損害軽減義務	237

た

代表企業スイッチモデル	285

ち

直接協定	306
直接投資	39, 310, 326

て

提供情報リスク	234
デューデリジェンス	91, 114, 208, 234, 249

と

導管性要件	311, 313, 316, 321, 325, 327
投資事業有限責任組合	62, 260, 310, 329
投信法	310
道路	118
道路整備特別措置法	119, 126
道路法	119
特定資産	311, 313, 322, 323, 327
独立採算型	25, 55, 76, 215
土木構造物保険	113

ね

年金積立金管理運用独立行政法人	31

は

バンドリング	221

ひ

非航空系事業	104, 108

ふ

ファイナンシャル・インベスター	27, 58
不可抗力	109, 112, 134, 149, 227, 242, 245
普通財産	75, 173
物価変動リスク	136
ブラウンフィールド	23, 45
プロジェクトファイナンス	122, 165, 243, 292
プロセス・ガイドライン	80, 194, 197, 207
プロセス運用ガイド	194
プロフィット・シェアリング	218, 254
分離・一体型	176

ほ

包括的民間委託	142, 155
法令変更リスク	135, 232, 268

ま

マーケットサウンディング	170, 196

み

みなし物権	77, 184
民活空港運営法	105, 106

民間委託 156, 222
民間インフラ 24

む

無限責任組合員 63, 260, 330

も

モニタリング・ガイドライン 83

ゆ

有限責任組合員 63, 260, 330
ユニタリー・ペイメント 55

り

リアル・トール 137, 266, 268
リアルアセット 33
利益保険 229
リスク分担ガイドライン 81, 225

れ

レベニュー・シェアリング 218
レベニュー債 121

編著者紹介

代表執筆者

佐藤 正謙（さとう まさのり）

森・濱田松本法律事務所　パートナー弁護士

1988年東京大学法学部卒業、90年弁護士登録、93年シカゴ大学ロースクール卒業（LL.M.）、94年ニューヨーク州弁護士登録。金融法委員会委員、金融法学会理事、国際プロジェクトファイナンス協会（International Project Finance Association）日本支部委員、2012～13年東京証券取引所上場インフラ市場研究会委員、16～17年東京都民間におけるファンドを活用した福祉貢献型建物の自律的な整備促進等に関する検討会委員、19年～東京大学大学院法学政治学研究科教授。

［主な著書・論文］
「座談会インフラ投資市場の世界の潮流、日本の課題」（ARES不動産証券化ジャーナル Vol.44）／“The Public-Private Partnership Law Review 3rd Edition – Japan Chapter”（Law Business Research Ltd、2017年、共著）／「インフラファンド市場への上場に係る実務上の留意点」（旬刊商事法務 No.2105、2016年、共著）／「インフラファンドをめぐる議論の整理」（金融法務事情 2036号、2016年）／「日本の事業に投資する上場ファンド・ビークルとしてのシンガポール・ビジネス・トラストの考察」（ARES不動産証券化ジャーナル vol.22、2014年、共著）／「民活空港運営法の下での空港コンセッション」（ARES不動産証券化ジャーナル20号、共著）／「オリンピックとPFI/PPP－改正PFI法と海外事例を踏まえた若干の問題提起－」（ARES不動産証券化ジャーナル16号、共著）ほか多数

岡谷 茂樹（おかたに しげき）

森・濱田松本法律事務所　パートナー弁護士

2002年東京大学法学部卒業、03年弁護士登録、05～06年経済産業省商務情報政策局取引信用課に出向、09年バージニア大学ロースクール卒業（LL.M.）。10～11年みずほ証券インベストメントバンキングプロダクツグループ（IBPG）に出向、11年ニューヨーク州弁護士登録。

［主な著書・論文］
「再エネ・インフラ投資のリスク」（インフラビジネスJAPAN、2019年4月から連載）／“The Public-Private Partnership Law Review 3rd Edition – Japan Chapter”（Law Business Research Ltd、2017年、共著）／「インフラファンド市場への上場に係る実務上の留意点」（旬刊商事法務 No.2105、2016年、共著）／“Electricity regulation in Japan: overview Q&A”（Practical Law Company、2016年、共著）／“Recent developments in public-private partnerships in Japan”（IFLR1000 Energy And Infrastructure Guide 2016 - Asia-Pacific、共著）／「民活空港運営法の下での空港コンセッション」（ARES不動産証券化ジャーナル20号、共著）／「コンセッションを活用した空港経営改革」（月刊資本市場 No.343、共著）　ほか多数

村上 祐亮（むらかみ ゆうすけ）

森・濱田松本法律事務所　パートナー弁護士

2004年東京大学法学部卒業、06年東京大学法科大学院修了、07年弁護士登録、12年ハーバード大学ロースクール卒業（LL.M.）、13年ニューヨーク州弁護士登録。10年東京大学法科大学院非常勤講師（民法）、15～16年東京大学法学部非常勤講師（民法）。

［主な著書・論文］
「重要論点　実務 民法（債権関係）改正」（商事法務、2019年、共著）／「発電プロジェクトの契約実務」（別冊NBL154号）（商事法務、2015年、共著）／「詳解　シンジケートローンの法務」（金融財政事情研究会、2015年、共著）／「プロジェクトファイナンスにおけるステップ・インの再検討－英米におけるDirect Agreementの実務を踏まえて－」（NBL 1052号）／「発電プロジェクトにおける担保法上の論点－民事法と実務の交錯－」（SFJ Journal Vol.12、共著）／「オリンピックとPFI/PPP－改正PFI法と海外事例を踏まえた若干の問題提起－」（ARES不動産証券化ジャーナル16号、共著）／「企業取引実務から見た民法（債権法）改正の論点　第5回　保証」（NBL925号、共著）／“The Acquisition and Leveraged Finance Review – 3rd Edition”（Law Business Research Ltd、2016年、共著）　ほか多数

福島 隆則（ふくしま たかのり）

株式会社三井住友トラスト基礎研究所 PPP・インフラ投資調査部 部長 主席研究員
一般社団法人アリーナスポーツ協議会 理事

早稲田大学大学院ファイナンス研究科修了（MBA）。内外の投資銀行でデリバティブやリスクマネジメント業務に従事し、現職ではインフラ投資に係るコンサルティング、アドバイザリー、リサーチ業務。地方公共団体向けの公的不動産（PRE）やPPPコンサルティング業務に従事。内閣府「民間資金等活用事業推進委員会」専門委員。経済産業省「アジア・インフラファイナンス検討会」委員。国土交通省「不動産リスクマネジメント研究会」座長。国土交通省「インフラリート研究会」委員。国土交通省「不動産証券化手法等による公的不動産（PRE）の活用のあり方に関する検討会」委員など。早稲田大学国際不動産研究所招聘研究員。日本証券アナリスト協会検定会員（CMA）。
［主な著書・論文］
「よくわかるインフラ投資ビジネス」（日経BP、2014年、共著）／「投資の科学」（日経BP、2007年、共訳）ほか多数

執筆者

佐伯 優仁（さえき まさひと）
森・濱田松本法律事務所　弁護士
2004年東京大学法学部卒業、05年弁護士登録、11年コロンビア大学ロースクール修了、12年ニューヨーク州弁護士登録。

末廣 裕亮（すえひろ ゆうすけ）
森・濱田松本法律事務所　弁護士
2006年東京大学法学部卒業、07年弁護士登録、13年シカゴ大学ロースクール修了、14年ニューヨーク州弁護士登録。

倉持 喜史（くらもち よしひと）
森・濱田松本法律事務所　弁護士
2004年一橋大学法学部卒業、06年東京大学法科大学院修了、07年弁護士登録、13年ニューヨーク大学ロースクール修了、14年ニューヨーク州弁護士登録。

中島 悠助（なかじま ゆうすけ）
森・濱田松本法律事務所　弁護士
2005年東京大学法学部卒業、07年東京大学法科大学院修了、08年弁護士登録、16年ニューヨーク大学ロースクール修了、17年ニューヨーク州弁護士登録。

宮島 聡子（みやしま さとこ）
森・濱田松本法律事務所　弁護士
2006年東京大学法学部卒業、08年東京大学法科大学院修了、09年弁護士登録、16年バージニア大学ロースクール修了。

白川 佳（しらかわ けい）
森・濱田松本法律事務所　弁護士
2007年東京大学法学部卒業、09年東京大学法科大学院修了、10年弁護士登録、16年ハーバード大学ロースクール修了、19年ニューヨーク州弁護士登録。

松田 悠希（まつだ ゆうき）
森・濱田松本法律事務所　弁護士
2009年東京大学法学部卒業、10年弁護士登録、18年バージニア大学ロースクール修了。

田中 洋比古（たなか ひろひこ）
森・濱田松本法律事務所　弁護士
2009年東京大学法学部卒業、11年東京大学法科大学院修了、12年弁護士登録、19年バージニア大学ロースクール修了。

古市 啓（ふるいち けい）
森・濱田松本法律事務所　弁護士
2009年東京大学法学部卒業、11年東京大学法科大学院修了、12年弁護士登録、18年シカゴ大学ロースクール修了。

久保 圭吾（くぼ けいご）
森・濱田松本法律事務所　弁護士
2010年東京大学法学部卒業、12年東京大学法科大学院修了、13年弁護士登録。

高石 脩平（たかいし しゅうへい）
森・濱田松本法律事務所　弁護士
2010年東京大学工学部卒業、13年東京大学法科大学院修了、14年弁護士登録。

長谷川 博一（はせがわ ひろかず）
森・濱田松本法律事務所　弁護士
2010年早稲田大学法学部卒業、13年東京大学法科大学院修了、14年弁護士登録。

鮫島 裕貴（さめしま ゆうき）
森・濱田松本法律事務所　弁護士
2013年東京大学法学部卒業、15年弁護士登録。

風岡 茜（かざおか あかね）
株式会社三井住友トラスト基礎研究所 海外市場調査部 兼 PPP・インフラ投資調査部 主任研究員
慶應義塾大学経済学部卒業、早稲田大学大学院ファイナンス研究科修了、2008年に住信基礎研究所（現：三井住友トラスト基礎研究所）入社。

インフラ投資

PPP／PFI／コンセッションの制度と契約・実務

2019年9月24日　初版第1刷発行

編著	佐藤 正謙／岡谷 茂樹／村上 祐亮
	（森・濱田松本法律事務所）
	福島 隆則（三井住友トラスト基礎研究所）
編集スタッフ	瀬川 滋（日経BP）
発行者	望月 洋介
発行	日経BP
発売	日経BPマーケティング
	〒105-8308　東京都港区虎ノ門4-3-12
アートディレクション	奥村 靫正（TSTJ Inc.）
デザイン	出羽 伸之／真崎 琴実（TSTJ Inc.）
印刷・製本	大日本印刷株式会社

ISBN 978-4-296-10172-6
©Masanori Sato, Shigeki Okatani, Yusuke Murakami, Takanori
Fukushima, Nikkei Business Publications, Inc. 2019　Printed in Japan

本書の無断複写・複製（コピー等）は著作権法上の例外を除き、禁じられています。購入者以外の第三者による電子データ化および電子書籍化は、私的使用を含め一切認められておりません。

本書に関するお問い合わせ、ご連絡は下記にて承ります。
https://nkbp.jp/booksQA